DAS KULINARISCHE ERBE

BAYERNS

REZEPTE VON MARION REINHARDT

DAS KULINARISCHE ERBE
BAYERNS

EINE REZEPT- UND SPEZIALITÄTENSAMMLUNG AUS

Oberbayern · Niederbayern · Oberpfalz · Schwaben
Unterfranken · Mittelfranken · Oberfranken

ars vivendi

inhalt

Rezepte

J. W.
Augustiner-Bräu München

unser bayern

Eine Reise durch Bayern birgt überraschende Vielfalt, denn sie führt vorbei an saftigen Weiden, durch milde Flusstäler, sumpfige Moorlandschaften, raue Gebirgszüge sowie dichte Wälder. So ziehen je nach klimatischen Bedingungen und Bodenverhältnissen beeindruckend hohe Hopfenranken, weitläufige Streuobstwiesen oder steil aufsteigende Weinberge vorüber. Dabei beschließen die natürlich geformte Rhön im äußersten Norden, Frankenwald, Fichtelgebirge, Steiger-, Oberpfälzer und Bayerischer Wald von Nord- bis Südosten und das von Schotterflächen eiszeitlicher Gletscher durchzogene Alpenvorland sowie die Kalkalpen im Süden das Land – im Wettersteingebirge erhebt sich mit der Zugspitze gar der höchste Berg Deutschlands. Als Reise- sowie Urlaubsziel für Auswärtige und Einheimische ist Bayern heute beliebter denn je, so ist in der Schönheit der Natur Auszeit vom Alltag und in den Biergärten die ersehnte Entspannung für den Feierabend zu finden …

Die bayerische Geschichte ist schließlich eine sehr ereignisreiche: Ab etwa 500 n. Chr. sind erste befestigte Siedlungen im Alpenvorland belegt, besonders jedoch ist, dass sich die Bayern schon immer als feste Bevölkerungseinheit verstanden, aber dennoch eine ausführliche frühmittelalterliche Herkunftserzählung fehlt. Im 8. Jahrhundert wurde das Land christianisiert und bedeutsame Bistümer (u. a. Regensburg, Passau, Eichstätt) wurden gegründet, im 16. Jahrhundert verbreitete sich durch die Reformation der evangelische Glaube. Erst 1803 wurden weite Teile Frankens angegliedert, 1806 verhalf Napoleon zum Ausruf des Königreichs, und seit 1815 ist von Bayern in seiner heutigen Gestalt zu sprechen.

KULINARISCHE HOCHGENÜSSE

Aus der Historie entwickelte sich eine lebhafte bayerische Kultur, die seit jeher von den Geschmäckern der verschiedenen Landsleute geprägt wird und deren kulinarisches Erbe auf die Launen von Mutter Natur zurückgeht. So machten die Kargheit der Böden oder schwierige Bedingungen in der Vorratshaltung den Bayer erfinderisch, schließlich wurden nicht ohne Grund süße Speisen kreiert, in denen sich altbackenes Brot wiederverwerten lässt, und auch die Weißwurst, die früher ohne Kühlmöglichkeit schnell verdarb, ist nach alter Tradition noch heute nicht nach dem Zwölf-Uhr-Läuten zu verzehren. Dem gegenüber standen üppige Festessen zu besonderen Hochzeiten und kirchlichen Feiertagen, die ganz besondere, noch heute viel besungene und nun meist ganzjährig erhältliche Speisen wie die allseits beliebten Brezen hervorbrachten. Dann wurde gemeinschaftlich dem Essen gefrönt und über die sonst allgegenwärtige Sorge um Ernte und Bestand hinweggeschaut.

Die heute original bayerische Küche ist sehr vielfältig und speist sich aus den einst gemäß dem Kirchenjahr aufgetischten Fest-, Fasten- und Alltagsgerichten. Dabei brachte jede Region durchaus ihre eigene Ess- und Trinkkultur hervor, die es nun zu wahren gilt.

Viele kulinarische Freuden sind allein wegen ihres hervorragenden Geschmacks schützenswert, in die vorliegende echt bayerische Sammlung aufgenommen wurden aber Spezialitäten, die ganz bestimmte Voraussetzungen hinsichtlich Tradition, Entstehungskontext und Fremdwahrnehmung erfüllen: So sind die Rezepturen für die vorgestellten Gerichte und Produkte über Generationen hinweg in bestimmten Regionen weitergetragen worden, und in den Geschichten zu den Köstlichkeiten begegnen sich heute die Mythen der bayerischen Historie, sodass jede einzelne auch von außen als typisch bayerisch aufgefasst wird. Mehr über Land und Leute zu vermitteln, die regionale (landwirtschaftliche) Kultur zu fördern, die überlieferten Rezepte zu verbreiten und das Brauchtum zu beleben, sollen schließlich Kernpunkte der hier aufgebrachten Bemühungen um eine möglichst umfassende und ursprüngliche Darstellung der einzigartigen bayerischen Küche sein – nur so lässt sich dem kulinarischen Erbe unseres Landes gerecht werden!

ALTBAYERN - IM HERZEN DES FREISTAATS

In der kulturellen Tradition des frühmittelalterlichen Stamms der Bajuwaren stehen die Regionen Oberbayern, Niederbayern und Oberpfalz sowie weitere kleine, angrenzende Gebiete, die heute als »Altbayern« bezeichnet werden. Bekannt ist die Küche für ihre deftigen Fleisch- und Bratengerichte sowie würzigen Wurstkreationen, aber auch für weniger gehaltvolle Mehlspeisen und allseits beliebte Brotzeitspezialitäten.

OBERBAYERN

20 LANDKREISE, 3 KREISFREIE STÄDTE

(MÜNCHEN, INGOLSTADT, ROSENHEIM)

17.530 KM^2

4,65 MIO. EINWOHNER

VERWALTUNGSSITZ: MÜNCHEN

Heute lebt die Esskultur vor allem in den Bräuchen und Traditionsfesten wieder auf, in Oberbayern ist das Oktoberfest das bekannteste. So pilgern zur Wiesnzeit rund 6 Millionen Besucher in die Landeshauptstadt, es werden über 7 Millionen Liter Bier getrunken und bis zu 130 Ochsen und 70.000 Schweinshaxen verspeist. Ebenfalls in München zu finden ist mit dem Viktualienmarkt der größte Bauernmarkt mit einer eindrucksvollen Auswahl an (über-)regionalen Spezialitäten, und in den Gemeinden weiter südlich herrschen eine rege Fisch- sowie Bergbauernwirtschaft. Besonders ist schließlich auch das Landschaftsbild mit ausgedehnten Hopfengärten und alten Obstbaumbeständen.

NIEDERBAYERN

9 LANDKREISE, 3 KREISFREIE STÄDTE

(LANDSHUT, PASSAU, STRAUBING)

10.329 KM^2

1,23 MIO. EINWOHNER

VERWALTUNGSSITZ: LANDSHUT

Das nordöstlich an Oberbayern angrenzende Niederbayern ist durchzogen von fruchtbaren Gäuböden, weiten Streuobstbeständen im Rottal und dichtem »Woid«, gegessen wurden einst vielerlei Wildgerichte, nahrhafte Eintöpfe – und Knödel. Ganz besonders: Mit der alle vier Jahre aufgeführten Landshuter Hochzeit wird noch heute an die Feierlichkeiten, aber auch an das aus 32 Gängen bestandene Festessen aus dem Jahr 1475 erinnert.

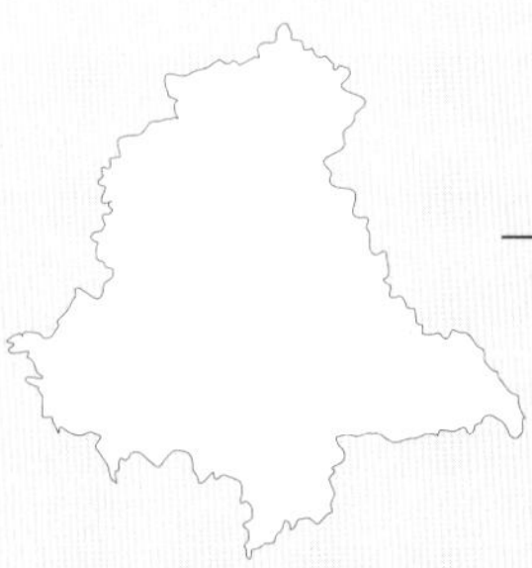

OBERPFALZ

7 LANDKREISE, 3 KREISFREIE STÄDTE

(AMBERG, REGENSBURG, WEIDEN I. D. OPF.)

9.690 KM^2

1,10 MIO. EINWOHNER

VERWALTUNGSSITZ: REGENSBURG

In Ostbayern erstreckt sich mit der Oberpfalz (früher auch als »Steinpfalz« bezeichnet) eine sanft hügelige Mittelgebirgslandschaft, deren kümmerliche Böden über Jahrhunderte hinweg bäuerliche Essgewohnheiten bedingten. Brei und dünn gebackene Brote waren Grundnahrung, bis die Kartoffel die Hungersnot beendete. Heute besticht die Region durch ihr Zoiglbier, die Fischwirtschaft im Gebiet der 1.000 Teiche und die Zucht des vom Aussterben bedrohten Roten Höhenviehs.

SCHWABEN - IM EINKLANG MIT DER NATUR

Durch Schluchten, Täler und hügeliges Voralpenland bis hin zum Bodensee reicht im Südwesten das Schwabenländle, wo Milch und Käse, Suppen und Mehlspeisen die Karte dominieren – und natürlich die über die Grenzen hinaus bekannten Maultaschen und Spätzle! Mit der Viehwirtschaft, Schnapsbrennerei sowie Sennerei im Allgäu und dem Streuobstparadies in der Alb gibt es hier viele kulinarische Höhepunkte und landschaftlich fantastische Ausblicke.

10 LANDKREISE, 4 KREISFREIE STÄDTE

(AUGSBURG, KAUFBEUREN, KEMPTEN, MEMMINGEN)

9.992 KM^2

1,86 MIO. EINWOHNER

VERWALTUNGSSITZ: AUGSBURG

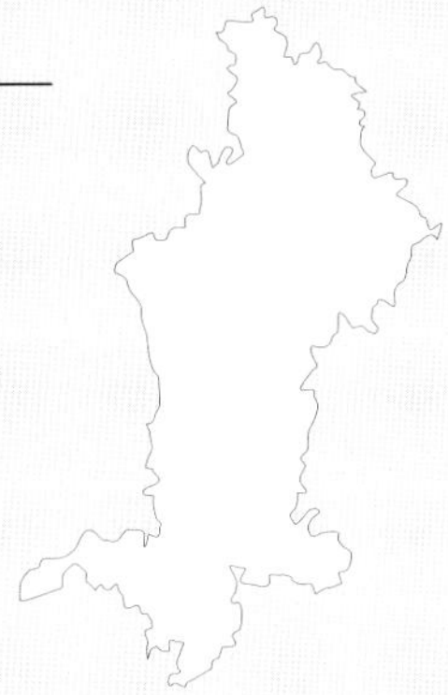

FRANKEN - FACETTENREICHER NORDEN

Von üppigen Rebhügeln, der romantischen Fränkischen Schweiz bis zur rauen, vulkanisch geprägten Rhön: Franken besticht durch eine landschaftliche Vielfalt, die sich analog hierzu kulinarisch gesehen vom Bamberger Rauchbier bis zum fruchtig-erdigen Frankenwein erstreckt. Aufgetischt werden heute gerne schwere Gerichte wie Sauerbraten und Schäufele, aber auch für ihr Schmalzgebäck sowie ihre würzigen Lebkuchen ist die Region bekannt.

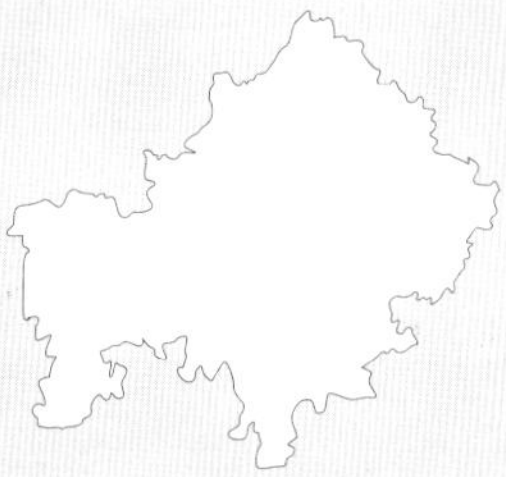

UNTERFRANKEN

9 LANDKREISE, 3 KREISFREIE STÄDTE

(ASCHAFFENBURG, SCHWEINFURT, WÜRZBURG)

8.532 KM^2

1,31 MIO. EINWOHNER

VERWALTUNGSSITZ: WÜRZBURG

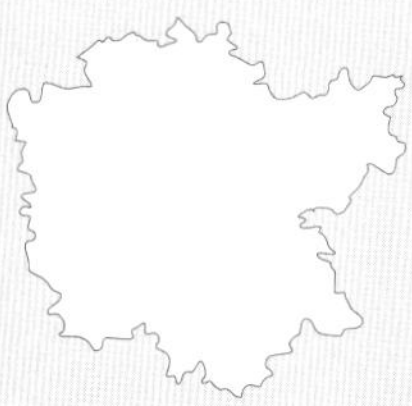

MITTELFRANKEN

7 LANDKREISE, 5 KREISFREIE STÄDTE

(ANSBACH, ERLANGEN, FÜRTH, NÜRNBERG, SCHWABACH)

7.245 KM^2

1,76 MIO. EINWOHNER

VERWALTUNGSSITZ: ANSBACH

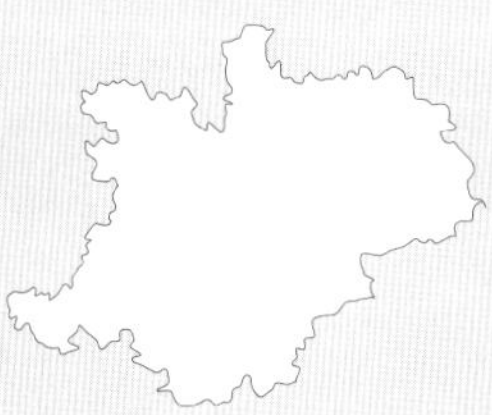

OBERFRANKEN

9 LANDKREISE, 4 KREISFREIE STÄDTE

(BAMBERG, BAYREUTH, COBURG, HOF)

7.200 KM^2

1,07 MIO. EINWOHNER

VERWALTUNGSSITZ: BAYREUTH

grießnockerlsuppe
pichelsteiner
brotsuppe
bayerische biersuppe
altbayerische kartoffelsuppe
spargelcremesuppe
hochzeitssuppe
leberspätzlesuppe
leberknödelsuppe
rumfordsuppe
riebelesuppe
metzelsuppe

suppen

Wo die Suppe heute meist als gewöhnliche Vorspeise gilt, wurde sie früher eher selten, nämlich vielmehr als Teil eines üppigen Festessens aufgetischt. Im Arbeitsalltag hingegen musste Deftigeres auf den Tisch! Doch auch Suppen können stärken, und zwar mit einer dicken Einlage ab dem ausgehenden 18. Jahrhundert wie in der Rumfordsuppe, klare Suppen hingegen wurden einst erst fettäugig als richtig gut empfunden.

Grießnockerlsuppe

HERKUNFT

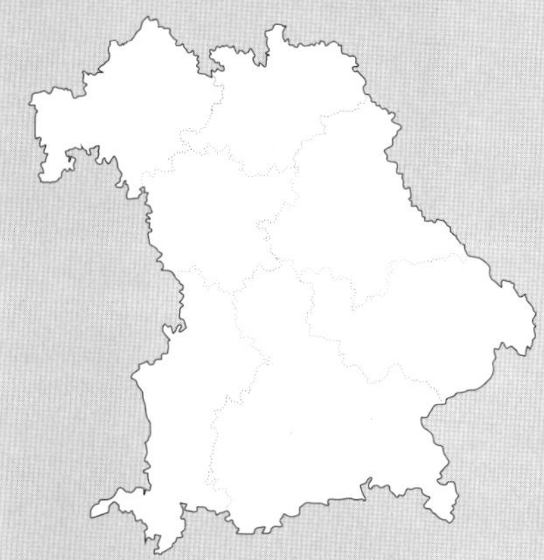

ganz Bayern

ZUBEREITUNGSDETAILS

EINFACH

4 PERSONEN

30 MINUTEN PLUS QUELLZEIT

ZUTATEN

FÜR DIE NOCKERL

50 g weiche Butter
80 g Hartweizengrieß
2 Eier (Größe M)
½ TL frisch geriebene Muskatnuss
Salz und Pfeffer aus der Mühle
etwas Semmelbrösel bei Bedarf

FÜR DIE SUPPE

1,5–1,75 l Fleisch- oder Gemüsebrühe
1 Bund Schnittlauch

Der luftige Genuss

Grießnockerlsuppe wird in Bayern gerne als Vorspeise gereicht, sei es zum Mittag- oder zum Abendessen. Besonders wichtig: Die Nockerl sollten möglichst luftig statt fest sein, sodass man sie mit dem Löffel leicht zerkleinern kann.
Wer sichergehen möchte, dass die weichen Klößchen in der Suppe nicht zerfallen, kann zuerst ein Probenockerl kochen. Übersteht dieses das Sieden, können die restlichen Nockerl eingelegt werden, zerfällt es aber, lassen sich für eine festere Konsistenz noch Semmelbrösel unter den Teig mengen.

Für Grießnockerlteig eignet sich am besten Grieß aus Hartweizen, der genauso vor allem für Nudelteig, Bulgur und Couscous verwendet wird. Mehl, Brot und Brötchen, Süßspeisen, Babynahrung und auch Grießbrei werden dagegen aus Weichweizengrieß hergestellt. Wer wegen der besseren Bekömmlichkeit oder des höheren Gehalts an Mineralstoffen und Spurenelementen Dinkel den Vorzug gibt, kann auch Dinkelgrieß verwenden.

1 Die Butter schaumig rühren. Zuerst etwas Hartweizengrieß untermengen, dann abwechselnd die Eier und den restlichen Grieß untermischen. Mit Muskat, Salz und Pfeffer würzen und die Masse schaumig schlagen. Den Teig 30 Minuten quellen lassen. Ist er zu weich, mit Semmelbröseln binden.

2 Die Brühe zum Kochen bringen. Mit zwei Esslöffeln vom Teig Nockerl abstechen, vorsichtig in die Brühe legen und abgedeckt 20–25 Minuten in der schwach köchelnden Suppe gar ziehen lassen. Darauf achten, dass die Suppe nicht zu stark kocht, da die Grießnockerl sonst zerfallen.

3 Den Schnittlauch abspülen, trocken schütteln und in Röllchen schneiden. Zum Servieren die Grießnockerlsuppe mit dem Schnittlauch bestreuen.

Es gibt viele verschiedene Rezepte für Grießnockerl, die mit oder ohne Butter oder auch aus gekochtem Grieß zubereitet werden können. Da die Grießnockerl bei der Zubereitung mit rohem Grieß beim Kochen noch aufquellen, kann eventuell mehr Brühe erforderlich sein.

Weitere Varianten sind Grießnockerl als Einlage in pürierter Spinat- oder Kräutersuppe sowie in Fischsuppe.

Pichelsteiner

Bichelsteinerfleisch, Büchelsteiner, Bismarck-Ragout

Das Festtagsgericht aus dem Bayerwald

Der Gemüseeintopf mit Fleischeinlage stammt ursprünglich aus dem Bayerischen Wald: Überliefert ist, dass das Gericht im Jahr 1847 von der Grattersdorfer Wirtin Augusta Winkler beim Büchelsteiner Fest serviert wurde. Den Gästen soll die bis dato unbekannte Speise ganz vorzüglich geschmeckt haben! Seither ist der Eintopf als »Büchelsteiner Fleischgericht«, kurz »Büchelsteiner« bzw. »Pichelsteiner«, bekannt.
Eine andere Geschichte wiederum erzählt von einer Bäuerin aus Regen, die schon 1742 eine Art Resteessen erfunden haben soll, das sie in einem großen Kessel (»Pichel« genannt) über dem Feuer kochte. Seit 1874 treffen sich die Regener alljährlich am Kirchweihmontag zum Pichelsteineressen, das heute als »Pichelsteinerfest« weiterlebt. Und es gibt noch eine Deutung des Namens: Vielleicht ist in der feucht-fröhlichen Festrunde damals auch ordentlich »gepichelt«, d. h. dem Alkohol kräftig zugesprochen worden …
Manchmal wird der Pichelsteiner auch als »Bismarck-Ragout« bezeichnet, es heißt nämlich, Bismarck habe sich im Jahr 1893 nach langer Krankheit an dem Eintopf ordentlich bedient.

Der deutsche Eintopf schlechthin

Im »Lindauer Kochbuch« von 1894 soll das Rezept erstmals in gedruckter Form erschienen sein. Doch ganz gleich, welch lange Geschichte der Pichelsteiner auch hinter sich hat, heute ist er weithin als deutscher Eintopf bekannt, der in fast allen Kochbüchern zu finden ist. Die wichtigsten Zutaten sind drei Fleisch- und verschiedene Gemüsesorten – als Einlage dient schließlich, was auf dem Feld gerade Saison hat.

1 Das Fleisch jeweils in etwa 2 cm große Würfel schneiden.

2 Zwiebel und Kartoffeln schälen und würfeln. Das restliche Gemüse waschen, putzen und in gleich große Würfel bzw. Ringe schneiden.

3 Die Zwiebel im Butterschmalz andünsten. Dann das Fleisch zugeben und anbraten.

4 Das Rindermark in Scheiben schneiden und einen großen Topf damit auslegen. Schichtweise Zwiebeln, angeschmortes Fleisch und Gemüse einfüllen und mit Salz und Pfeffer würzen.

5 Mit der Fleischbrühe übergießen und bei geschlossenem Deckel bei mäßiger Hitze etwa 1 Stunde garen. Den Topfinhalt nicht umrühren, sondern nur ab und zu am Topf rütteln und somit den Pichelsteiner auflockern.

6 Die Petersilie abspülen, trocken schütteln und klein schneiden. Vor dem Servieren über den Eintopf streuen.

HERKUNFT

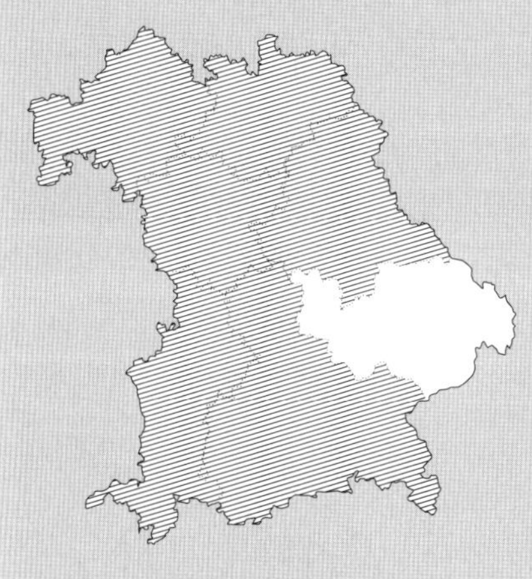

Niederbayern (Grattersdorf, Regen)

ZUBEREITUNGSDETAILS

- GLUTENFREI
- EINFACH
- 4 PERSONEN
- 90 MINUTEN

ZUTATEN

- 200 g Rindfleisch
- 200 g Kalbfleisch
- 200 g Schweinefleisch
- 1 Zwiebel
- 5 Kartoffeln
- 3 Karotten
- 1 kleiner Wirsing
- 1 Knollensellerie
- 1 Stange Lauch
- 4 EL Butterschmalz
- 100 g Rindermark (nach Belieben)
- Salz und Pfeffer aus der Mühle
- 750 ml Fleischbrühe
- 1 Bund Petersilie

HERKUNFT

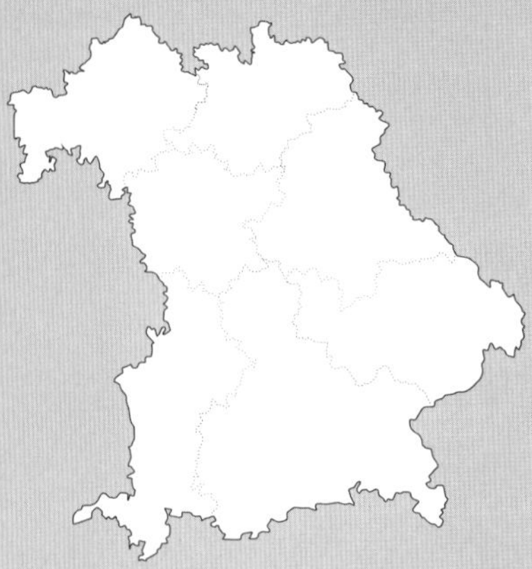

ganz Bayern

ZUBEREITUNGSDETAILS

EINFACH

4 PERSONEN

25 MINUTEN

ZUTATEN

200 g Schwarzbrot vom Vortag
4 EL Butter
1 Zwiebel
1,25 l Fleischbrühe
½ TL Majoran
Salz und Pfeffer aus der Mühle
1 Bund Schnittlauch

Brotsuppe

Das kommt nicht in die Tonne!

Brot wegzuwerfen, war früher eine Sünde – es war schließlich das wichtigste Nahrungsmittel in den Nachkriegsjahren, als die Menschen hungerten! So soll in einer Münchner Bäckerei ein Schild im Schaufenster gehangen haben mit der Aufschrift: »Brot von gestern ist nicht hart. Gar kein Brot – das ist hart!«
In der Not erfand man dann Gerichte, in denen auch altbackenes oder bereits hartes Brot noch verwertet werden konnte – Brotsuppe zum Beispiel. Für diese gibt es verschiedene Rezepte, sodass die Suppe mal stückiger, mal sämiger daherkommt: In einer Variante wird das Brot einfach im Teller mit heißer Brühe übergossen, man kann es aber auch zuerst anrösten und dann weich kochen. Sehr harte Reste von Schwarzbrot werden über Nacht in Wasser eingeweicht und am nächsten Tag mitsamt dem Einweichwasser gekocht und durch ein Sieb gestrichen. Nach dem Zweiten Weltkrieg kam die Brotsuppe in den Ruf eines Arme-Leute-Essens, sie galt aber auch als Krankenkost, die zur Stärkung gereicht wurde. Und sie war eine beliebte Fastenspeise, ganz ohne Fleisch, dafür aber mit Gemüse oder anderen vegetarischen Suppeneinlagen.

Brotsuppe crossover

Variationen von Brotsuppe gibt es so viele wie verschiedene Länder. Sie ist überall zu Hause – immer in landestypischer Kombination: mit Tomaten in Italien und Spanien, mit Fischeinlage in Portugal oder mit Knoblauch auf Kuba. In Estland ist sie unter dem Namen »Leivasupp« bekannt, in Tunesien als »Leblebi« und in Frankreich findet sich Brot auch gerne als Einlage in Zwiebelsuppe.

1 Das Brot in 1 cm große Würfel schneiden und in 2 EL Butter knusprig braun anbraten.

2 Die Zwiebel schälen, würfeln und in der restlichen Butter hellbrau anschwitzen.

3 Die Fleischbrühe aufkochen und mit Majoran, Salz und Pfeffer würzen.

4 Den Schnittlauch abspülen, trocken tupfen und in Röllchen schneiden.

5 Brotwürfel und Zwiebel auf Teller verteilen und mit der heißen Fleischbrühe übergießen. Die Schnittlauchröllchen darüberstreuen.

Bayerische Biersuppe

Flüssiges Brot

Bier war früher kein Genuss-, sondern ein Grundnahrungsmittel fürs ganze Volk. Allerdings hatte das damals gebraute Dünnbier auch einen geringeren Alkoholgehalt. Die Biersuppe gab es bis ins 19. Jahrhundert sogar zum Frühstück – auch für Kinder, die schon im Mittelalter ordentlich Gerstensaft tranken.

Frühe Zeugnisse belegen diese Art der Suppe, so schrieb der Nürnberger Meistersinger Hans Sachs im Jahr 1578 über Eulenspiegel: »Ey, er hat fleissig beten mich, ich solt im ein Biersuppen machen.« Man hielt sie auch für Kranke für besonders geeignet, bei Leichenschmaus und Kindstaufe kam sie ebenfalls auf den Tisch. Und da flüssige Nahrung nicht das Fastengebot bricht, bereiteten auch Mönche diese besondere Suppe gerne zu.

Apropos Gebot: Seit 1516 gibt es das Bayerische Reinheitsgebot, das als Zutaten – zumindest für untergäriges Bier – nur Gerstenmalz, Hopfen und Wasser erlaubt. Verbraucherschutz seit über 500 Jahren also.

Bier als bayerisches Nationalgetränk

Bayern hat den höchsten Bierverbrauch in der Bundesrepublik. Im Schnitt schluckt jeder Einzelne an die 150 Liter pro Jahr. Und der Freistaat kann weit über 600 Brauereien vorweisen. An der Spitze steht Oberfranken mit der höchsten Brauereidichte der Welt – hier widmen sich mehr als 200 Produzenten der Herstellung des Gerstensaftes. Darum spricht man auch gerne von »Bierfranken«.

Vielfältig sind schließlich die Sorten: Helles Lagerbier wird kurz als »Helles« geordert, in der Fastenzeit und um Weihnachten gibt es höherprozentiges Bock- oder Starkbier. Das wird übrigens auch für die weniger süße, sondern kräftig-würzigere Variante der Brotsuppe verwendet. Eine typisch bayerische Spezialität ist schließlich noch das Weiß- oder Weizenbier und Pils sprudelt besonders in Franken. Sehr speziell, aber lecker ist auch das Rauchbier, darüber hinaus gibt es noch erfrischendes »Radler«, eine Mischung aus Bier und Limonade (siehe Seite 252).

1 In einem hohen Topf Mehl und Zucker mischen und mit der Hälfte des Bieres verquirlen. Dabei darauf achten, dass sich keine Klumpen bilden. Das restliche Bier, die Milch sowie den Zimt hinzufügen und zum Schluss die Eier unterrühren.

2 Bei mittlerer Hitze mit dem Schneebesen so lange rühren, bis die Suppe zu schäumen beginnt.

3 Die Semmeln in kleine Würfel schneiden und in etwas Fett anrösten. Die Suppe auf Teller verteilen und mit den Semmelwürfeln bestreut servieren.

HERKUNFT

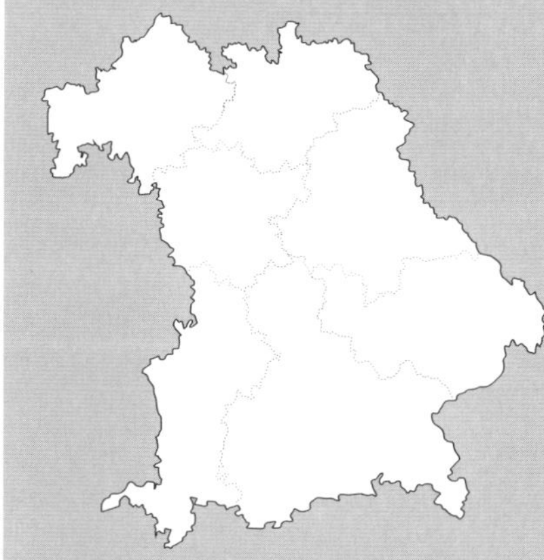

ganz Bayern

ZUBEREITUNGSDETAILS

EINFACH

4 PERSONEN

20 MINUTEN

ZUTATEN

- 40 g Mehl
- 100 g Zucker
- 500 ml helles Bier
- 500 ml Milch
- ½ TL gemahlener Zimt
- 2 Eier (Größe M)
- 2 Semmeln
- Fett zum Rösten

Altbayerische Kartoffelsuppe

Die tollen Knollen aus Südamerika

Die spanischen Eroberer des 16. Jahrhunderts brachten die Kartoffel aus Südamerika mit. So verbreitete sie sich von Spanien aus über ganz Europa. Zunächst war sie allerdings wegen ihrer Blüten nur für Botaniker interessant und es wurden auch nur die oberirdischen Früchte verzehrt, was zu Vergiftungen führte: Die Knolle gehört nämlich zu den Nachtschattengewächsen, die giftiges Solanin enthalten. Es steckt in grünen Stellen und Keimlingen, die man deshalb nicht mitessen sollte.
Die ersten Kartoffeln in Bayern sollen Mitte des 17. Jahrhunderts in Oberfranken angebaut worden sein. Da es im Jahr 1816 aufgrund von Missernten eine Hungersnot gab, wurden sie schließlich auch in Südbayern vermehrt ausgesät. Noch heute sind Neuburg-Schrobenhausen, das Donaumoos, die mittlere und südliche Oberpfalz, die Gäuböden in Niederbayern, der Raum München sowie das nördliche Schwaben Schwerpunkte im Kartoffelanbau.

Ein bayerisches Grundnahrungsmittel

Früher bestand die erste Mahlzeit des Tages häufig aus einer Suppe, diese war wiederum oft aus Kartoffeln. In Oberfranken gibt es übrigens geröstete Brotwürfel (»Bröckala«) als Einlage. Und die Erdäpfel haben viele Vorteile: Sie sind das ganze Jahr über verfügbar, günstig, sättigend und in der Küche enorm vielseitig einsetzbar, man denke nur an Klöße und Kartoffelstampf! Sogar Schnaps lässt sich aus ihnen brennen (siehe »Münchener Kümmel« auf Seite 257).
Schließlich ist die Bodenfrucht auch im Volksmund tief verankert. »Rein in die Kartoffeln, raus aus den Kartoffeln«, sagt man gerne, wenn man seinen Missmut über die Unentschlossenheit eines Anderen ausdrücken möchte. Oder wie heißt es so schön: »Der dümmste Bauer hat die dicksten Kartoffeln!«

1 Die Kartoffeln schälen, waschen und würfeln. Das Suppengrün waschen, putzen und klein schneiden. Knoblauchzehe und Zwiebeln jeweils abziehen und in kleine Würfel schneiden. Die Hälfte der Zwiebelwürfel für später beiseitelegen.

2 Das Butterschmalz in einem Topf erhitzen und Knoblauch und Zwiebeln darin glasig dünsten. Das Suppengrün hinzugeben und anschwitzen. Anschließend die Kartoffelwürfel zufügen und mit Gemüsebrühe übergießen.

3 Die Gewürze zugeben und alles etwa 10 Minuten köcheln lassen, dabei ab und zu umrühren. Wenn die Kartoffeln weich sind, alles mit dem Kartoffelstampfer grob zerdrücken. Anschließend den Schmand unterziehen.

4 Den Leberkäse in grobe Würfel schneiden. In einer Pfanne etwas Öl erhitzen und die restlichen Zwiebelwürfel darin glasig dünsten. Dann den Leberkäse zugeben und scharf anbraten. Zum Schluss unter die Kartoffelsuppe mischen.

HERKUNFT

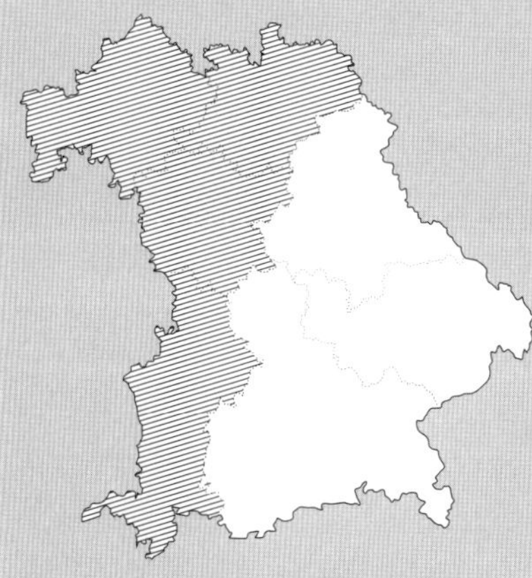

Oberbayern, Niederbayern, Oberpfalz

ZUBEREITUNGSDETAILS

- GLUTENFREI
- MITTEL
- 4 PERSONEN
- 45 MINUTEN

ZUTATEN

- 750 g Kartoffeln
- 1 Bund Suppengrün (oder 1 große Karotte, ¼ Knollensellerie, ½ Stange Lauch und ¼ Bund Petersilie)
- 1 Knoblauchzehe
- 2 große Zwiebeln
- 30 g Butterschmalz
- 1,25 l Gemüsebrühe
- Salz und Pfeffer aus der Mühle
- ½ TL ganze Kümmelsamen
- 1 TL Majoran
- 100 g Schmand
- 200 g Leberkäse
- Sonnenblumenöl zum Braten

Spargelcremesuppe

Das Turbogemüse aus dem Dunkel

Das Edelgemüse liebt es warm und feucht und braucht einen sandigen Boden. Wenn die Voraussetzungen optimal sind, könnte man ihm beim Wachsen zusehen: 7 cm schaffen die Stangen nämlich an einem Tag! Dabei versteckt sich der Bleichspargel in angehäuften Erdwällen, wo er schön weiß bleibt – ohne Sonnenlicht produziert er schließlich kein Chlorophyll. Bis Ende des 19. Jahrhunderts wurde aber nur grüner Spargel geerntet, der an der Erdoberfläche wächst.
Häufig sieht man abgedeckte Spargelfelder: Ist die schwarze Folienseite oben, erhöht sich die Temperatur im Erdwall und der Spargel wächst schneller. Sind die Außentemperaturen zu hoch, drehen die Bauern die weiße Folienseite, welche das Sonnenlicht reflektiert, nach außen. So werden die Spargelköpfe vor dem Verfärben geschützt.
Erntefrischer Spargel quietscht, wenn man die Stangen aneinanderreibt und die Schnittstellen sehen saftig aus. In ein feuchtes Tuch eingeschlagen kann er im Kühlschrank aufbewahrt werden. Für ein Hauptgericht rechnet man pro Person ein Pfund Spargel, als Beilage etwa die Hälfte.

Königliche Stangen oder »Weißes Gold«

Der Spargelanbau ist personalintensiv und die Ernte erfolgt einzeln in Handarbeit, wobei die Stangen mit einem speziellen länglichen Stechmesser abgestochen werden. Die Saison ist schließlich kurz – sie beginnt im April und endet traditionell am 24. Juni – und eine Bauernregel besagt: »Kirschen rot, Spargel tot.« Das alles macht den Spargel kostspielig, weshalb früher nur Fürsten und Könige zu der Delikatesse griffen.

1 Den Spargel waschen, schälen (hierfür unter dem zarten Kopf mit einem Spargelschäler ansetzen und die Schale nach unten abziehen) und die Enden abschneiden. Die Spargelköpfe beiseitelegen und zunächst die Schalen sowie Enden in etwa 1,25 l Wasser mit 1 EL Salz und dem Zucker 10 Minuten auskochen. Währenddessen die Spargelstangen in 2–3 cm lange Stücke schneiden. Den Sud über einem Gefäß abgießen. Die ausgekochten Gemüsereste entsorgen.

2 Den Sud zurück in den Topf füllen, etwas Zitronensaft zugeben und die Spargelstücke etwa 20–25 Minuten darin leicht köcheln lassen. Sobald der Spargel weich ist, mit dem Stabmixer im Sud pürieren.

3 Nun die Spargelköpfe einlegen und 5–10 Minuten leicht köcheln lassen, bis sie gar sind.

4 Sahne und Eigelb verquirlen. Den Topf vom Herd ziehen und die Suppe mit der Sahnemischung legieren. Die Suppe nicht mehr kochen, sonst gerinnt das Ei. Zum Schluss mit Zitronensaft, Salz und Pfeffer abschmecken.

HERKUNFT

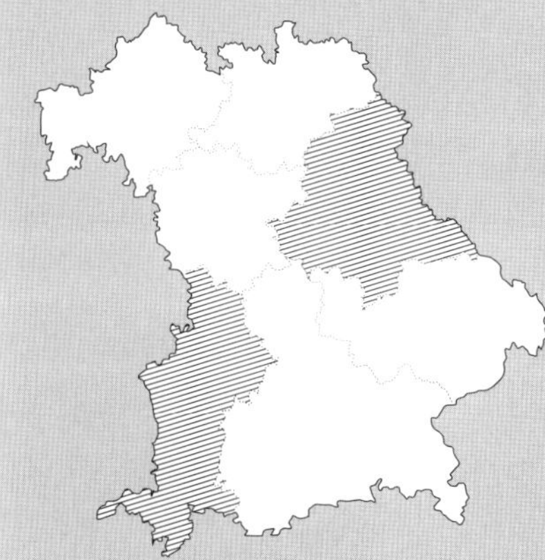

Oberbayern, Niederbayern, Unterfranken, Mittelfranken, Oberfranken

ZUBEREITUNGSDETAILS

- GLUTENFREI
- EINFACH
- 4 PERSONEN
- 70 MINUTEN

ZUTATEN

- 1 kg Suppenspargel
- Salz
- 1 TL Zucker
- Saft von ½ Zitrone
- 200 g Sahne
- 1 frisches Eigelb (Größe M)
- Pfeffer aus der Mühle

Hochzeitssuppe

Für den schönsten Tag im Leben

So einen Aufwand betreibt man nicht alle Tage! Schwierig herzustellen ist sie zwar nicht, doch die Vorbereitung erfordert viel Zeit, je nachdem, mit wie vielen verschiedenen Suppeneinlagen man auftrumpfen will – die klare Rindfleischbrühe kann schließlich mit allen möglichen Einlagen angereichert werden. Je nach Gusto werden dann einfache Suppennudeln und Backerbsen, aber auch Brätknödel, Flädlestreifen, Eierstich sowie Backschöberl und noch aufwendigere Leberknödel, Fleisch- oder Markklößchen zugegeben. »Je mehr, desto größer der Wohlstand des Brautpaars«, so hieß es zumindest früher.

Eine Suppe mit Symbolwert

Traditionell isst das Brautpaar diesen Küchenklassiker aus einem Teller, denn von nun an wird ja das ganze Leben miteinander geteilt. Das Löffeln der Hochzeitssuppe hat einen ähnlichen Symbolwert wie das gemeinsame Anschneiden der Torte – wer die Hand oben auf dem Messer hat oder wer eben zuerst den Suppenlöffel eintaucht, sagt in der Ehe künftig an, wo es lang geht. Damit die zukünftigen Kinder des Brautpaars gesund und kräftig geraten, wird die Suppe ordentlich gesalzen. So verlangt es zumindest ein alter Brauch.

1 Für die klare Fleischbrühe das Suppengrün waschen, putzen und klein schneiden. Das Fleischstück kurz abspülen und zusammen mit Gemüse und Salz in einen Topf geben. Mit 2 l Wasser auffüllen und 90–120 Minuten köcheln lassen. Anschließend die Brühe durch ein Sieb gießen und zurück in den Topf füllen. Mit Salz abschmecken.

2 Für die Backschöberl den Backofen auf 175 °C (Ober-/Unterhitze) vorheizen. Die Eier trennen und die Eiweiße steif schlagen. Die Eigelbe und die restlichen Zutaten miteinander verrühren. Zum Schluss den Eischnee unterheben. Ein Blech mit Backpapier auslegen, die Masse etwa 1 cm dick darauf verstreichen und im Ofen etwa 30 Minuten lang hellgelb backen. Erkalten lassen, dann mit einem Messer in Rauten oder Würfel schneiden oder Formen ausstechen.

3 Nach Belieben weitere Suppeneinlagen (Grießnockerl, Leberknödel, Riebele oder Backerbsen) zubereiten.

4 Die Fleischbrühe wieder erhitzen. Vom Bratwurstbrät mit dem Teelöffel kleine Nocken abstechen und mit den Händen zu kleinen Kugeln (sogenannte »Brätknödel«) formen. Direkt in die kochende Brühe einlegen und 10–15 Minuten leicht köcheln lassen.

5 Die Backschöberl und die anderen gewünschten Suppeneinlagen (bis auf die Backerbsen) ebenfalls in die heiße Fleischbrühe einlegen und 5 Minuten ziehen lassen.

6 Die Petersilie waschen, trocken schütteln und klein schneiden. Die fertige Suppe damit sowie mit den Backerbsen bestreut servieren.

Das für die Brühe gekochte Fleisch kann in Scheiben geschnitten separat z. B. mit Meerrettichsauce (siehe Seite 61) oder Preiselbeeren gegessen werden.

HERKUNFT

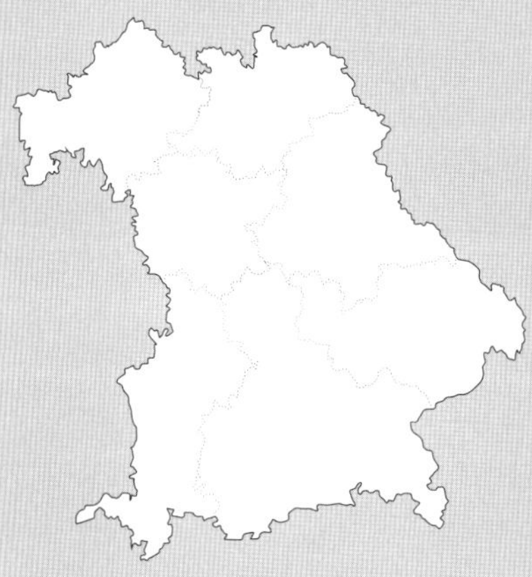

ganz Bayern

ZUBEREITUNGSDETAILS

MITTEL

6 PERSONEN

130 MINUTEN (JE NACH EINLAGE)

ZUTATEN

FÜR DIE KLARE FLEISCHBRÜHE

- 1 Bund Suppengrün
- 500 g Suppenfleisch (Hochrippe oder Rinderbrust)
- 2 TL Salz

FÜR DIE BACKSCHÖBERL

- 4 Eier (Größe M)
- 100 g weiche Butter
- 250 g Mehl
- 1 TL Backpulver
- 125 ml Milch
- ½ TL Salz

FÜR DIE BRÄTKNÖDEL

- 125 g Bratwurstbrät

WEITERE EINLAGEN (NACH BELIEBEN)

Grießnockerl (Seite 15), Leberknödel (Seite 27), Riebele (Seite 30) oder Backerbsen (Seite 35)

ZUM SERVIEREN

- 1 Bund Petersilie

HERKUNFT

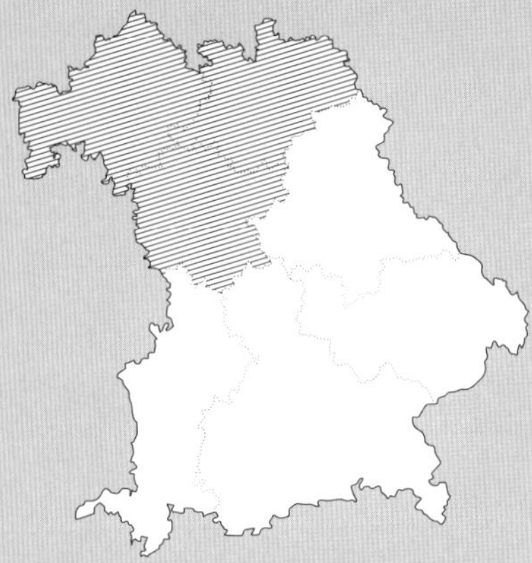

Oberbayern, Niederbayern, Oberpfalz, Schwaben

ZUBEREITUNGSDETAILS

MITTEL

4 PERSONEN

30 MINUTEN

ZUTATEN

FÜR DIE SPÄTZLE

1 Zwiebel
½ Bund Petersilie
3 EL Butter
125 ml Milch
1 Bio-Zitrone
2 Eier (Größe M)
80 g Semmelbrösel
200 g gewolfte Rindsleber
1 EL frisch gehackter Majoran
Salz und Pfeffer aus der Mühle

FÜR DIE SUPPE

1,5 l Fleischbrühe

Spätzlepresse oder -hobel

Leberspätzlesuppe

Leberspatzen

Auch solo ein Genuss

Die Geschichte der Leberspätzle reicht bis in die Barockzeit zurück. Da schätzte man die kleinen Würmchen vor allem als deftige Suppeneinlage, serviert in einer klaren Fleischbrühe. Und so werden sie in Bayern auch heute noch oft gereicht. Doch so mancher Liebhaber von Innereien schwört auf eine sättigendere und besonders herzhafte Variante: Dabei werden die Leberspätzle in der Pfanne mit verquirltem Ei gebraten. Oder man genießt sie beinahe pur – nur mit etwas guter Butter und ein paar Semmelbröseln angeröstet.

1 Die Zwiebel schälen und würfeln. Die Petersilie waschen, trocken schütteln, fein hacken und ein wenig davon zum Servieren beiseitestellen. Zwiebel und übrige Petersilie in der Butter andünsten.

2 Die Milch in einem Topf erwärmen. Die Zitrone waschen, abtrocknen und etwas Schale fein abreiben.

3 Alle Zutaten für die Spätzle miteinander vermischen und gut durchkneten. Mit Salz und Pfeffer würzen. Der Teig sollte lockerer sein als der von Leberknödeln (siehe rechts), damit er sich gut durch eine Spätzlepresse drücken lässt.

4 Die Fleischbrühe zum Kochen bringen. Den Teig portionsweise durch die Spätzlepresse in die siedende Brühe drücken und etwa 5 Minuten gar ziehen lassen, bis die Leberspätzle an der Oberfläche schwimmen. Mit der gehackten Petersilie bestreuen und servieren.

Leberknödelsuppe

Frei von der Leber weg

Leberknödel sind vor allem eine Suppeneinlage, sie können aber auch in der Pfanne ausgebacken werden. So lassen sie sich auch sehr gut einfrieren.
Wer bei der Zubereitung auf Nummer sicher gehen möchte, dass die Leberknödel nicht zu weich werden und in der Suppe zerfallen, kann zuerst einen Probeknödel kochen: Übersteht dieser das Sieden, können die restlichen Knödel eingelegt werden. Zerfällt er, können für eine festere Konsistenz noch Semmelbrösel unter den Teig gemengt werden.

Leberknödelsuppe geht in Bayern immer, ganz gleich ob mittags oder abends! Meistens wird sie mit einem einzigen Knödel als Vorspeise serviert. Zusammen mit einer Laugenbreze oder ganz einfach mehr Knödeln wird daraus eine ganze Mahlzeit. Aber zugegeben: Mit ihrer grau-braunen Farbe sprechen sie nicht jeden spontan an. Und über den kräftigen Geschmack der Rindsleber scheiden sich auch die Geister. Doch Liebhaber greifen beherzt zu, wenn die Suppe auf der Speisekarte steht – frei von der Leber weg sozusagen. Wem dagegen eine Laus über die Leber gelaufen ist, der lässt sich vielleicht von einem Teller frischer Leberknödelsuppe wieder aufheitern.

Leber wird in der traditionellen bayerischen Küche gerne verwendet. Sie hat einen hohen Eiweiß-, Mineralstoff- sowie Vitamingehalt und ist zudem relativ günstig.

1 Die Semmeln in dünne Scheiben schneiden. Die Milch kurz erhitzen, über die Semmeln gießen und abgedeckt 30 Minuten einweichen lassen.

2 Die Zwiebel schälen und fein würfeln. Die Petersilie waschen, trocken schütteln, fein hacken und ein wenig davon zum Servieren beiseitestellen. Zwiebel und übrige Petersilie in der Butter andünsten.

3 Die Zitrone waschen, abtrocknen und etwas Schale fein abreiben.

4 Alle Zutaten für die Knödel zu den Semmeln geben und gut verkneten, dann mit Salz und Pfeffer abschmecken. Ist der Teig zu locker, etwas Semmelbrösel untermengen.

5 Die Fleischbrühe zum Kochen bringen. Die Hände anfeuchten, den Teig zu Knödeln formen und in die Brühe einlegen. Je nach Größe 15–25 Minuten in der siedenden Flüssigkeit ziehen lassen, bis sie oben schwimmen. Darauf achten, dass die Brühe nicht kocht, da die Leberknödel sonst zerfallen. Mit der gehackten Petersilie bestreuen und servieren.

HERKUNFT

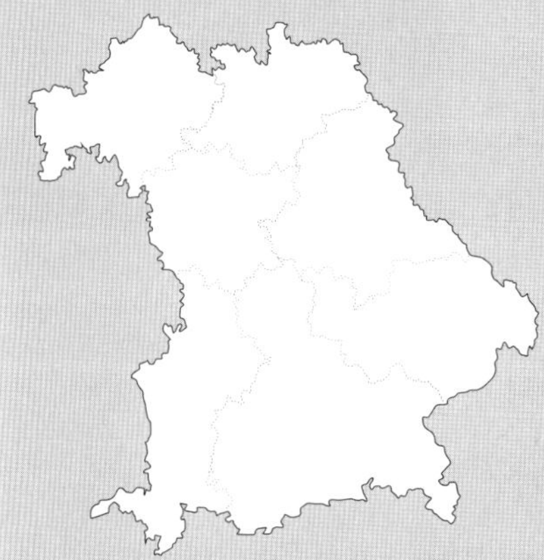

ganz Bayern

ZUBEREITUNGSDETAILS

MITTEL

4 PERSONEN

80 MINUTEN

ZUTATEN

FÜR DIE KNÖDEL

3 Semmeln vom Vortag
150 ml Milch
1 kleine Zwiebel
½ Bund Petersilie
2 EL Butter
½ Bio-Zitrone
1 EL frisch gehackter Majoran
350 g gewolfte Rindsleber
2 Eier (Größe M)
Salz und Pfeffer aus der Mühle
etwas Semmelbrösel bei Bedarf

FÜR DIE SUPPE

1,5 l Fleischbrühe

Rumfordsuppe

Klingt nach Nobelrestaurant, …

… ist aber ursprünglich eine Bettler- und Armenspeise – und die Erfindung eines amerikanischen »Zugroasten« noch dazu! Kreiert hat die berühmte Rumfordsuppe Benjamin Thompson, der im Jahr 1792 in München von seinem Dienstherrn, dem bayerischen Kurfürsten Karl Theodor, in den Adelsstand erhoben wurde und sich fortan Graf Rumford nennen durfte. Damals lebte ein großer Teil der Stadtbewohner in katastrophalen Verhältnissen, die Menschen litten Hunger und mussten sich ihr Essen erbetteln. Um deren Situation zu verbessern, brachte Rumford sie in Lohn und Brot im »Militärischen Arbeitshaus« in der Münchner Au, das er gründete und wo nach seinen Entwürfen künftig Uniformen der bayerischen Regimenter hergestellt wurden. In den besten Zeiten arbeiteten in dem Haus über 1.000 Bettler und Obdachlose, die hier auch verköstigt wurden. Als warme Mahlzeit erdachte sich der Graf ein sehr nahrhaftes, sättigendes und günstiges Gericht, das als Rumfordsuppe in die Kochbücher einging – und sorgte damit gleichzeitig für die Reputation der bis dahin als giftig gefürchteten Kartoffel. Mit dieser Suppe wurden später auch die Soldaten seines Dienstherrn verpflegt. Übrigens erfand Rumford für den Einsatz im Arbeitshaus sogar einen energiesparenden Herd.
Die Rumfordsuppe bestand ursprünglich aus Erbsen, Kartoffeln, Graupen, Weizenbrot sowie saurem Bier. Heutige Köche geben gerne Schinken, Knoblauch, Suppengrün und Gewürze hinzu, um die Suppe aufzupeppen. Man kann sie auch als ideale Methode zur Resteverwertung ansehen – es kommt alles hinein, was »ford« muss!

1 Die Erbsen über Nacht in Wasser einweichen und anschließend im Einweichwasser gar kochen. Einen Großteil des Kochwassers abgießen, mit dem übrigen die Erbsen zu einem feinen Brei pürieren.

2 Das Suppengrün waschen, putzen und klein schneiden. Die Zwiebel schälen und fein hacken.

3 Den Speck würfeln und in einer Pfanne ohne Fett auslassen. Suppengrün, Zwiebel und Graupen im Speck andünsten. Mit 1,5 l Wasser auffüllen, salzen und alles bissfest garen.

4 Die Kartoffeln schälen, in Würfel schneiden und dazugeben. So lange kochen, bis alle Zutaten weich sind.

5 Die pürierten Erbsen einrühren und alles noch einmal kurz aufkochen. Die Rumfordsuppe abschließend mit Petersilie bestreuen und servieren.

HERKUNFT

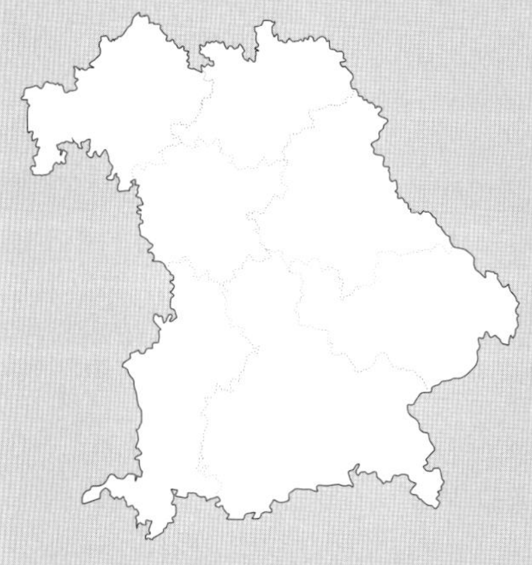

ganz Bayern

ZUBEREITUNGSDETAILS

LAKTOSEFREI

EINFACH

4 PERSONEN

12 STUNDEN PLUS 110 MINUTEN

ZUTATEN

- 100 g getrocknete gelbe Erbsen
- 1 Bund Suppengrün (oder 1 große Karotte, 1 Stück Knollensellerie, ½ Stange Lauch und ¼ Bund Petersilie)
- 1 Zwiebel
- 150 g durchwachsener Speck
- 50 g Graupen
- Salz
- 250 g Kartoffeln
- 2 EL frisch gehackte Petersilie zum Servieren

HERKUNFT

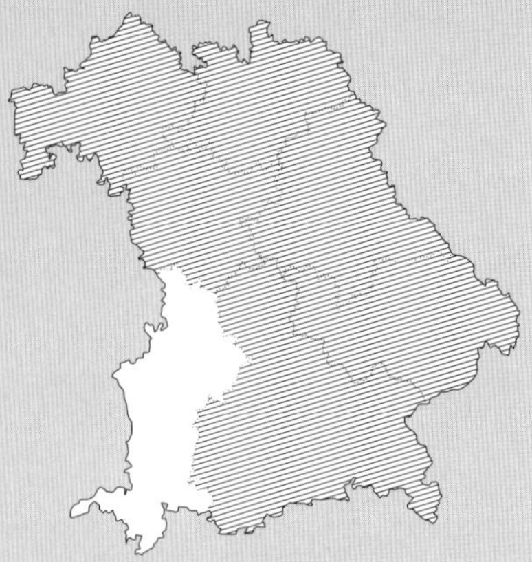

Schwaben

ZUBEREITUNGSDETAILS

LAKTOSEFREI

EINFACH

4 PERSONEN

30 MINUTEN PLUS RUHEZEIT

ZUTATEN

200 g Mehl
1 Ei (Größe M)
Salz
1,5 l Fleisch- oder Gemüsebrühe
½ Bund Schnittlauch zum Servieren
1 Msp. frisch geriebene Muskatnuss

Gemüsereibe

Riebelesuppe

Die typische Suppe der Schwaben

Riebele sind, wie auch der Name besagt, kleine »geriebene« Nudeln oder vielmehr nur Teigbrösel. Neben der Herstellung mit einer Reibe gibt es noch eine zweite Zubereitungsmethode für die Riebele: Sie werden wie Streusel zwischen den Händen zerrieben, dann traditionell in einer Fleischbrühe gekocht und kommen als Riebelesuppe auf den Tisch. Früher wurde diese als typisch schwäbisches Nachtessen gereicht. Und mit »Nachtessen« ist ganz einfach das »Abendessen« oder die »Vesper« gemeint. Auch in Österreich ist die Suppe bekannt.

1 Aus Mehl, Ei, 1 Prise Salz und 1 EL Wasser einen festen Nudelteig herstellen. In Frischhaltefolie wickeln und 30 Minuten im Kühlschrank ruhen lassen.

2 Den Nudelteig auf der Gemüsereibe grob raspeln und die Riebele auf einem bemehlten Brett an einem warmen Platz etwa 2 Stunden antrocknen lassen.

3 Salzwasser und Fleischbrühe in getrennten Töpfen zum Kochen bringen. Die Riebele im Salzwasser nur ein paar Minuten kochen, bis sie oben schwimmen, dann abseihen. Sofort in die Fleischbrühe geben und in dieser nur kurz ziehen lassen.

4 Den Schnittlauch waschen, trocken schütteln, in Röllchen schneiden und unmittelbar vor dem Servieren mit der geriebenen Muskatnuss auf die Suppe streuen.

Metzelsuppe

Kesselsuppe, Wurstsuppe, Worschtsuppe

Das Gemetzel im Wurstkessel

Diese Suppe gab es ursprünglich nur an Schlachttagen, denn Grundlage für diese ist das Kesselwasser, in dem Wellfleisch, Leber, Brüh- und Kochwürste frisch gekocht bzw. gegart wurden. Dabei platzten meistens ein paar Blut- und Leberwürste auf, sodass die Brühe relativ deftig wurde. Die so entstandene Kesselsuppe wurde auch gerne zur Brotsuppe erweitert, in Schwaben gab man traditionell noch Spätzle hinein.

Wer früher ein Schlachtfest veranstaltete, versorgte auch seine Nachbarn mit der Metzelsuppe, die dann gleich kannenweise mit nach Hause getragen wurde.

Deutlich wässriger ist der reine Wurstsud, der beim Brühen von Wurst in der Metzgerei entsteht. Er wird heute nicht mehr weiterverwertet und ist auch nicht mehr zu bekommen, ersetzte aber in Notzeiten die Fleischbrühe und wurde dann mit den wenigen vorhandenen Lebensmitteln wie Kartoffeln, Brot und Steckrüben angereichert.
Der Name »Metzelsuppe« kommt nicht von ungefähr. Er leitet sich vom lateinischen Wort »macellare« (dt. »schlachten«) ab. Selbst die Gebrüder Grimm erwähnten eine Metzelsuppe in ihren Schriften. Später ging die Bedeutung des Lateinischen dann eher in Richtung »Gemetzel« oder »Blutbad«.

1 Zwiebeln und Knoblauch schälen, würfeln und im Öl andünsten. Das Suppengrün waschen, putzen und klein schneiden. Zu den Zwiebeln geben und etwas mitbraten.

2 Die Gewürze zufügen und alles mit der Fleischbrühe aufgießen. Die Suppe anschließend 10 Minuten köcheln lassen.

3 Währenddessen das Schwarzbrot in Würfel schneiden und in etwas Öl anbraten.

4 Die Würste aus der Pelle drücken und die Stückchen unter die Suppe rühren.

5 Zum Schluss die Petersilie abspülen, trocken schütteln und klein schneiden. Die Suppe in Teller füllen und mit den knusprigen Schwarzbrotwürfeln und der Petersilie bestreut servieren.

HERKUNFT

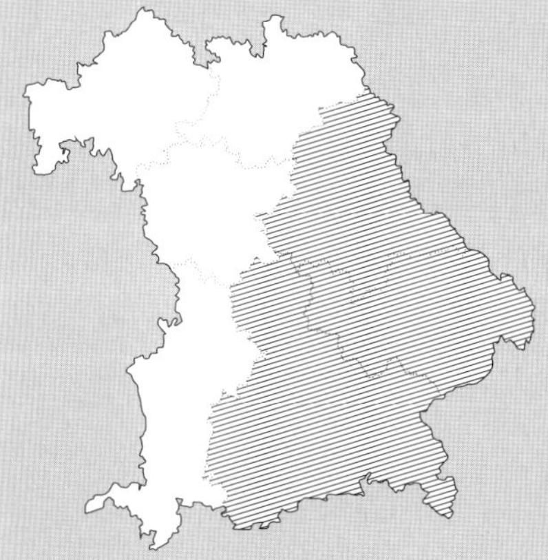

Schwaben, Unterfranken, Mittelfranken, Oberfranken

ZUBEREITUNGSDETAILS

EINFACH

4 PERSONEN

25 MINUTEN

ZUTATEN

- 2 Zwiebeln
- 1 Knoblauchzehe
- 2 EL Sonnenblumenöl
- 1 Bund Suppengrün (oder 1 große Karotte, ¼ Knollensellerie, ½ Stange Lauch und ¼ Bund Petersilie)
- 1 TL Majoran
- ½ TL gemahlener Kümmel
- 1,5 l Fleischbrühe
- 4 Scheiben Schwarzbrot
- Sonnenblumenöl zum Braten
- 1 Leberwurst
- 1 Blutwurst
- 1 Bund Petersilie

beilagen

Der Alltag des kleinen Mannes in Bayern war einst klar strukturiert, um 11 Uhr wurde zu Mittag gegessen, nachmittags um 15 Uhr folgte eine kleine Brotzeit – meist direkt am Ackerrain. Heute wird, fernab jeglicher Arbeitslast, am liebsten im Biergarten gebrotzeitelt, wo ein frisch angemachter Wurstsalat gerade recht kommt. Hier lässt sich aber auch Deftigeres genießen … da dürfen typisch bayerische Beilagen natürlich nicht fehlen!

backerbsen
bayerischer wurstsalat
tellersülze
nürnberger gwerch
bayrisch kraut
bayerische gewürzgurken
saures kartoffelgemüse
gschtopfta rumm
hopfensprossen
schuchsen

Backerbsen

Bachene Spatzen, Gebackene Spatzen

Vielleicht sogar besser als Chips

Backerbsen sind eine typisch bayerische Suppeneinlage. Damit sie schön knusprig bleiben, gibt man sie am besten erst unmittelbar vor dem Genuss auf die Suppe. Oder man stellt gleich eine kleine Schüssel mit Backerbsen direkt auf den Tisch, dann kann sich jeder nach Gusto bedienen. Die knusprig knackigen Kügelchen lassen sich aber natürlich auch einfach so, ganz pur, knabbern – so schmecken sie auch gut zu einem kühlen Bier! Übrigens kennen und knuspern auch Österreicher und Schweizer die gebackenen Spatzen sehr gerne.

Die Backerbse ist schon eine kleine Prinzessin

In eine gut schließende Blechdose gefüllt halten sich die Backerbsen etwa eine Woche lang knusprig frisch. Am besten stellt man gleich eine größere Menge her, wenn man sich schon an die Arbeit macht. Etwas heikel ist die Zubereitung nämlich schon, denn es gibt einiges zu beachten: So darf der Teig nicht zu dünnflüssig sein, sonst zerfließt er im Kochwasser, und auch beim Hobeln darf nicht zu viel Teig auf einmal genommen werden, da er dann schnell zusammenklebt. Wichtig ist schließlich noch, dass genügend Öl im Topf ist, denn die Backerbsen müssen schwimmen!

1 Mehl und Salz mischen, dann das Ei unterrühren.

2 Nach und nach tropfenweise nur so viel Wasser zugeben, bis der Teig dickflüssig ist. Er darf nicht zu dünn sein, sonst ergibt er keine kleinen runden Backerbsen. Den Teig anschließend 20 Minuten ruhen lassen.

3 Das Öl mindestens zwei Finger hoch in einen Topf gießen und auf 185 °C erhitzen.

4 Den Teig portionsweise in einen Spätzlehobel füllen und ins heiße Fett tropfen lassen. Nicht zu viel Teig auf einmal frittieren, damit sich kein einzelner großer Klumpen bildet. Auf diese Weise nach und nach den gesamten Teig verarbeiten.

5 Wenn die Backerbsen goldbraun sind und an der Oberfläche schwimmen, mit einem Schaumlöffel abschöpfen und auf Küchenpapier abtropfen lassen.

HERKUNFT

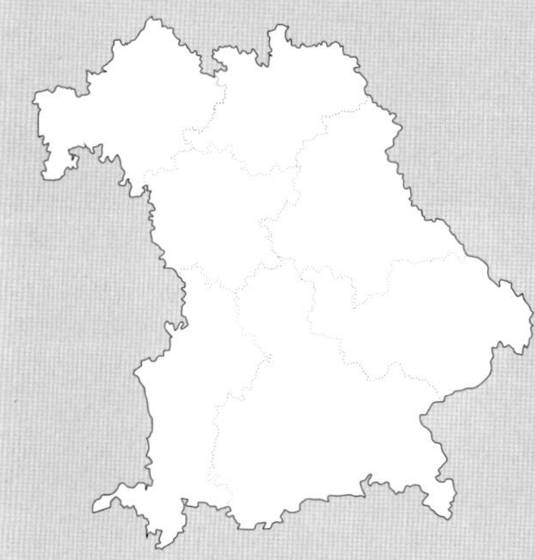

ganz Bayern

ZUBEREITUNGSDETAILS

LAKTOSEFREI

MITTEL

4 PERSONEN

15 MINUTEN PLUS RUHEZEIT

ZUTATEN

90 g Mehl

1 Prise Salz

1 Ei (Größe M)

Sonnenblumenöl zum Frittieren

Spätzle- oder Knöpflehobel

Bayerischer Wurstsalat

Original nur mit echten »Knackern«

Die Regensburger »Knacker« sind kurze, dicke Brühwürste, die beim Hineinbeißen knacken, weil sie so prall sind – daher rührt wohl auch ihr Name. Sie werden meistens zur Brotzeit verzehrt, mal heiß, mal kalt.
Die Würste dürfen sich nur »Regensburger« nennen, wenn sie von einem hiesigen Metzger hergestellt wurden. Und der bayerische Wurstsalat ist nur ein echter, wenn er aus Regensburgern besteht. Er schmeckt aber genauso herzhaft mit Lyoner! Angemacht wird er am besten mit geschmacksneutralem Sonnenblumen- oder Distelöl, sodass das Aroma nicht verfälscht wird. Zusammen mit einer Semmel, einer Scheibe deftigem Bauernbrot oder ofenfrischen Brezen ergibt er eine typisch bayerische Brotzeit, die nicht schwer im Magen liegt und säuerlich frisch schmeckt – genau richtig als sommerliches Abendgericht für den Biergarten! Mancher verfeinert den Wurstsalat mit in Scheibchen geschnittenen Radieschen, mit Käsewürfeln wandelt er sich zum Schweizer Wurstsalat.

1 Die Wurst häuten und in dünne Scheiben oder Streifen schneiden.

2 Die Zwiebeln schälen, mit den Gewürzgurken in dünne Scheiben schneiden und über die Wurst verteilen.

3 Aus Essig, Öl, Salz und Pfeffer eine Marinade anrühren und den Salat damit anmachen. Vor dem Servieren kühl gestellt einige Zeit durchziehen lassen.

4 Schnittlauch waschen, trocken schütteln und in Röllchen schneiden. Den Wurstsalat damit garnieren.

HERKUNFT

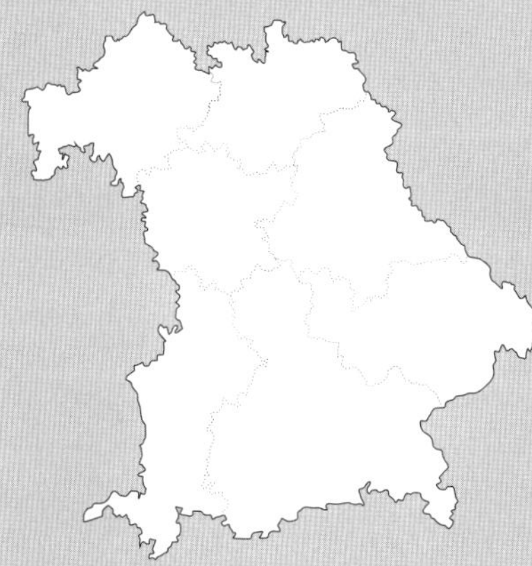

ganz Bayern

ZUBEREITUNGSDETAILS

- GLUTENFREI
- LAKTOSEFREI
- EINFACH
- 4 PERSONEN
- 15 MINUTEN

ZUTATEN

- 500 g Fleischwurst (traditionell verwendet werden Regensburger Brühwürste, es eignen sich aber auch Lyoner)
- 3 Zwiebeln
- 3 Gewürzgurken
- 3 EL Essig (z. B. Weißweinessig)
- 2 EL Sonnenblumen- oder Distelöl
- Salz und Pfeffer aus der Mühle
- ½ Bund Schnittlauch zum Servieren

HERKUNFT

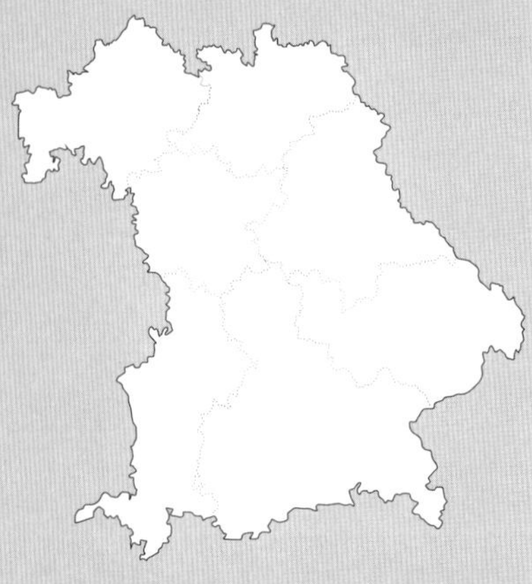

ganz Bayern

ZUBEREITUNGSDETAILS

GLUTENFREI

LAKTOSEFREI

MITTEL

4 PERSONEN

45 MINUTEN PLUS KOCH- UND KÜHLZEIT

ZUTATEN

- 2 Schweinsfüße
- 2 Schweinsohren oder Rüssel
- 500 g Schweinefleisch
- 1 Karotte
- 2 Zwiebeln
- 1 Lorbeerblatt
- 3 Nelken
- 8 ganze Pfefferkörner, plus 1 TL gemahlene zum Würzen
- 1 EL Salz
- 250 ml Tafelessig
- 2 hartgekochte Eier (Größe M)
- 4 Gewürzgurken

Tellersülze

Tellersulz, Schüsselsulze

Der Bauer lässt nichts umkommen

Sülze wird aus den »leimenden« Teilen eines Schweins gekocht, vorzugsweise aus den reichhaltigen Schwarten und Schweinsfüßen, zudem aus Rüssel, Kopffleisch, Schwanz und Ohren. Unter Einwirkung von Hitze und Flüssigkeit lösen sich die Leimstoffe und quellen, bei Kälte binden sie dann Flüssigkeit und steifen zu einem Gelee oder Aspik, das sich auch gut aus der Form stürzen lässt. Kenner schwören auf einen nicht zu steifen »Zidderer«, also »Wackelpeter« sozusagen, der schon in der Sonne wieder zerfließt. Denn das spricht für eine echte Sulz – auch als »Knöcherlsulz« oder »Boinersulz« bezeichnet –, die ohne Zugabe von Gelatine fest geworden ist. Selbstverständlich sollte die Sulz ganz frisch serviert werden.

Tellersülze besteht aus Fleischstückchen bzw. -scheiben, Gemüse und Ei – eingelegt in Aspik. Sie wird direkt in Tellern zubereitet, hat einen leicht säuerlichen Geschmack und wird vor allem in der warmen Jahreshälfte als kalte Mahlzeit gereicht. Dazu schmecken vor allem Bratkartoffeln, Bauernbrot und Krautsalat. Sulzen sind leicht verdaulich und erfrischend; da das Fett abgeschöpft wird, sind sie relativ kalorienarm.

Was heute in der Gemüseküche »Leaf to Root« heißt – das Gemüse wird also vom Blatt bis zur Wurzel komplett aufgegessen –, war früher in vielen Bereichen gang und gäbe: Auch beim Schlachten auf dem Hof ließ der Bauer nichts umkommen und verwertete genauso Schwarten, Schweins- und Kalbsfüße, Rüssel, Schwänze und Ohren.

1 Schweinsfüße und -ohren bzw. Rüssel gründlich waschen. Zusammen mit dem Fleisch in 2 l Wasser aufkochen. Damit die Sülze klar bleibt, das Wasser vollständig abgießen und die Fleischteile unter fließendem Wasser erneut abwaschen.

2 Karotte und Zwiebeln schälen und klein schneiden. Die Fleischteile in 1,5 l frischem, kaltem Wasser aufsetzen und das Gemüse und die Gewürze zugeben. Alles bei mittlerer Temperatur etwa 2 Stunden köcheln lassen, bis alle Fleischteile weich sind. Da beim Kochen Eiweiße und Schwebestoffe freigesetzt werden, die die Sülze eintrüben, muss regelmäßig abgeschäumt werden; hierfür mit einer Schaumkelle den an der Oberfläche schwimmenden weißlichen Schaum entfernen.

3 Den Sud abseihen und erkalten lassen – dieser ist nun die Sulzflüssigkeit. Währenddessen das Fleisch noch heiß vom Knochen lösen und alles in mundgerechte Stücke schneiden.

4 Das Fett, das sich nach dem Erkalten an der Oberfläche abgesetzt hat, von der Sulzflüssigkeit abheben und den Sud wieder erwärmen. Mit Salz, Pfeffer und Essig würzen.

5 Die hartgekochten Eier pellen und in Scheiben schneiden. Die Gewürzgurken der Länge nach mehrmals zu Fächern einschneiden. Fleisch, Eier und Gurken auf tiefe, kalt ausgespülte Teller verteilen und die Sulzflüssigkeit darübergießen. Es soll alles gut bedeckt sein. Dann an einem kühlen Ort gelieren lassen.

Nürnberger Gwerch

Nembercher Gwerch, Nämmbärcher Gwärch, Nürnberger Durcheinander

»Su a Gwerch!«

So schimpft der Franke, insbesondere der Nürnberger, wenn ihm die Unordnung oder das Durcheinander zu viel werden. Dabei ist gerade das Durcheinander das Besondere am »Nembercher Gwerch«. Eigentlich handelt es sich hier um eine Art Wurstsalat, der immer auf Ochsenmaulsalat basiert und um andere deftige Fleischzutaten erweitert wird. Das Gwerch geht aber auch vegetarisch, nämlich mit Limburger und Paprika. Beides ist die ideale Brotzeit für Bierkeller oder -garten.

Den Ochsenmaulsalat gibt es in Nürnberg beim Metzger zu kaufen. Man kann ihn natürlich auch selbst herstellen. Dazu kocht man ein Ochsenmaul in Salzwasser sehr weich. Das Fleisch wird noch warm vom Knochen gelöst und bis zum Erkalten zwischen zwei Brettchen leicht gepresst. Danach schneidet man es in sehr feine Scheiben und macht es mit Weißweinessig, Sonnenblumenöl, etwas Ochsenmaulbrühe, Salz und Pfeffer an.

1 Pressack und Stadtwurst in mundgerechte Stücke schneiden und mit dem Ochsenmaulsalat mischen.

2 Die Zwiebeln schälen, halbieren und in feine Ringe schneiden, dann die Essiggurken in Scheibchen schneiden. Anschließend beides zum Salat geben.

3 Aus Gurkenwasser, Essig, Öl, Salz und Pfeffer eine Marinade anrühren und den Salat damit anmachen. Kühl gelagert mindestens 1 Stunde durchziehen lassen. Mit einem kernigen Holzofenbrot und einem kühlen Bier servieren.

HERKUNFT

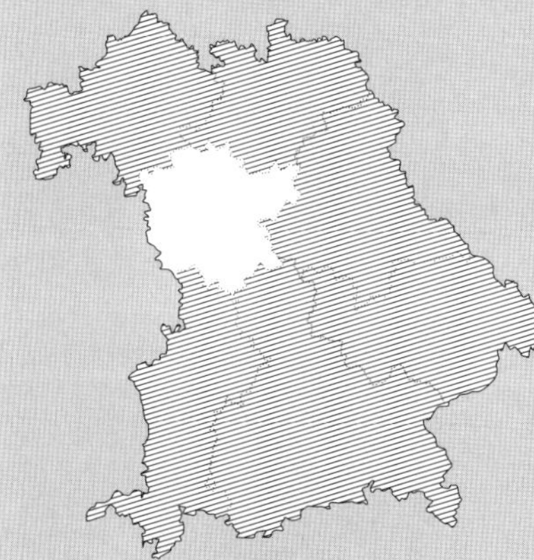

Mittelfranken (Nürnberg)

ZUBEREITUNGSDETAILS

- GLUTENFREI
- LAKTOSEFREI
- EINFACH
- 4 PERSONEN
- 15 MINUTEN PLUS KÜHLZEIT

ZUTATEN

- 150 g roter Presssack
- 150 g weißer Presssack
- 150 g Stadtwurst
- 200 g Ochsenmaulsalat (beim Metzger erhältlich oder selbst gemacht)
- 2 Zwiebeln
- 2 Essiggurken
- 6 EL Gurkenwasser
- 1 EL Essig (z. B. Weißweinessig)
- 4 EL Öl (z. B. Sonnenblumenöl)
- Salz und Pfeffer aus der Mühle

Holzofenbrot zum Servieren (siehe Seite 263)

INOX

Bayrisch Kraut

Einst in aller Welt, heute fast vergessen

Bayrisch Kraut ist der perfekte Begleiter zu allen Braten, vor allem zu Schweinebraten, und als Beilage passen Semmelknödel (siehe Seite 106) sowie Fingernudeln (siehe Seite 150–151) besonders gut dazu. Anstelle von Weißkohl kann man auch Spitzkohl nehmen. Weil Kraut sehr gut lagerfähig ist, hat diese Beilage das ganze Jahr über Saison.

Das beste Kraut, so hieß es früher, kommt aus Ismaning: »Dees krauteste Kraut wird z'Ismaning baut«. In der Gemeinde nördlich von München hat der Anbau der Kohlköpfe eine 500-jährige Tradition, Ende des 19. Jahrhunderts wurden hier auch die erste Krautfabrik Bayerns und die größten Krautsilos Europas errichtet. Das Besondere an den Ismaninger Kohlköpfen sind ihre Größe, ihr Gewicht von bis zu 10 kg und ihre flache Form. Außerdem schmecken sie besonders süß und sind deshalb ideal für die Zubereitung von Bayrisch Kraut. Doch der Anbau macht viel Arbeit und der Ertrag ist nicht so hoch wie bei jüngeren Sorten. Deshalb wird das Kraut nur noch selten ausgesät und ist heute auch Passagier der *Arche des Geschmacks*. Das ist ein Projekt der Slow Food Stiftung für Biodiversität, die weltweit über 4.500 regional wertvolle Lebensmittel, Nutztierarten und Kulturpflanzen vor dem Vergessen und Verschwinden schützt.

1 Den Speck in Würfel schneiden und in einem Topf mit Butterschmalz ausbraten, bis er knusprig ist. Dann den Zucker darüberstreuen und karamellisieren lassen.

2 Den Krautkopf vierteln und den Strunk herausschneiden. Mit einem Messer oder einem Gemüsehobel in feine Streifen schneiden und das Kraut in den Topf zum Speck geben. Unter Rühren das Kraut andünsten.

3 Mit Fleischbrühe und Essig aufgießen. Kümmel zugeben, mit Salz abschmecken und bei geschlossenem Deckel und auf kleiner Hitze 20 Minuten weiterdünsten.

4 Den Deckel abnehmen und unter ständigem Rühren weitere 10–15 Minuten köcheln lassen, bis die restliche Flüssigkeit verdampft ist.

HERKUNFT

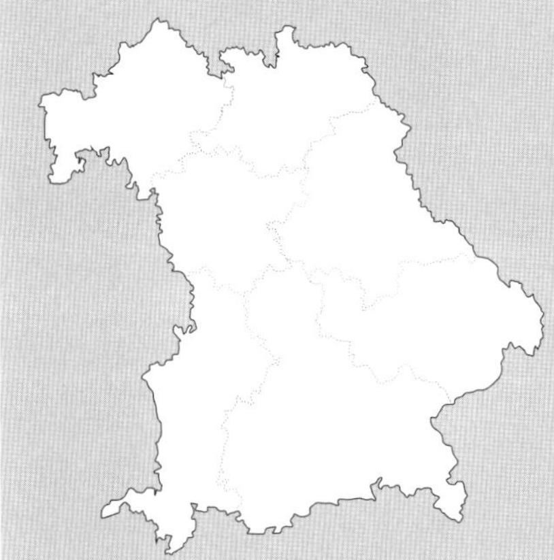

ganz Bayern

ZUBEREITUNGSDETAILS

GLUTENFREI

EINFACH

4 PERSONEN

50 MINUTEN

ZUTATEN

- 100 g durchwachsener Speck
- 3 EL Butter- oder Griebenschmalz (siehe Seite 66)
- 2 TL Zucker
- 1 Weißkrautkopf (à 1 kg)
- 250 ml Fleisch- oder Gemüsebrühe
- 2 EL Essig (z. B. Weißweinessig)
- 2 TL ganze Kümmelsamen
- Salz aus der Mühle

Bayerische Gewürzgurken

Ernte im Gurken-Flieger

Bei sauren Gurken denkt man zuerst an den Spreewald, doch das größte zusammenhängende Anbaugebiet für Gewürzgurken in Europa liegt in Niederbayern. Zwischen Isar, Donau und Vils schwärmen dort die Gurken-Flieger aus: Schließlich ist hier von Juni bis September für die fleißigen Erntehelfer Saure-Gurken-Zeit und Fliegen im Liegen auf den Erntefahrzeugen angesagt. Schnell müssen sie sein, denn zwischen Ernte und Verarbeitung dürfen nicht mehr als 24 Stunden vergehen. In einem schonenden Verfahren werden die Gürkchen dann haltbar gemacht; dabei werden durch das Pasteurisieren, also das Erhitzen unter 100 Grad, wichtige Inhaltsstoffe erhalten.

Die Gurke ist eine unreife Beere

Unterschieden werden Salat- bzw. Schlangengurken und Einlegegurken. Erstere kommen fast immer aus dem Gewächshaus, sind länger und glatter, Letztere wachsen dagegen zu 80 % im Freiland, werden nur bis zu 12 cm lang und haben eine raue Haut. Beide Sorten zählen zu den Kürbisgewächsen, die ihren Ursprung in Indien haben. In bayerische Kloster- und Bauerngärten kamen sie im 16. Jahrhundert.
Gurken mögen es warm und wachsen gerne auf lockerem Boden. Die Früchte beider Sorten gehören rein botanisch gesehen zu den Beeren – wie eben auch der Kürbis – und die Urform ähnelte eher einer runden Melone. Geerntet werden Gurken genau genommen im physiologisch unreifen Zustand, denn belässt man sie bis zur vollständigen Reife an der Pflanze, färben sie sich gelb.

1 Die Gewürzgurken etwa 1 Stunde in kaltes Salzwasser einlegen. Danach gründlich mit einer Gemüsebürste reinigen und abtrocknen.

2 Den Dill abspülen, trocken schütteln und fein hacken. Die Perlzwiebeln schälen.

3 Gurken, Perlzwiebeln und Gewürze gleichmäßig auf die Einmachgläser verteilen und einschichten.

4 Zucker und 2 EL Salz mit 1 l Wasser in einem Topf zum Kochen bringen und rühren, bis sich der Zucker vollständig aufgelöst hat. Den Topf vom Herd nehmen und den Essig unterrühren. Die Lösung über die Gurken gießen, sodass alles vollständig bedeckt ist. Anschließend die Gläser fest verschließen.

5 Das kochfeste Tuch in den Topf legen und die Gläser daraufstellen. Den Topf so weit mit Wasser auffüllen, dass die Gläser bis zur Hälfte darin stehen. Den Deckel auflegen und bei 75 °C etwa 20 Minuten lang einkochen.

HERKUNFT

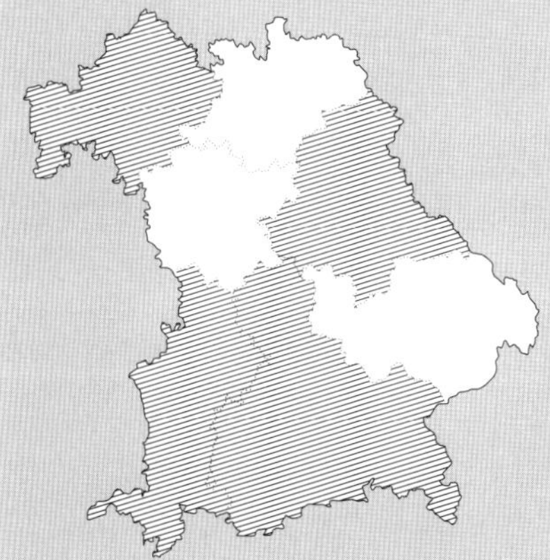

Niederbayern, Mittelfranken, Oberfranken

ZUBEREITUNGSDETAILS

GLUTENFREI

LAKTOSEFREI

VEGAN

MITTEL

20 MINUTEN PLUS EINLEGE- UND KOCHZEIT

ZUTATEN

2,5 kg kleine oder mittelgroße Gewürzgurken
Salz
1 Bund Dill
10 Perlzwiebeln
2 Lorbeerblätter
5 TL Senfkörner
10 Pfefferkörner
125 g Zucker
1 l Weinessig

4–5 sterilisierte Einmachgläser (à 1 l Fassungsvermögen)
kochfestes Tuch oder Gitter

Saures Kartoffelgemüse

Sauer macht lustig

Saures Kartoffelgemüse ist sicherlich ein eher bäuerliches, schlichtes Gericht. Man kann es als warme Hauptspeise servieren oder Wurst und Braten dazu anbieten, und auch Tellerfleisch, gekochte Eier oder Fleischpflanzerl schmecken sehr gut dazu. Optisch und von den Zutaten her ähnelt es ein wenig dem Kartoffelsalat nach fränkischer Art. Als Gewürze kommen in manchen Rezepten noch Nelken oder Liebstöckel hinzu, auf die Gewürzgurken kann man aber auch getrost verzichten und dafür etwas mehr Essig verwenden.

1 Die Kartoffeln weich kochen, schälen, in Scheiben schneiden und warm halten.

2 Die Zwiebeln schälen und in kleine Würfel schneiden. Das Suppengrün waschen, putzen und ebenfalls klein schneiden. Zusammen mit den Zwiebeln im Butterschmalz ein paar Minuten andünsten und dann mit dem Mehl bestäuben, um alles etwas einzudicken.

3 Das Gemüse mit der Gemüsebrühe aufgießen, das Lorbeerblatt zugeben und alles weich kochen. Das Lorbeerblatt herausnehmen.

4 Die Gewürzgurken in kleine Würfel schneiden und mit den gekochten, noch warmen Kartoffeln unterheben.

5 Mit Salz, Pfeffer und Essig abschmecken.

HERKUNFT

Oberbayern

ZUBEREITUNGSDETAILS

EINFACH

4 PERSONEN

30 MINUTEN

ZUTATEN

- 1 kg vorwiegend festkochende Kartoffeln
- 2 Zwiebeln
- 1 Bund Suppengrün (1 große Karotte, 1 Stück Knollensellerie, ½ Stange Lauch und ¼ Bund Petersilie)
- 2 EL Butterschmalz
- 2 EL Mehl
- 500 ml Gemüsebrühe
- 1 Lorbeerblatt
- 2 Gewürzgurken
- Salz und Pfeffer aus der Mühle
- 2 EL Essig (z. B. Weißweinessig)

Gschtopfta Rumm

G'stopfta Rumm, Gestopfte Rüben, Gstopfte Rumm

Ein Not-Essen wird Kult

Nach dem berüchtigten »Steckrübenwinter« 1916/17 im Ersten Weltkrieg hatte man sie nur in schlechter Erinnerung und gründlich satt: Außer Steckrüben gab es fast nichts zu essen. Doch sie erleben ein echtes Comeback – vor allem in Wallenfels im Landkreis Kronach! Hier dreht sich heute wieder alles um die »Erdkohlrabi«, wie sie in Oberfranken auch genannt wird: Seit 1993 trifft man sich alljährlich im Oktober, um in einem Felsenkeller Kohlrüben und anderes Wintergemüse in Holztrögen zu zerkleinern, in Fässer zu stopfen und einzusalzen. Der ganze Ort fiebert dann dem örtlichen Weihnachtsmarkt entgegen, wo man ein Glas des säuerlichen Gemüses ergattern kann – zusammen mit der Weihnachtsgans wird dieses dann zum Festschmaus. Gschtopfta Rumm passt als Beilage – für zwei Personen rechnet man etwa ein Pfund – auch zu Ente oder Schweinefleisch.

Die Knolle ist wieder angesagt

Als es Kühl- und Gefrierschränke noch nicht gab, nutzte man die Methode des Vergärens zur Haltbarmachung. So werden die 1,5 kg schweren Rüben prima konserviert. Je nach Sorte ist Erdkohlrabi rund, spitz oder oval, das Fruchtfleisch ist von weißer bis gelb-oranger Farbe und hat einen süßlichen Geschmack. Die Rüben enthalten viel Vitamin C, Vitamine der B-Gruppe, Eisen und andere Vitalstoffe.

1 Die Gemüse waschen, putzen und in Stücke à 3 mm schneiden.

2 Die Gemüsemasse schichtweise in ein Fass oder einen Steinguttopf bzw. in Einmachgläser füllen und salzen. Dabei jede Schicht feststampfen (»stopfen«).

3 Das Gefäß mit einem Baumwoll- oder Geschirrtuch und einem (Holz-)Deckel abdecken und mit einem Stein beschweren. Die Gschtopfta Rumm darin gären.

4 Nach einer Gärzeit von etwa 4 Wochen, (in denen Holzdeckel und Stein mehrmals gründlich gereinigt werden) ist der milchsaure Prozess abgeschlossen.

5 Nach der Gärzeit die Gschtopfta Rumm wie Sauerkraut weiterverarbeiten. Dazu 1 kg des Gemüses mit etwas Wasser etwa 30 Minuten kochen. Die Zwiebel in kleine Würfel schneiden und in einer Pfanne in Butterschmalz glasig andünsten. Die Zwiebelwürfel zu den Gschtopfta Rumm geben und mit Salz und Zucker süß-sauer abschmecken. Bei Bedarf mit etwas Stärke abbinden.

Traditionell werden alle Zutaten in einem länglichen Holzkasten mit speziellen Hackmessern in gerstenkorngroße Teilchen zerhackt und vermischt. Man kann aber auch eine gewöhnliche Küchenmaschine fürs Zerkleinern benutzen.

HERKUNFT

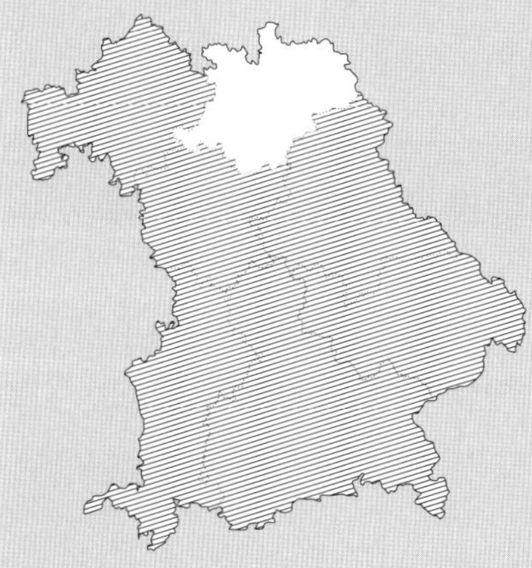

Oberfranken (Wallenfels im Lkr. Kronach)

ZUBEREITUNGSDETAILS

MITTEL

4 WOCHEN GÄRZEIT PLUS
35 MINUTEN ZUBEREITUNG

ZUTATEN

FÜR DIE VORBEREITUNG

- Eine beliebige Menge
  - Erdkohlrabi (Steckrüben)
  - Karotten
  - Lauch
  - Wirsing
  - Weißkraut
- Salz (ca. 20 g/1 kg Gemüse)

FÜR DIE ZUBEREITUNG (4 PERSONEN)

- 1 Zwiebel
- 2 EL Butter- oder Gänseschmalz
- Salz
- Zucker
- Stärke (nach Bedarf)

Holzfass, Steinguttopf oder Einmachgläser, jeweils mit Deckel
Baumwoll- oder Geschirrtuch
Stein zum Beschweren

Hopfensprossen

Hopfenspargel

Die Delikatesse aus dem Untergrund

In der Hallertau, der größten Hopfenanbauregion der Welt, hat man sie für die Küche entdeckt: Hier haben sich die hellen, im Frühjahr unterirdisch austreibenden Wurzeltriebe der Hopfenpflanze vom einstigen Abfallprodukt zum teuersten Spargel der Welt gemausert! Ein Stock trägt etwa 120 Wurzelsprossen, diese werden als »Mini-Spargel« (etwa 4–5 cm lang) einzeln von Hand abgebrochen, wobei das Rhizom nicht geschädigt werden darf. So wird der Hopfenspargel in zeitintensiver Arbeit (1 kg/Stunde) von nur wenigen Bauern geerntet; das hält die Erntemengen gering und macht die Sprossen teuer (50–100 €/kg). Früher blieb der Hopfenspargel einfach auf dem Acker liegen und verrottete.
Die winzigen Spargelstängelchen schmecken schön nussig und leicht süßlich. Sie sind außerdem sehr wandlungsfähig: als Salat, als Beilage zu Kurzgebratenem oder Fisch, als Rahmgemüse oder gar zum Nachtisch werden sie gereicht.

Hopfen als Heilpflanze

Hopfen gehört zu den Cannabisgewächsen und ist demnach mit dem Hanf verwandt. Mit seiner entspannenden, schlaffördernden Wirkung wird er in der Pflanzenheilkunde als mildes Sedativum eingesetzt – daher hat Bier auch seinen beruhigenden Effekt. Zum Bierbrauen werden die Hopfendolden, die weiblichen Blütenstände der Pflanze, verwendet. Sie geben dem Gerstensaft seinen besonderen Geschmack und sorgen auch für eine bessere Haltbarkeit.
Das Erscheinungsbild der Hallertau (auch »Holledau« genannt) ist geprägt von den Hopfengärten mit ihren hohen Stangen. Bis zu 7 m hoch klettert die Pflanze, sie hat Tausende kleiner Klimmhäkchen, mithilfe derer sie sich nach oben windet.

1 Den Hopfenspargel waschen und holzige Enden wegschneiden.

2 Das Bier mit 400 ml Wasser mischen und Salz und Zucker hinzugeben. Die Mischung zum Kochen bringen und den Hopfenspargel darin blanchieren. Anschließend kurz abschrecken und abtropfen lassen.

3 Die Butter in eine Pfanne geben und bei mittlerer Hitze zerlassen. Die Zwiebel schälen, in feine Würfel schneiden und in der Butter andünsten. Crème fraîche unterrühren und die Hopfenspargel darin schwenken. Sofort servieren.

HERKUNFT

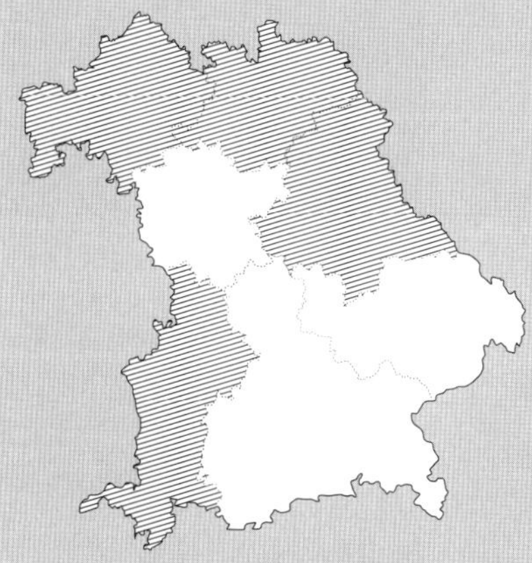

Oberbayern, Niederbayern, Mittelfranken

ZUBEREITUNGSDETAILS

EINFACH

4 PERSONEN

20 MINUTEN

ZUTATEN

- 500 g Hopfenspargel
- 200 ml Bier, plus etwas mehr zum Abschmecken
- 1 Prise Salz
- 1 Prise Zucker
- 1 kleine Zwiebel
- 2 EL Butter
- 4 EL Crème fraîche

Schuchsen

Schuxen, Schucksen

Knusprige »Schuhsohlen«

Schuchsen sind ein Schmalzgebäck, das in seiner Form an eine Schuhsohle erinnert. Sie sind flach, etwa 15 cm lang und schön knusprig, sobald sie braun ausgebacken wurden. Traditionell werden sie als Beilage zu Pilzen, Gemüse oder Suppen gereicht, man kann sie aber auch gezuckert oder zusammen mit Zwetschgenkompott genießen. Auf jeden Fall schmecken sie am besten, wenn sie noch lauwarm sind.
Anstelle von Quark werden in Landshut und Umgebung gekochte und gepresste Kartoffeln zum Teig gegeben. Dort werden sie von Georgi (24. April) bis zur Kirchweih am dritten Sonntag im Oktober gebacken. Im Voralpengebiet und im Chiemgau kommen sie entweder an Neujahr oder am Dreikönigstag frisch auf den Tisch. Die Bäuerinnen backten dort am Tag vor Dreikönig Schuchsen, die sie dann – unter der Bedingung, dass ein Dankesvers aufgesagt wurde – an alle verschenkten, die an ihren Höfen vorbeikamen.

1 Die Buttermilch in einem Topf leicht erwärmen. Die Hefe zerbröckeln und darin auflösen. Sauerteig und Zucker hinzugeben und alles mit 1 EL Weizenmehl zu einem Vorteig verrühren. Mit einem Tuch abdecken und an einem warmen Ort 30 Minuten gehen lassen.

2 Die beiden Mehlsorten mischen, den Vorteig, Quark, Salz und Eier hinzufügen und alles gut verkneten. Abgedeckt an einem warmen Ort 1 Stunde gehen lassen.

3 Den Teig nochmals durchkneten. Dann davon kleine Kugeln abstechen und zu ovalen Flecken von etwa 2 mm Dicke ausrollen.

4 Das Butterschmalz erhitzen und die Schuchsen einzeln schwimmend goldbraun ausbacken. Dabei mit einem Schöpflöffel Fett über die Schuchsen gießen und sie einmal wenden, sobald die Unterseite goldbraun ist. Sie sollen aufgehen und innen hohl sein. Auf Küchenpapier abtropfen lassen.

HERKUNFT

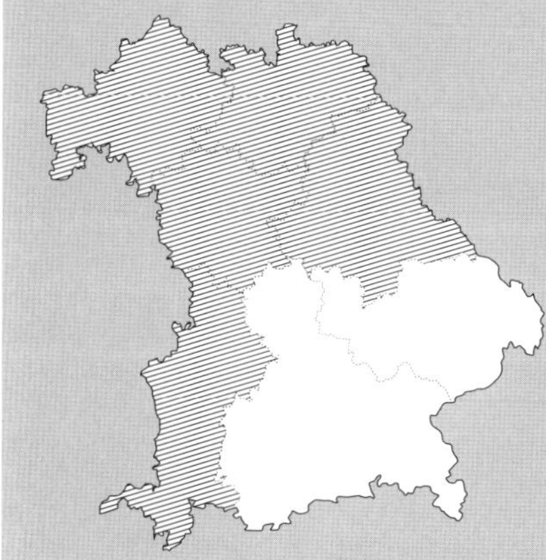

Oberbayern, Niederbayern

ZUBEREITUNGSDETAILS

MITTEL

12–15 STÜCK

30 MINUTEN PLUS RUHEZEIT

ZUTATEN

- 125 ml Buttermilch
- 1 Würfel frische Hefe
- 20 g Sauerteig
- etwas Zucker
- 200 g Weizenmehl
- 300 g Roggenmehl
- 250 g Quark
- 1 Prise Salz
- 2 Eier (Größe M)
- 750 g Butterschmalz zum Ausbacken

käse

Bayern ist das Land, wo »Milch und Bier« fließen – das Bier direkt in den Rachen des geselligen Biergartenfreundes (daheim schmeckt's natürlich genauso gut!) und die Milch zum großen Teil in die Käserei … denn sage und schreibe 40 % aller deutschen Käseerzeugnisse sind weiß-blau! Und die bayerische Sennerei hat eine lange Tradition, viele Klassiker sind bis weit über die Grenzen hinaus bekannt. Übrigens macht Käse glücklich, denn er enthält Tryptophan, das wiederum zur Bildung des »Glückshormons« Serotonin beiträgt.

allgäuer bergkäse
allgäuer emmentaler
allgäuer limburger
allgäuer romadur
allgäuer sennalpkäse
allgäuer weisslacker
bayerischer blauschimmelkäse
bayerischer topfen
schichtkäse
schüsselkäse
steinbuscher
tölzer butterkäse

käse

ALLGÄUER BERGKÄSE

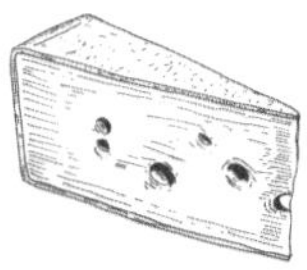

Herkunft: Allgäu
Reife: 4–12 Monate
Geschmack: würzig-nussig

Seit 1840 in Sennereien im oberen Allgäu hergestellt verlagerte sich die Produktion von Allgäuer Bergkäse später von der Alp zunehmend ins Tal und findet heute in wenigen ausgewählten Landkreisen statt – und das ausschließlich mit Rohmilch aus dem Allgäu. Seinen nussigen, würzig-aromatischen Geschmack erhält der Käse durch die Reifezeit: Mehrmals die Woche gewendet und mit Salzwasser abgewaschen liegt der einzelne Laib (15–50 kg) 4–12 Monate bei 12–16 °C im Reifekeller. Seit 1997 trägt er eine EU-weit geschützte Ursprungsbezeichnung.

ALLGÄUER EMMENTALER

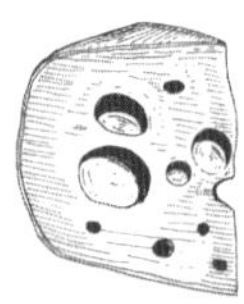

Herkunft: Allgäu
Reife: 8–10 Wochen
Geschmack: mild-nussig

Seit dem 18. Jahrhundert im namensgebenden Emmental im Kanton Bern in der Schweiz produziert wird der mild-nussige Hartkäse aus Rohmilch seit 1821 auch in Allgäuer Dorfsennereien hergestellt. Typisch für die zwischen 40 und 130 kg schweren Laibe ist die kirschgroße Lochung im Inneren, welche bei der acht bis zehnwöchigen Reifung mit wöchentlicher Waschung und Salzung in speziellen Gärkellern (20–23 °C) durch die Entwicklung von Gasen entsteht. Seit 1997 trägt der Käse eine EU-weit geschützte Ursprungsbezeichnung.

ALLGÄUER LIMBURGER

Herkunft: Allgäu
Reife: 2–4 Wochen
Geschmack: herzhaft-pikant

Ursprünglich aus der Umgebung der belgischen Stadt Limburg stammend wurde der dort unter der Bezeichnung »Herve« bekannte Käse um 1830 von dem Großbauern Carl Hirnbein ins Allgäu gebracht. Mit seiner cremig-weichen Konsistenz – er ist herzhaft-pikant im Geschmack – findet er vor allem in der kalten Küche Verwendung. Heute ist der umgangssprachlich auch »Backsteinkäse« genannte Limburger überall im Handel erhältlich, darf aber laut *Deutscher Käseverordnung* maximal 1 kg wiegen und wird häufig in Päckchen von 200–500 g verkauft.

ALLGÄUER ROMADUR

Herkunft: Allgäu
Reife: 2–4 Wochen
Geschmack: herzhaft-pikant

Eng verwandt mit dem Limburger wurde auch der Romadur um 1830 von Carl Hirnbein aus Belgien ins Allgäu eingeführt; er ist ebenfalls cremig-weich in der Konsistenz und herzhaft-pikant im Geschmack, aber doch etwas milder als sein Vetter und darf laut *Deutscher Käseverordnung* maximal 180 g wiegen. Die typische Rotschmiere rührt schließlich vom Einreiben mit dem sogenannten »Brevibacterium linens«. Zur Namensgebung bestehen mehrere Theorien, so liegt eine Begründung in der Zusammensetzung des Limburgischen »roem« (dt. »Rahm«) mit dem französischen »doux« (»zart«).

ALLGÄUER SENNALPKÄSE

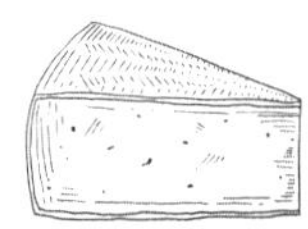

Herkunft: Allgäu
Reife: mind. 4 Monate
Geschmack: nussig-mild bis würzig-pikant

Bereits seit über 200 Jahren etabliert darf der echte Allgäuer Sennalpkäse heute nur in fünfzig staatlich anerkannten Sennalpen in handwerklich-traditioneller Weise mit altherkömmlichen Arbeitsmitteln und naturbelassener Rohmilch hergestellt werden. Besonders ist die Verwendung der Milch von Braunvieh, das ausschließlich auf über 800 m hoch gelegenen Flächen mit besonders nahrhaften Pflanzenbeständen weidet. So entsteht ein – je nach Reifedauer – nussig-milder bis würzig-pikanter Käse mit zarter Textur und von schnittfester Konsistenz.

ALLGÄUER WEISSLACKER

Herkunft: Allgäu
Reife: 12–15 Monate
Geschmack: pikant/leicht scharf

Als erster königlich-patentierter Käse der Welt (seit 1874 im Allgäu produziert) zeichnet ihn eine weißliche, lackartige Schmiere und eine weiße innere Farbe aus. Er wird in Würfelform und ausschließlich aus Salz und Milch hergestellt; somit gilt er auch als Liebling der Wirte, da der relativ hohe Salzgehalt von 5 % ganz natürlich den Bierkonsum steigert. Besonders gut schmeckt er in kleinen Stücken auf gebuttertem Brot, ergänzt mit frischen Radieschen und etwas Pfeffer. Seit 2015 trägt er eine EU-weit geschützte Ursprungsbezeichnung.

BAYERISCHER BLAUSCHIMMELKÄSE

Inspiriert vom französischen Roquefort entwickelte Basil Weixler in den 1920er-Jahren einen mit dem Edelpilz »Penicillium roqueforti« versetzten Käse von vergleichbarem Charakter. Dem Vorbild zu nahe und damals noch unter dem Namen »Bayerischer Gebirgs-Roquefort« vertrieben wurde Weixler sogar der unlauteren Produktkopie verklagt – trotz verlorenem Gerichtsprozess, aber mit ausführlicher Berichterstattung steigerte sich schließlich unvermittelt die Popularität. Zur optimalen Reifung wird der Blauschimmelkäse mit Nadeln durchstochen. Besonders gut schmeckt er als Teil einer deftigen Brotzeitplatte, er eignet sich aber auch geschmolzen für Saucen.

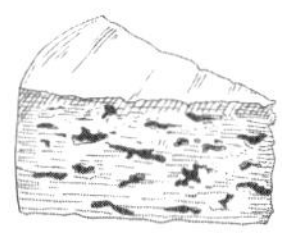

***Herkunft:** ganz Bayern*
***Reife:** 1–2 Monate*
***Geschmack:** mild bis würzig*

BAYERISCHER TOPFEN

Aus entrahmter Milch und unter Zuhilfenahme von Milchsäurebakterien hergestellt (benötigt werden 4–5 l Milch für 1 kg Topfen) ist Topfen vergleichsweise trockener als herkömmlicher Quark und daher mitunter geeigneter für Nockerl oder Käsekuchen – cremiger wird er durch Unterrühren von Sahne. Der Begriff »Topfen« existiert bereits seit dem 13. Jahrhundert und geht auf die ursprüngliche Herstellung von Weißkäse im Topf zurück. Leicht säuerlich im Geschmack und stichfest bis körnig in der Konsistenz ist heute von Topfen meist synonym zu Quark die Rede.

***Herkunft:** ganz Bayern*
keine Reifezeit
***Geschmack:** leicht säuerlich*

SCHICHTKÄSE

Seit Jahrhunderten in bäuerlichen Familien handgeschöpft wird Schichtkäse erst seit Ende des 19. bzw. Anfang des 20. Jahrhunderts in Molkereien und damit in größeren Mengen produziert. Auffällig sind die innere Färbung des Frischkäses und die klare Erkennbarkeit von Schichten, die durch das Schöpfen von abwechselnd dick gelegter Vollmilch und dick gelegter Magermilch entsteht – bei den gelblicheren Schichten handelt es sich schließlich um die fettreicheren. Käsekuchen gelingt mit Schichtkäse besonders gut, da die schonende Herstellungsweise den Erhalt der Eiweißstruktur des Käses und damit die erhöhte Saftigkeit des Kuchens bedingt.

***Herkunft:** ganz Bayern*
keine Reifezeit
***Geschmack:** herzhaft*

SCHÜSSELKÄSE

Hauptsächlich im südostbayerischen Alpenraum wie dem Berchtesgadener Land bekannt wird Schüsselkäse aus entrahmter Magermilch gewonnen; einfach neben dem Herd stehen gelassen und nur gelegentlich umgerührt entwickelt sich aus der »gstöckelten Milli« (»gestockte Milch«) zunächst trockener, weißer und geschmacksneutraler Käse, der sich in den Folgewochen wiederum zu »spintigem« (zäh in der Konsistenz), geruchsintensiven und bräunlichen Käse verfärbt. Wird Schüsselkäse dann zu kleinen Kugeln geformt ist er als »Beieikas« – die Namensgebung rührt vermutlich von der tischballähnlichen Form, da »Beiei« mundartlich für »Ball« ist – erhältlich; dieser wird gerne zu Berchtesgadener Kasnocken serviert.

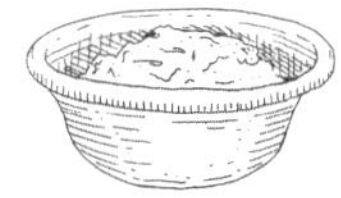

***Herkunft:** Oberbayern*
***Reife:** nach Belieben*
***Geschmack:** intensiv-würzig*

STEINBUSCHER

Einst in der Domäne Steinbusch im Kreis Arnswalde (ehemals Ostpreußen; um 1830) hergestellt gilt der Steinbuscher heute als Allgäuer Käsespezialität. Dabei zeichnet ihn eine gelbbraune bis rötliche Oberflächenfarbe – die sogenannte »Rotschmiere« – aus, während sein Inneres von blassgelber Färbung ist. Je nach Alter mild oder pikant-würzig im Geschmack ist der halbfeste Schnittkäse nach sechs- bis achtwöchiger Reifung auch in verschiedenen Fettstufen erhältlich. Am besten schmeckt er in Scheiben geschnitten und pur auf Brot gelegt.

***Herkunft:** Allgäu*
***Reife:** 6–8 Wochen*
***Geschmack:** mild bis pikant-würzig*

TÖLZER BUTTERKÄSE

Vom Allgäuer Molkereifachmann Karl Knittel, einem Angestellten der *Alpenländischen Molkerei*, entwickelt ist die originale Rezeptur mit Schließung des Betriebs im Jahr 1972 nicht überliefert – hergestellt wird somit heute nur noch der »Butterkäse Tölzer Art« mit Rückgriff auf das Grundrezept des italienischen Käses »Bel Paese«. Typisch sind die geschmeidige Haut in gelbbrauner bis rötlicher Farbe, das gelbliche Innere und vor allem die möglichst geringe Lochung. Im Geschmack ist er mild bis feinsäuerlich.

***Herkunft:** Oberbayern*
***Reife:** 3–4 Wochen*
***Geschmack:** mild bis feinsäuerlich*

aufstriche

Was des Bayern Brotzeit, ist des Franken Vesper – die liebste Pause zu jeder Tageszeit, als gemütlicher Frühschoppen oder nach einem anstrengenden Arbeitstag zum Feierabend. Auf den Tisch kommt da so allerhand Gutes, neben einem kühlen Bier sind Brezen, Wurst, Käse und eben verschiedene Aufstriche besonders typisch. Übrigens ist es in bayerischen Biergärten seit 1999 per Verordnung erlaubt, seine Brotzeit selbst mitzubringen … aber Obacht, nicht jeder Wirt sieht das gerne!

obazda
meerrettichsauce
ziebeleskäs
kochkäse
griebenschmalz
erdäpfelkas

Obazda

Oba(t)zter, G'rupfter, Angemachter

Der Klassiker in jedem Biergarten

»Obazd« heißt auf gut Bayerisch ganz einfach zerdrückt oder zermanscht. Und das werden reifer Käse und Butter miteinander. Dann ergeben sie die berühmte Käsemasse, die in keinem Biergarten fehlen darf. Diese Orte der bayerischen Gemütlichkeit kamen um 1812 auf, als in Bayern auch zwei neue Käsesorten eingeführt wurden – Camembert und Brie. Mangels Kühlmöglichkeiten, insbesondere während der heißen Sommermonate, zerflossen diese aber schnell und mit der Erfindung des Obazdn war die ideale Verwertungsmöglichkeit für überreifen Käse gefunden. Über die bayerischen Grenzen hinaus bekannt wurde Obazda wahrscheinlich durch Katharina Eisenreich, Wirtin des Weihenstephaner Bräustüberls (1920–1958) in Freising, die ihren Gästen gerne zum Schafkopfen eine Portion davon auf den Tisch gestellt haben soll. Übrigens: Als typische Brotzeit darf Obazda von Besuchern bayerischer Biergärten auch selbst mitgebracht werden.

Alles Käse!

Seit Juni 2015 ist Obazda als geschützte geografische Angabe bei der EU eingetragen: Um die zubereitete Spezialität so nennen zu dürfen, muss der Käseanteil bei mindestens 50 % liegen und die gesamte Verarbeitung der Zutaten in Bayern erfolgt sein – die Produkte dagegen dürfen auch außerhalb von Bayern bezogen werden. Auch hinter »Ogmachter Kas« und ähnlichen Bezeichnungen verbirgt sich oft ein klassischer Obazda, denn die geschützte Angabe kostet den Gastwirt eine teure Zertifizierung. Original bayerischer Obazda muss gemäß der EU-Verordnung – neben Paprikapulver zur Geschmacksabrundung sowie Salz – Camembert und/oder Brie enthalten. Durch die Zugabe von Butter wird er streichfähiger. Wer den Obazdn kräftiger mag, fügt Romadur oder Limburger hinzu, milder wird er mit Quark oder Frischkäse.
Und wer ihn ein paar Tage im Kühlschrank lagern möchte, sollte die frische Zwiebel erst unmittelbar vor dem Verzehr untermischen. Wird sie hingegen bei der Zubereitung mit etwas Butter leicht angedünstet, hält sich der Obazda ebenfalls länger und schmeckt milder.

1 Käse und Butter für 1 Stunde bei Zimmertemperatur stehen lassen, damit sie sich anschließend besser verarbeiten lassen.

2 Den Camembert in Würfel schneiden und mit einer Gabel zerdrücken, die Butter zugeben und untermengen. Das Bier über die Käsemasse gießen und alles gut vermischen, bis eine streichfähige Masse entsteht.

3 Die Zwiebel schälen, fein hacken und mit den Gewürzen zum Käse geben.

4 Kurz vor dem Servieren den Schnittlauch abspülen, trocken schütteln und fein schneiden. Den Obazdn in einer Schüssel oder auf einem Brett anrichten und mit dem Schnittlauch bestreuen.

HERKUNFT

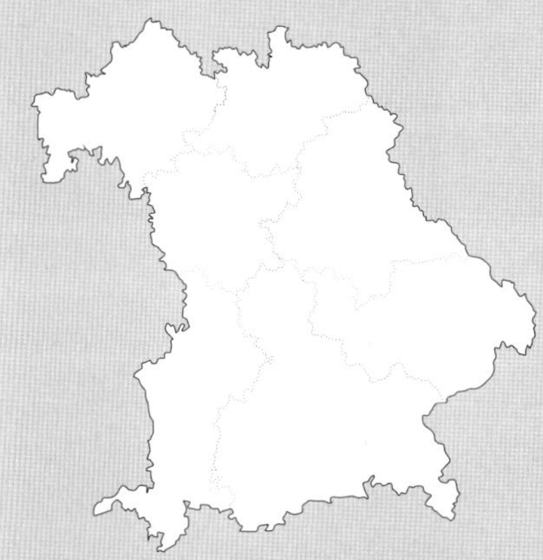

ganz Bayern

ZUBEREITUNGSDETAILS

EINFACH

4 PERSONEN

15 MINUTEN

ZUTATEN

- 300 g reifer Camembert
- 80 g Butter
- 30 ml Bier
- 1 Zwiebel
- ¼ TL scharfes Paprikapulver
- 1 TL edelsüßes Paprikapulver
- ½–1 TL ganze Kümmelsamen
- Salz und Pfeffer aus der Mühle
- ½ Bund Schnittlauch

Meerrettichsauce

Die scharfe Wurzel lässt Tränen kullern

»Ein Acker mit Kren will seinen Herrn jeden Tag seh'n«, so lautet ein altes Sprichwort, das sich vom äußerst aufwendigen Anbau des Meerrettichs ableitet. Denn damit große und glatte Stangenwurzeln entstehen, muss jede einzelne Stange zum Entfernen von Neben- und Kopftrieben zwei Mal aus- und wieder eingegraben werden. Zugleich laugt Meerrettich den Boden aus und sollte deshalb nur alle drei Jahre auf dem gleichen Feld angebaut werden. Geerntet werden die Stangen in den Monaten Oktober und November von Hand, denn es sollen keine Wurzelstücke im Boden bleiben, die im Frühjahr wieder austreiben. In Bayern heißt der Meerrettich »Kren«. Die ganze Pflanze wird bis zu 1,20 m hoch, auf den Tisch kommt aber nur seine etwa 30–40 cm lange, weiße Wurzel. Und die hat es in sich! Im Ganzen ist sie harmlos, doch wenn sie gerieben wird, verströmt sie ihre scharf beißenden Senföle und lässt Tränen in Strömen fließen. Diese Öle sind schließlich auch für den unvergleichlichen Geschmack verantwortlich. Meerrettich ist eine köstliche Beilage zu Fleisch, wie zum Beispiel Tafelspitz, und bei vielen Fischgerichten darf er ebenfalls nicht fehlen. Außerdem regt er die Verdauung an.
Die scharfen Stangen gelten gemeinhin als altes »Bauernantibiotikum«. Dank seiner Inhaltsstoffe stärkt er nämlich das Immunsystem und kann Erkältungskrankheiten vorbeugen. Bei Erkrankungen der Atemwege und der ableitenden Harnwege ist er ebenfalls ein gutes Heilmittel und als besonders wirksames Hausmittel ist die Meerrettich-Auflage im Nacken anzusehen, die verspannte Schultern wieder lockert. Genug Gründe also, immer eine scharfe Stange auf Vorrat zu haben!

1 Aus Butter und Mehl in einem Topf eine weiße Einbrenne herstellen: Hierfür die Butter zerlassen, das Mehl zugeben und unter ständigem Rühren zu einer dicklichen Masse binden. Dann zuerst mit Sahne und anschließend mit Gemüsebrühe aufgießen und weiterhin unter ständigem Rühren zu einer sämigen Sauce einkochen.

2 Den Meerrettich schälen, fein reiben und sofort in die Sauce geben, damit er nicht braun wird. Die Sauce nochmals kurz erhitzen, aber nicht mehr kochen, sonst verfliegt die Schärfe des Meerrettichs.

3 Mit Salz, Zucker und Zitronensaft abschmecken und kalt servieren.

HERKUNFT

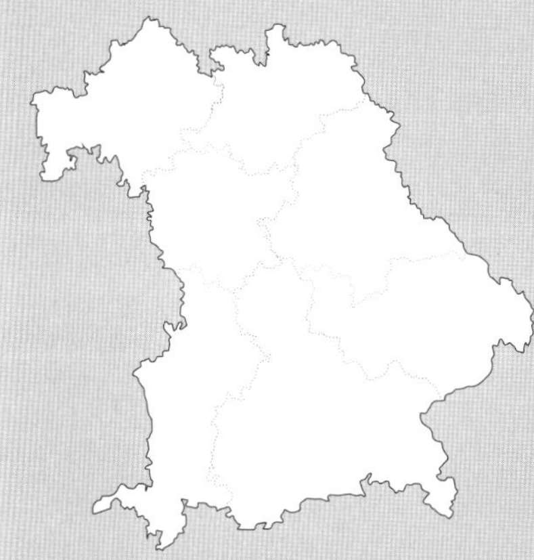

ganz Bayern

ZUBEREITUNGSDETAILS

EINFACH

4 PERSONEN

25 MINUTEN

ZUTATEN

- 40 g Butter
- 30 g Mehl
- 250 g Sahne
- 250 ml Gemüsebrühe
- ½ Stange Meerrettich
- Salz aus der Mühle
- 1 TL Zucker
- 1 Spritzer Zitronensaft

Griebenschmalz 3
Kochkäse 2
Ziebeleskäs 1

4 Erdäpfelkas

HERKUNFT

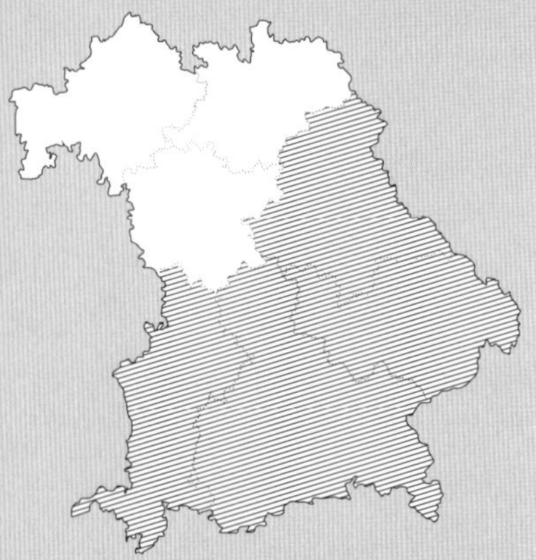

Unterfranken, Mittelfranken, Oberfranken

ZUBEREITUNGSDETAILS

GLUTENFREI

MITTEL

4 PERSONEN

20 MINUTEN PLUS RUHEZEIT

ZUTATEN

- 4 l Rohmilch (direkt vom Bauern oder nicht über 70 °C erhitzte Milch; es klappt auch mit frischer Bio-Milch, die nicht homogenisiert und nicht länger haltbar gemacht ist)
- Saft von 2 Zitronen
- 2 Zwiebeln
- 1 Bund Schnittlauch
- 4 EL Sahne (nach Belieben)
- Salz und Pfeffer aus der Mühle

Baumwolltuch

1 Ziebeleskäs

Ziebalaskäs, Zwiefeleskäs, Weißer Käse

Vom Hühnerfutter zum traditionellen Bierkellergericht

Echter Ziebeleskäs hat eine leicht körnige, etwas bröckelige Konsistenz, erinnert an Hüttenkäse und ist als eine Art Quark oder Frischkäse zu beschreiben. Als traditionelle Brotzeit steht der Ziebeleskäs auf den fränkischen Bierkellern und in den -gärten auf jeder Speisekarte; dort gibt es ihn zum deftigen Landbrot und einem frisch gezapften Bier. Wegen der Bakterien, die in roher Milch vorkommen können, wird heute für die Zubereitung meist gefilterte und gekühlte Vorzugsmilch verwendet. Bauern mit Kuhhaltung stellen gerne auch »Milchhäusla« oder Milchzapfstellen auf, wo man diese direkt aus dem Automaten bekommt. Natürlich ist sie auch im Hofladen erhältlich.
Übrigens: Die Molke, die beim Stöckeln austritt, nicht wegschütten! Sie ist ein gesunder und kalorienarmer Durstlöscher. Alternativ und vor allem wesentlich schneller, dafür aber nicht original, kann man den Ziebeleskäs auch aus 500 g Quark (20 % Fett in der Trockenmasse) und 100 ml Sahne herstellen.

Junge Küken, im Fränkischen »Ziebele« genannt, wurden früher häufig mit diesem, dann allerdings ungewürzten Käse gefüttert. Hierin liegt auch schon eine Deutungsmöglichkeit für den ulkigen Namen, der allerdings auch auf die enthaltenen Zwiebeln zurückgehen könnte, die in fränkischer Mundart ebenso als »Zwiefel«, »Zwiefala« oder »Ziebala« bezeichnet werden.

1 Die Milch in eine Schüssel füllen und mit dem Zitronensaft »impfen«. An einem warmen Ort bei 22–24 °C stehen lassen (z. B. neben der Heizung), bis die Milch gerinnt und sich von der Molke trennt. Das kann 2–3 Tage dauern.

2 Die gestöckelte Milch in 1 cm große Würfel schneiden. Dabei trennt sich die Molke vom Bruch. Ein Sieb mit einem sauberen Baumwolltuch auslegen und auf eine Schüssel stellen. Die Würfel mit einem Schaumlöffel in das Tuch geben. 2–3 Stunden abtropfen lassen und noch einmal leicht ausdrücken.

3 Den Bruch aus dem Tuch nehmen und mit einer Gabel etwas auflockern. Die Zwiebeln schälen und klein würfeln. Den Schnittlauch waschen, trocken schütteln und klein schneiden. Beides unter den Bruch rühren und nach Belieben etwas Sahne untermischen. Abschließend mit Salz und Pfeffer würzen.

2 Kochkäse

Kochkees

Zarter Schmelz aus Oberfranken

Kochkäse ist eine typisch oberfränkische Spezialität. Es handelt sich um einen zähflüssigen Schmelzkäse, der sich recht günstig und nicht allzu aufwendig selbst herstellen lässt; zudem ist er relativ fettarm.

Kühl aufbewahrt ist der Käse längere Zeit haltbar und schmeckt am besten auf einer Scheibe Bauernbrot. Manche mögen ihn auch »mit Musik«, das heißt mit einer Mischung aus Zwiebeln, Essig, Öl, Salz und Pfeffer, die vor dem Genuss auf dem Kochkäse verteilt wird – oder er wird ganz einfach mit frischem Schnittlauch bestreut.

In Zeiten, als es noch keinen Kühlschrank gab, stellte man Kochkäse gerne her, um Quark, Butter und Milch vor dem Verderben zu bewahren.

1 Den Schichtkäse in einem mit einem Baumwolltuch ausgelegten Sieb 4–5 Stunden lang abtropfen lassen. Dann mit dem Natron vermischen und noch mindestens 1 Stunde ruhen lassen.

2 Die Butter in einem Topf zerlassen und die Schichtkäsemasse dazugeben. Alles gut vermischen und unter ständigem Rühren auf niedriger Temperatur erwärmen (max. 42 °C). Wichtig: Anders als es der Name vermuten lässt, darf der Käse nicht kochen!

3 Wenn die Masse glatt und glasig ist, den Topf vom Herd ziehen und Milch, Salz und Kümmel unterrühren. In kleine Förmchen oder eine Schüssel füllen und erkalten lassen.

Kochkäse lässt sich auch ohne Natron herstellen. Dafür braucht man etwas mehr Geduld, denn der Schichtkäse oder Quark muss zuerst 3 Tage lang an einem warmen Ort reifen. Wenn er gelb und speckig ist, kann er weiterverarbeitet werden. Natron erhält allerdings die Streichfähigkeit der Masse.

HERKUNFT

Oberfranken

ZUBEREITUNGSDETAILS

GLUTENFREI

MITTEL

4 PERSONEN

20 MINUTEN PLUS RUHEZEIT

ZUTATEN

- 500 g Schichtkäse oder Magerquark
- 1 EL Natron
- 2 EL Butter
- 150 ml Milch
- 1 Prise Salz
- 1–2 EL ganze Kümmelsamen

Baumwolltuch

3 Griebenschmalz

HERKUNFT

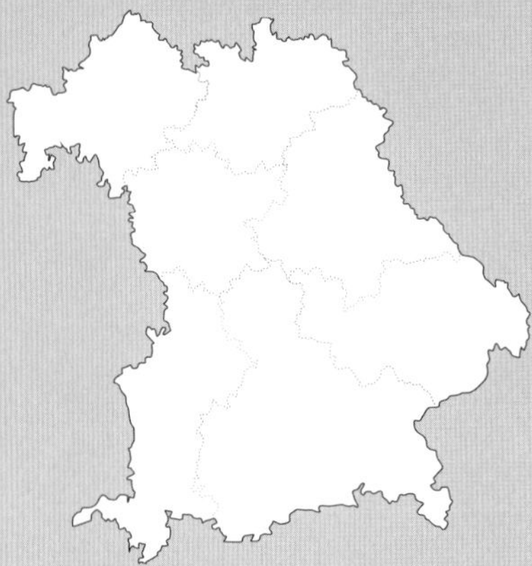

ganz Bayern

ZUBEREITUNGSDETAILS

GLUTENFREI

MITTEL

4 PERSONEN

30 MINUTEN

ZUTATEN

- 1 kg roher, frischer Schweinespeck
- 2 Zwiebeln
- 1 säuerlicher Apfel (z. B. Boskop)
- 1 TL Salz
- ½ TL Pfeffer

Das Schmalzhaferl gab's auf jedem Bauernhof

Früher war man darauf bedacht, nichts umkommen zu lassen. Vor allem als die Bauern noch selbst auf ihren eigenen Höfen schlachteten, wurden alle Fleischteile verwertet. So verarbeitete man auch Fettgewebe wie Nieren- oder Flomen- und Rückenfett – die beim Auslassen des Fetts zurückbleibenden Grieben ergaben ja auch einen wunderbaren Aufstrich! Der wurde in einem Steinguttöpfchen, dem »Schmalzhaferl«, aufbewahrt. Kühl musste es aber stehen und rasch aufgebraucht werden. Das war aber kein Problem, denn das Griebenschmalz kam nicht nur aufs Brot, sondern wurde auch zum Kochen von Eintöpfen und zum Braten von Fleisch verwendet. Verschiedenen Gemüsen, wie beispielsweise dem Bayrisch Kraut (siehe Seite 41), verleiht es einen fantastischen Geschmack. Besonders gut schmeckt das Schmalz als Aufstrich, mit Äpfeln und Zwiebeln verfeinert und auf einer Scheibe Bauernbrot dick aufgestrichen – hierzu passen auch gut Radieschen oder scharfer »Bayerischer Radi« (siehe Seite 134).

1 Den Schweinespeck in kleine Würfel schneiden und in einen hohen Topf geben. Zunächst den Speck bei schwacher Hitze leicht ausbraten und darauf achten, dass nichts anbrennt. Dabei immer gut umrühren.

2 Sobald sich schwimmendes Fett am Boden gebildet hat, die Temperatur erhöhen. Dabei weiter gut umrühren und so lange braten, bis die Grieben (die ausgebratenen Speckteile) glasig und hellgelb sind und das Fett klar ist.

3 Die Zwiebeln schälen, hacken und ins heiße Fett geben. Den Apfel waschen, ebenfalls schälen, in kleine Würfel schneiden und zusammen mit Salz und Pfeffer einrühren. Wenn Grieben und Zwiebeln goldbraun sind, das heiße Schmalz in einen Steinguttopf füllen und erkalten lassen.

4 Erdäpfelkas

Kartoffelkäse

In der Not frisst der Teufel … Erdäpfel!

Der Erdäpfelkas ist ein streichfähiger, dicker Brotaufstrich, der auch noch satt macht. Und gerade Kartoffeln sind günstig und immer zu haben – vor allem früher für die vielen Helfer bei der Kartoffelernte, die ja sozusagen direkt an der Quelle saßen. Vielleicht wurde der Kas aber auch in der kargen Nachkriegszeit erfunden, in der die Hausfrauen aus dem Wenigen, das gerade verfügbar war, das Beste machen mussten.
Erdäpfelkas passt wunderbar auf ein kräftiges Bauernbrot, mit Radieschen verfeinert wird die Brotzeit noch etwas saftiger. Und auch zu einem schönen Stück warmen Leberkäse lässt er sich genießen.

1 Die Kartoffeln weich kochen, pellen und noch warm durch die Kartoffelpresse drücken.

2 Die Zwiebel schälen, fein hacken und zu den Kartoffeln geben.

3 Quark und Sahne verrühren und so viel unter die Kartoffelmasse heben, dass eine streichfähige Creme entsteht. Abschließend mit Salz und Pfeffer würzen.

4 Den Schnittlauch waschen, trocken schütteln, in Röllchen schneiden und über den Erdäpfelkäs streuen.

HERKUNFT

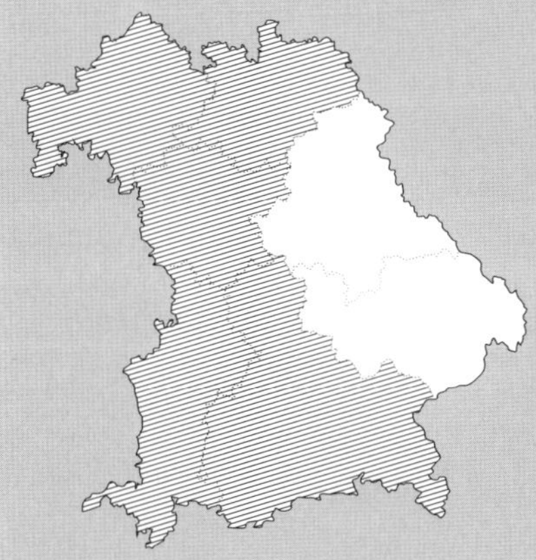

Niederbayern, Oberpfalz

ZUBEREITUNGSDETAILS

GLUTENFREI

EINFACH

4 PERSONEN

15 MINUTEN

ZUTATEN

200 g mehligkochende Kartoffeln
1 Zwiebel
100 g Quark (20 % Fett)
100 g Sahne
Salz und Pfeffer aus der Mühle
1 Bund Schnittlauch

Kartoffelpresse

wurst

Schon die Gallier stellten Wurstwaren her und im Mittelalter organisierten sich die sogenannten »Knochenhauer« in Zünften und verkauften ihr verarbeitetes Fleisch gewerblich, während auf dem Lande bis in die 1970er die private Hausschlachtung im Winter einst alljährlicher Höhepunkt war. Ob für den Eigenbedarf oder zum Verkauf, für die Wurstverarbeitung finden fast alle Fleischteile und auch das Tierblut Verwendung, außerdem sind viele Wurstwaren lange haltbar und daher schon immer gerne für schlechtere Zeiten aufbewahrt worden.

bratwurst
balzheimer
bayerische bierwurst
bayerische gelbwurst
bayerischer leberkäse
hofer wärschtla
krautwurst
maibockwurst
münchner weißwurst
ostheimer leberkäs
presssack
regensburger
stockwurst
wellwurst
wollwurst
roher schinken

wurst

Bratwurst

Roh, gebrüht oder geräuchert – die Bratwurst gibt es in allen erdenklichen Variationen, ganz allgemein wird unter ihr eine, wie auch der Name schon andeutet, zum Braten bestimmte Wurstsorte aus vornehmlich Schweinefleisch verstanden. Etymologisch herleiten lässt sich das Wort »Bratwurst« aber eher aus dem althochdeutschen »brāto« (»schieres Fleisch«), dessen Bedeutung noch heute in »Brät« (»fein gehacktes/gekuttertes Fleisch«) enthalten ist. Serviert werden Bratwürste gerne mit Sauerkraut und Schwarzbrot, Kartoffelsalat, im Essigsud – oder schlichtweg in der Semmel (besonders beliebt: »drei im Weggla«, ergo drei Nürnberger Rostbratwürste in der Semmel). Sicherlich geht die Vielfalt an bayerischen Bratwurstspezialitäten nicht zuletzt auch auf die Vielzahl an kleinen, unabhängigen und regional tief verwurzelten Metzgereibetrieben zurück …

Ansbacher Bratwurst

Die im Jahr 1430 erstmals urkundlich erwähnte Ansbacher Bratwurst wird heute nur noch von hiesigen Metzgern hergestellt, besonders ist die ausschließliche Verwendung von Schweinefleisch, so auch der Einsatz von Schweinedarm (sog. »Bändeldarm«) als Wursthülle. Gewürzt wird traditionell mit Salz, Pfeffer, Piment und Majoran, generell aber nach eigenem Hausrezept – das und ihre Größe (»drey protwurst sollen ein pfunt wegen«) sind für die Wurst charakteristisch.

Länge: *bis 18 cm*
Körnung: *grob*
Geschmack: *leicht würzig*

Coburger Bratwurst

Traditionell über einem mit Kiefernzapfen geschürten Feuer gebraten ist die grobkörnige Coburger Bratwurst würzig bis harzig-rauchig im Geschmack. Da das Brät mit rohem Ei gebunden wird, ist bei der Lagerung aber besondere Vorsicht geboten. 1498 erstmalig erwähnt soll sie u. a. 1530 zur Verpflegung Martin Luthers dargeboten worden sein. Seit 250 Jahren wacht das sogenannte »Bratwurstmännle« (Stadtheiliger Mauritius in Form einer Statue auf dem Coburger Rathaus) über die Wurst, seine Stablänge gibt auch das Wurstmaß (31 cm Länge) vor.

Länge: *31 cm*
Körnung: *grob*
Geschmack: *würzig bis harzig-rauchig*

Fränkische Bratwurst

Die mittelgrobe, ungebrühte bzw. rohe Fränkische Bratwurst ist von rund 15 cm Länge und mit reichlich Majoran, Salz, Pfeffer und einer Prise Muskat gewürzt. Die Struktur des Bräts soll gemäß des fränkischen Wappens (Fränkischer Rechen in rotweiß) aus einem ausgewogenen Verhältnis von rotem Magerfleisch und weißem Speck bestehen. Heute ist die Fränkische Bratwurst auch Sammelbegriff für mittelgroße Bratwürste, unterschieden werden in Franken zudem katholische (sehr feines Brät) und evangelische (grobes Brät). Lokale fränkische Bratwurstsorten haben schließlich unlängst durch eigene Namen Bekanntheit (z. B. Ansbacher, Coburger, Kulmbacher Bratwürste) erlangt.

Länge: *15 cm*
Körnung: *mittelgrob*
Geschmack: *würzig*

Kulmbacher Bratwurst

Sehr dünn und lang in der Form ist die feine Kulmbacher Bratwurst mit Salz, Pfeffer, Muskat und Zitronenschale verfeinert, besonders ist deren Verkauf im eigens für die Wurst kreierten Bratwurststollen, einer mit Anis bestreuten und ebenso länglichen Semmel. Gegessen wird die Kulmbacher Bratwurst gerne als Paar in einem halbierten und aufgeschnittenen (»a Boor im Halbm«) oder als Trio in einem ganzen Stollen (»drei im Ganzen«).

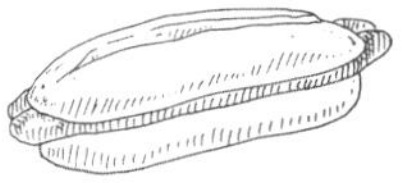

Länge: *ca. 20 cm*
Körnung: *sehr fein*
Geschmack: *leicht würzig*

Mainfränkische Meterbratwurst

Infolge des begeisterten Ausrufs eines Gastes zur hausgemachten Wurst (»Die Wurscht könnt ich meterweis ess!«) erfand Lorenz Stark 1953 in Sulzfeld die Mainfränkische Meterbratwurst, eine sehr schlanke, würzige Wurst. Heute motiviert diese vor allem zu Wettessen, der noch aktuelle Rekord aus dem Jahr 1999 liegt bei 5,60 m inklusive Beilagen – üblicherweise wird für den »normalen« Hunger aber »nur« ein halber Meter bestellt.

Länge: *1 m*
Körnung: *mittelgrob bis fein*
Geschmack: *würzig*

Nürnberger Rostbratwurst

Ausschließlich im Nürnberger Stadtgebiet und aus Schweinefleisch gefertigt ist die mit rund 8 cm Länge und etwa 35 g Gewicht doch recht kleine, originale Nürnberger Rostbratwurst würzig im Geschmack mit einer kräftigen Majorannote – außerordentlich beliebt wird ihre jährliche Produktionszahl mit einer Milliarde angegeben. Erwähnt wurde die Wurst erstmals 1313 und ihre Qualität schon damals von Fleischbeschauern (sog. »Würstlein«) geprüft, später erfreuten sich sogar berühmte Schriftsteller an ihr (u. a. Goethe und Jean Paul: »Die Würste sind in meinem Magen schöne Vergissmeinnicht von Nürnberg.«). Warum die Wurst so klein ist? Vielleicht sollte sie durch ein Schlüsselloch passen, sodass Wirte einst die Sperrstunde umgehen und Vorbeireisenden noch Essen zustecken konnten.

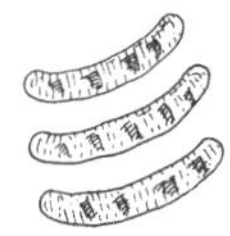

Länge: *7–9 cm*
Körnung: *mittelgrob*
Geschmack: *würzig, Majorannote*

Oberpfälzer Bauernseufzer

Unter Beigabe von Wacholderbeeren, Torf und Tannenrinden schwarz geräuchert ist die aus Schweine-, Rindfleisch und Speck hergestellte, 15–20 cm lange Bauernbratwurst sehr herzhaft und kräftig im Geschmack, gegessen wird sie gerne frisch und roh aus dem Rauch. Dabei rührt der Name vielleicht von dem Wehmut der Bauern, die ihrem Besuch aus Anstand ihre besten Würste auftischten – darüber seufzten sie eben.

Länge: *15–20 cm*
Körnung: *grob*
Geschmack: *herzhaft, kräftig*

Treuchtlinger Bratwurst

Erstmals 1928 im Lehrbuch *Fleisch und Wurstwaren* der Bayerischen Fleischerschule namentlich erwähnt handelt es sich bei der Treuchtlinger Bratwurst um eine aus ausschließlich regional bezogenem Schweinefleisch hergestellte, u. a. mit Piment und Majoran gewürzte Wurst von sehr grober Körnung. Ganz besonders ist der Verschluss der Wurst, da die Darmenden nicht abgedreht, sondern umgeschlagen werden. Es heißt, die Wurst wurde einst dem Prinzregenten Luitpold auf seiner Durchreise gereicht, heute steht sie noch beim »Altmühlfränkischen Bratwurstsommer« im Mittelpunkt.

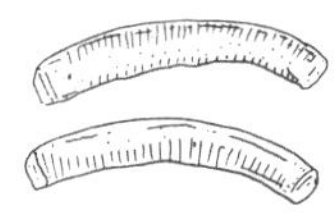

Länge: *10–12 cm*
Körnung: *sehr grob*
Geschmack: *würzig*

Stabenwurst

Von etwa 25 cm Länge, mit Kochsalz und Zitrone gewürzt und traditionell auf Holzkohle gegrillt ist die sehr feine Rostbratwurst aus Schweinefleisch und entsehntem Jungrindfleisch typische Spezialität auf dem Nördlinger Stabenfest, einem jährlich im Mai stattfindenden Volksfest – zur Nördlinger Pfingstmesse wird sie ebenso angeboten, dann aber unter dem Namen »Messwurst«. Roh gebraten muss die Wurst allzeit frisch sein, auf die Feste wird sie daher jeweils im Stundentakt geliefert.

Länge: *25 cm*
Körnung: *fein*
Geschmack: *würzig*

BALZHEIMER

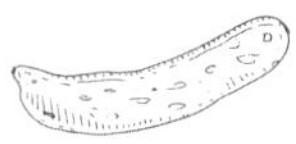

Körnung: *grob*
Geschmack: *würzig*

Vor 360 Jahren von evangelischen Glaubensflüchtlingen aus Kärnten und der Steiermark nach Balzheim (Baden-Württemberg) gebracht wurde die sogenannte »Kärntner Hauswurst« in dem einst katholischen Gebiet als »Lutherische« bekannt, ins bayerische Memmingen brachten sie Balzheimer Knechte und Mägde, wo die Wurst heute noch als »Balzheimer« bezeichnet wird. Ursprünglich wurden im Zuge echter Resteverwertung für die deftigen Würste beim Ausbeinen anfallende Fleisch- und Fettreste von Schwein (80 %) und Rind (20 %) verwendet, daher hieß es auch, die mit Pfeffer, Muskat und Knoblauch gewürzten Würste bedürften kräftiger Zähne und eines unempfindlichen Magens. Weniger knorrig und hart sind die Balzheimer heute aufgrund von Änderungen an der originalen Rezeptur.

BAYERISCHE BIERWURST

Körnung: *grobe Fleischeinlage*
Geschmack: *Knoblauchnote*

Die Bezeichnung »Bierwurst« rührt wider Erwarten nicht von den Inhaltsstoffen (vielmehr besticht die grobe Brühwurst durch ihre leichte Knoblauchnote), sondern daher, dass sie – in dicke Scheiben geschnitten – traditionell bei der Brotzeit zu Bier gegessen wird. Charakteristisch ist ihre Kugelform und aufgrund der ursprünglichen Verwendung von Schweins-/Kalbsblasen als Wursthüllen ist sie auch als »Blasenwurst« bekannt. Zu Wurstmasse verarbeitet werden Schweine- und Rindfleisch, mitunter auch Schweins- und Rindsherzen, die erbsengroß zerkleinert und mit Senfkörnern versetzt unter ständigem Drehen heute vornehmlich in Kunstdarm gefüllt werden. Bierwurst kann kurze Zeit auch ohne Kühlung transportiert werden und ist daher bei Wanderungen und Ausflügen als Stärkung besonders beliebt.

BAYERISCHE GELBWURST

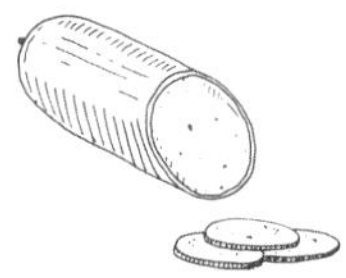

Körnung: *sehr fein*
Geschmack: *mild, leicht süßlich*

Mit weichem Biss und von mildem Aroma ist die originale Bayerische Gelbwurst, charakteristisch sind zudem ihre blässliche Farbe bzw. weiße Anschnittfläche und ihr geringer Salz- und Fettgehalt. Erstmalig genannt wurde die Gelbwurst in Hermann Kochs Standardwerk *Die Fabrikation feiner Fleisch- und Wurstwaren* (1905), wobei hier die Gelbfärbung des Naturdarms in einer Safranbrühe und die Verwendung von Kalbshirn als Zutat aufgeführt werden; auf diese Zubereitungsweise geht schließlich die noch heute geläufige Bezeichnung als »Hirnwurst« zurück (seit der BSE-Krise im Jahr 2000 ist die Verarbeitung von Hirn aber verboten). Besonders beliebt ist die Gelbwurst aufgrund ihrer leicht süßlichen Note bei Kindern, vom netten Metzger gibt's daher gerne ein Scheibchen kostenlos auf die Hand.

BAYERISCHER LEBERKÄSE

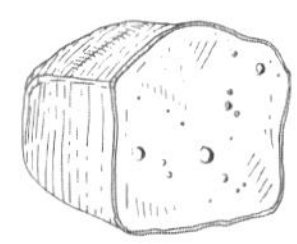

Körnung: *fein*
Geschmack: *leicht würzig*

»Wer gern Leberkäse isst, Bier und Brot nicht ganz vergisst, lächelt froh ins Himmelszelt, als der Glücklichste der Welt.« (Marzell Oberneder) Wer in Bayern brotzeitelt, kommt an dem um 1780 vom Hausmetzger des Kurfürsten Karl Theodor kreierten und in rechteckiger Brotform ausgebackenen Leberkäse nicht vorbei – besonders beliebt ist hier das knusprige »Scherzerl« (Endstück). Dabei ist im originalen Bayerischen Leberkäse entgegen der Namensgebung gar keine Leber enthalten, abgeleitet wird die Bezeichnung »Leberkäse« vielmehr von den Begriffen »Laib« und »Kas« (im Sinne von »kompakte Masse«). Die typische Servierweise in der Semmel ist schließlich erst seit 1944 bekannt. Leberkäse ist leicht würzig im Geschmack.

HOFER WÄRSCHTLA

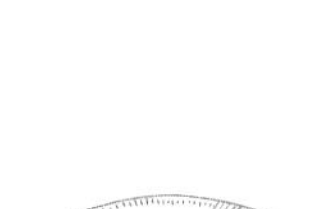

Körnung: *je nach Sorte*
Geschmack: *je nach Sorte*

Besonderes Kuriosum in der Stadt Hof ist der offene Wurstverkauf durch den »Wärschtlamo« (»Würstchenmann«), der seit 1881 durch Herumlaufen bzw. heute überwiegend an festen Standorten »haße Hofer« – im Messingkessel mit Dampf erhitzte Wiener Würste, Knackwürste, Bauernwürste und Weißwürste – vertreibt. Besonders ist dabei das originale »Wärschtlamo-Oziezeich«, bestehend aus einer »lederna Jubbm«, »weisa Scherzn« und »Patschkappn«, immer mit dabei hat er zudem einen Henkelkorb voller »Laabla«. 1929 gab es insgesamt 34 Wärschtlamänner, darunter sogar eine »Wärschtlafraa«. Zwar nicht vom Hofer Wärschtlamo verkauft, aber bei den Hofern ebenso beliebt ist die seit 2011 geschützte Hofer Rindfleischwurst, eine streichfähige Rohwurst mit feinwürzigem Eigengeschmack und leichtem Räucheraroma.

KRAUTWURST

Aus Schweinefleisch und Sauerkraut oder gekochtem Weißkraut (bis zu 33 % Anteil, heutzutage meist 10 %) bestehend geht die Herstellung von Krautwurst einst auf die Notwendigkeit des Sparens zurück – schließlich wurde die vorhandene Fleischmenge (vornehmlich Kopf- und Bauchfleisch vom Schwein) durch die Beigabe von Kraut und Kesselbrühe »gestreckt«. Die Krautwurst kam demnach traditionell eher bei ärmeren Leuten auf den Tisch. Daneben behaupten Spötter, die Krautwurst könne von Katholiken problemlos auch an Bußtagen verzehrt werden … Gegessen wird die frische Wurst insbesondere in Franken gerne als Brotaufstrich oder gebraten mit Kartoffeln, noch mehr Kraut oder Salat als Hauptmahlzeit. Von hiesigen Metzgern angeboten wird sie überwiegend in den Wintermonaten (Krautsaison: Oktober–März), außerdem schmeckt sie kräftig-würzig.

Körnung: *grob*
Geschmack: *kräftig-würzig*

MAIBOCKWURST

Als Vorläufer der originalen Münchner Weißwurst ist die dickbauchige (Altmünchner) Maibockwurst von ähnlichem Aussehen, aber mit möglichst vielen Kräutern schärfer gewürzt und mit einem höheren Schweinefleischanteil als die Weißwurst. Sie ist bereits 1814 mittels eines Stichs, der Münchner in einem Bockkeller beim »Zuzeln« der Würste zeigt, belegt und wohl noch älter. Traditionell wurde sie zum Maibock (Ausschankzeit: 1. Mai–Fronleichnam) gereicht und galt zusammen mit Rettich als ideale Unterlage für das Starkbier.

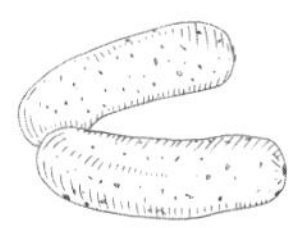

Körnung: *fein*
Geschmack: *würzig*

MÜNCHNER WEISSWURST

Als eines der wichtigsten Symbole bayerischer Esskultur und über die Landesgrenzen hinaus bekannt soll es sich bei der Münchner Weißwurst einst um ein »Fehlfabrikat« gehandelt haben. So besagt die Legende, die Wurst sei am 22. Februar 1857 von Sepp Moser, dem Wirt der Bierwirtschaft »Zum Ewigen Licht« erfunden worden, als diesem die Schafsdärme ausgingen, er das überwiegend aus Kalbfleisch bestehende Brät in dickere Schweinsdärme füllte und anschließend in heißem Wasser brühte – vielleicht »streckte« er aber auch die bis dato bekannte Maibockwurst, welche zusammen mit der Stockwurst als Vorläufer der originalen Weißwurst gilt. Gekocht werden die sehr feinen, mit Petersilie gewürzten Weißwürste im Topf »oben ohne« (das Auflegen eines Deckels führt zum Platzen der Würste), gegessen werden sie traditionell vor dem Zwölf-Uhr-Läuten (sofern roh gekauft, verdarb das Wurstbrät wegen mangelnder Kühlmöglichkeiten einst sehr schnell) und zwar aus der Haut »gezuzelt«.

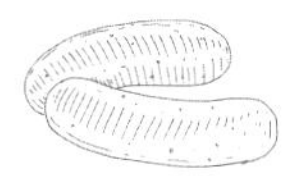

Körnung: *sehr fein*
Geschmack: *mild*

OSTHEIMER LEBERKÄS

Kräftig im Geschmack mit einer feinen Leber- und Muskatnote besteht das Brät des Ostheimer Leberkäs aus mittelgrobem, durchwachsenem Muskel- und Bauchfleisch, knusprig gebacken wird er im Schweinenetz und lauwarm schmeckt er auch am besten. Erhältlich ist er bei hiesigen Metzgern entweder als Stollen oder als kleiner, runder Laib. Einzig diesen ist auch die seit 1870 im Wesentlichen unveränderte Rezeptur bekannt, tradiert wird sie ausschließlich mündlich. Entgegen seiner Namensgebung ist der Ostheimer Leberkäs gar kein Leberkäse, sondern gehört korrekterweise der Kategorie der Terrinen an: Es heißt, ein Metzger, der für den deutsch-französischen Krieg 1870/71 eingezogen wurde und die für Frankreich typische Pastete lieben lernte, soll die heute lokale Spezialität kreiert haben.

Besonderes: *Fleischterrine*
Geschmack: *Leber-, Muskatnote*

PRESSSACK

***Körnung:** grobe Fleischeinlage*
***Geschmack:** je nach Sorte, (sehr) würzig*

Bestehend aus vorgekochten, mit Schwartenbrühe übergossenen Fleischstücken, gewürzt mit Piment, Majoran, Pfeffer sowie Zwiebel, abgefüllt in Schweinedarm, -magen oder -blasen und wiederum im Kessel gekocht handelt es sich bei der Herstellung von Presssack um eine delikate Verwertung verschiedener Reststücke des Schweins. Unterschieden werden Weißer und Roter Presssack, wobei Letzterer noch mit Schweineblut angereichert wird. Der Name rührt wohl von der traditionellen Machart mittels Pressen der abgebundenen Würste zwischen zwei Holzbrettern zur gleichmäßigen Verteilung der Einlage. Bekannt ist der Presssack schließlich seit Anfang des 19. Jahrhunderts (Briefbeleg von Jean Paul, 1813), heute wird er gerne in dicken Scheiben serviert oder mit Essig, Öl und Zwiebeln angereichert zur Brotzeit verzehrt.

REGENSBURGER

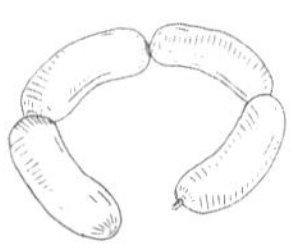

***Körnung:** fein bis grob*
***Geschmack:** deftig*

Die mit knapp 10 cm Länge und 4 cm Dicke recht kompakte Brotzeitwurst besteht aus feinem Schweinebrät, abgefüllt in Rinderkranzdarm, wird geräuchert sowie gebrüht und kann kalt wie auch warm verzehrt werden. Es gibt sie bereits seit der zweiten Hälfte des 19. Jahrhunderts, 1946 wurde sie erstmals auf dem Regensburger Christkindlmarkt in der Semmel mit Senf, Meerrettich und Gewürzgurken angeboten. Besonders beliebt ist sie als Wursteinlage im originalen Bayerischen Wurstsalat. Von Regensburgern selbst als »Knacker« bezeichnet rührt diese Namensgebung vielleicht von dem knackenden Geräusch beim Hineinbeißen in die Wurst, vielleicht aber auch – abgeleitet vom Dialektwort »Gnack« (»Genick«) – von den verarbeiteten Fleischteilen (Genickfleisch von Schwein und Rind).

STOCKWURST

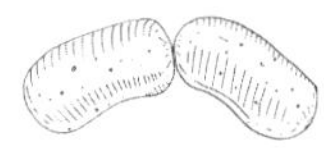

***Körnung:** fein*
***Geschmack:** leicht deftig*

Als Vorläufer der originalen Münchner Weißwurst ist die Stockwurst von ähnlichem Aussehen, aber gedrungen, im Volksmund »g'stockert« und folglich kürzer sowie dicker – daher auch als »dicke Schwester« bezeichnet – und aufgrund ihres höheren Rindfleischanteils deftiger bzw. intensiver im Geschmack als die Weißwurst. Wiederum von der französischen »Boudin Blanc«, die napoleonische Soldaten in die Deutschen Lande brachten, abstammend war die Stockwurst bis zum Ersten Weltkrieg vor allem unter der ärmeren Bevölkerung weit verbreitet. Heute wird sie nur noch von wenigen Münchner Metzgern angeboten, ist aber noch am Viktualienmarkt erhältlich.

WELLWURST

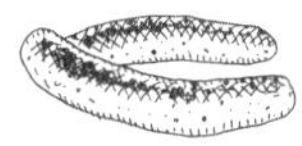

***Körnung:** mittelgrob*
***Geschmack:** Lebernote*

Ursprünglich eine Spezialität der Schlesischen Küche und am Schlachttag frisch zubereitet ist die Wellwurst seit der Vertreibung der Deutschen aus Schlesien (1945–47) auch in hiesigen Gegenden bekannt. Es handelt sich um eine dickliche Brühwurst aus Schweinebauch, -leber, Semmeln (daher auch »Schlesische Semmelwurst« genannt) und Zwiebeln, gewürzt u. a. mit Thymian und Majoran – je nach Zugabe von Schweineblut wird aus der weißen/hellen eine rote/dunkle Wellwurst. Gegessen werden die Würste meist in Wasser erwärmt oder in der Pfanne gebraten, traditionell wurde dazu Kartoffelbrei oder Sauerkraut gereicht; klar herauszuschmecken ist eine feine Lebernote.

WOLLWURST

***Körnung:** sehr fein*
***Geschmack:** mild*

Aus grob entsehntem Kalbs- und Jungrindfleisch sowie entfettetem Schweinefleisch hergestellt und u. a. mit Salz, Pfeffer, Macis, Kardamom und Zitrone gewürzt handelt es sich bei der Wollwurst um eine weiße, hautlose ergo »nackerte« Wurst. Ihre Entstehung soll auf die Schusseligkeit eines bayerischen Metzgermeisters zurückgehen: Nach Zubereitung des Wurstbräts stellte dieser fest, dass er keine Därme mehr zur Abfüllung hatte – das Brät gab er also in einen Spritzbeutel und spritzte es direkt in siedendes Wasser. Namensgebend für die Wurst ist ihre weiche, »wollene« Struktur, allerdings ist sie auch als »Geschwollene« bekannt, da sie in der Pfanne – zunächst in Milch getaucht und dann in Fett ausgebraten – anschwillt. Gegessen wird sie am liebsten mit warmem Kartoffelsalat und Senf.

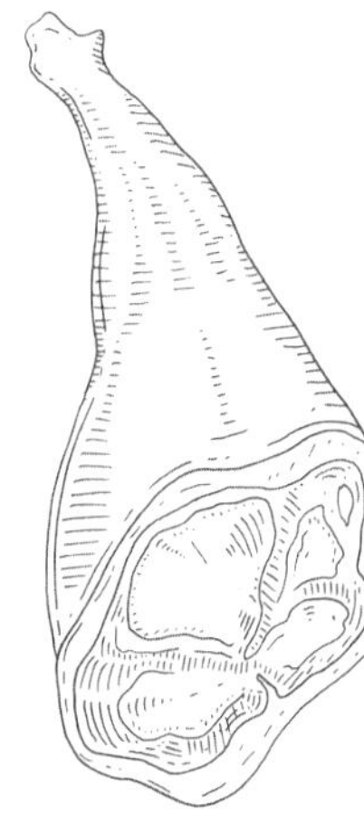

ROHER SCHINKEN

Meist aus dem teuersten Stück des Tieres, der Keule, hergestellt ist roher Schinken als Delikatesse gepökelt, geräuchert oder luftgetrocknet – also mit den natürlichsten und ältesten, bereits bei den Römern und Griechen bekannten Verfahren haltbar gemacht. Dabei verweist bereits das Wort »Schinken«, das sich etymologisch aus dem althochdeutschen »scinco« (»Knochenröhre, Schenkel«) ableiten lässt, auf das verarbeitete Fleischstück. Es verliert vornehmlich bei der Trocknung viel Wasser, wird dadurch besonders bissfest und für den Verzehr meist hauchdünn aufgeschnitten. In Bayern sind einige regionaltypische Rohschinken bekannt …

Coburger Kernschinken

Zunächst mitsamt verschiedenen Gewürzen gepökelt und anschließend geräuchert oder luftgetrocknet muss originaler, aus der Ober- und Unterschale des Schweins geschnittener Coburger Kernschinken vor dem Verzehr mindestens 3 Monate, oftmals 6 Monate reifen. Er ist von feinwürzigem Aroma und besonders zarter Konsistenz und wird gerne an Festtagen gegessen.

Besonderes: *sehr zart*
Geschmack: *feinwürziges Aroma*

Fränkischer Zwetschgenbahmes

Erst in eine Gewürzlauge eingelegt, dann bei niedrigen Temperaturen mit Hartholz, vornehmlich Zwetschgenholz, vergleichsweise lange geräuchert wird originaler Fränkischer Zwetschgenbahmes besonders zart mit einer leichten Wacholdernote. Er wird auch als »Fränkisches Carpaccio« (in hauchdünne Scheiben aufgeschnitten) bezeichnet, besteht er doch ausschließlich aus den besten Stücken des Rindes. Der Name rührt wahrscheinlich daher, dass der Anschnitt in Farbe und Maserung dem rötlichen Zwetschgenholz ähnelt.

Besonderes: *»Fränkisches Carpaccio«*
Geschmack: *Wacholdernote*

Niederbayerisches Schwarzgeräuchertes

In Pökelsalz und eine pikante Gewürzmischung (aus Traubenzucker für die rosige Farbe und mürbe Konsistenz, Knoblauch, Zwiebeln und Wacholderbeeren) eingelegt und anschließend über Tannenreisig und Kienholz geräuchert (»geselcht«; der Harzrauch färbt das Fleisch außen dunkel) wird das Niederbayerische Schwarzgeräucherte (»Geselchtes«) deftig-würzig im Geschmack. Gegessen wird es am liebsten mit Essiggurken, Sauerkraut oder zu Gwichsten.

Besonderes: *mürbe Konsistenz*
Geschmack: *deftig-würzig*

Paartaler Bauernschinken

Namentlich vom Fluss Paar (Quelle bei Kaltenberg nähe Landsberg/Lech, Mündung bei Vohburg in die Donau) abgeleitet und ausschließlich im Paartal hergestellt ist luftgetrockneter, geräucherter Paartaler Bauernschinken aus Schweinefleisch sehr mild mit einem leichten Buchenholzgeschmack. 1984 gewann der Schinken den Großen Preis der DLG-Qualitätsprüfung, gereicht wird er gerne zu Schrobenhausener Spargel, der ebenfalls im Paartal heimisch ist.

Besonderes: *sehr mild*
Geschmack: *Buchenholznote*

schwäbische maultaschen
schwäbische krautkrapfen
pikanter blootz
holzerschmaus
fränkischer zwiebelkuchen
böfflamot
fränkischer sauerbraten
fränkisches schäufele
bayerischer schweinebraten
bayerische schweinshaxe
surhaxe
blaue zipfel
rieweskuche
saure kutteln
saures lüngerl

fleischgerichte

Echt bayerisches Essen ist durchaus gehaltvoll, das lässt sich nicht leugnen! So sind Schweine- und Sauerbraten heute typische Wirtshaus- oder Sonntagsgerichte und stehen für traditionelle bayerische Küche. Und da früher ganz bodenständig alle Teile des Viehs verarbeitet wurden, sind auch Kutteln und Lüngerl aus der kulinarischen Vielfalt nicht mehr wegzudenken. Übrigens stand Fleisch ab 1850 bis zu sechs Mal pro Woche auf dem Speiseplan!

Schwäbische Maultaschen

Herrgottsb'scheisserle

Gebrüht, abgeschmälzt oder gebraten

Maultaschen können auf vielerlei Weise zubereitet werden: Zur Vorspeise werden sie als Suppeneinlage in einer Brühe gekocht, zur Hauptspeise sind sie mit Zwiebeln in Butterschmalz goldbraun abzuschmälzen. Reste lassen sich am nächsten Tag noch mit etwas Ei in der Pfanne anbraten und mit Salat servieren.

Nudelteig als raffinierte Tarnung

Erstmals urkundlich genannt wurden die kleinen Täschchen bereits 1831 durch den königlich württembergischen Prälaten Johannes Christoph von Schmid als »gefüllte Nudel aus Schwaben«, 1885 erwähnten sie die Gebrüder Grimm in ihrem schwäbischen Wörterbuch. Einer Legende zufolge stammen die Nudeltaschen aus der Küche der Zisterzienser des Klosters Maulbronn im 17. Jahrhundert. Da während der Fastenzeit Fleisch tabu war, die Mönche aber just zu dieser Zeit ein Stück Fleisch bekamen, griffen sie zu einer List: Sie hackten es klein, mischten es mit Spinat – um sicherzugehen, dass der Herrgott wirklich nichts von dieser verbotenen Zugabe sah – und versteckten es unter einem Teigmantel. Daher wohl auch der Name, der sich aus »Maulbronn« und »Nudeltasche« zusammensetzen lässt. Fertig waren die »Herrgottsb'scheißerle«!
Praktisch ist, dass sich sämtliche Reste noch zu Füllung verarbeiten lassen. Daher galten Maultaschen ursprünglich als Arme-Leute-Essen. Heute wird allerhand Edles wie Wachteln oder Morcheln dazugegeben. »En de kloinschte Däschla, send oft de beschte Sächla«, wie der Schwabe sagt. (»In den kleinsten Taschen, sind oft die besten Sachen.«)

1 Für den Teig das Mehl mit Eiern, Salz und 4–5 EL Wasser verkneten. Auf einer mit Mehl bestäubten Arbeitsfläche rechteckig ausrollen und in 12 cm x 12 cm große Quadrate schneiden. Abdecken.

2 Für die Füllung die Semmeln etwa 10 Minuten in Wasser einweichen. Derweil die Zwiebeln schälen, hacken und den Speck in kleine Würfel schneiden. Beides im Butterschmalz goldbraun braten. Wenn die Semmeln rundum weich und vollgesogen sind, gut ausdrücken und beiseitelegen. Das Einweichwasser wegschütten.

3 Die Frühlingszwiebeln waschen und in Ringe schneiden. Den Spinat gründlich waschen und hacken. Dann die Semmeln zusammen mit Zwiebeln, Speck, Frühlingszwiebeln, Spinat und Hackfleisch in eine Schüssel geben. Eier, Salz und Pfeffer dazugeben und alles gut vermengen.

4 Das Ei mit etwas Wasser verquirlen. Jeweils etwas Füllung mit Teelöffeln in die Mitte der Nudelquadrate setzen und die Teigränder mit dem verquirlten Ei bepinseln. Dann den Teig über Eck zusammenklappen, sodass Dreiecke entstehen, und die Ränder fest zusammendrücken.

5 Reichlich Salzwasser zum Kochen bringen und die Maultaschen darin 10 Minuten ziehen lassen.

HERKUNFT

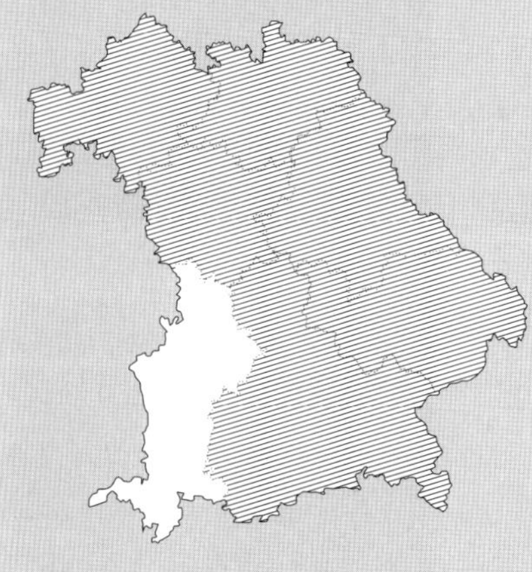

Schwaben

ZUBEREITUNGSDETAILS

MITTEL

4 PERSONEN

60 MINUTEN

ZUTATEN

FÜR DEN TEIG

- 250 g Mehl, plus etwas mehr zum Arbeiten
- 2 Eier (Größe M)
- 1 Prise Salz

FÜR DIE FÜLLUNG

- 2 Semmeln vom Vortag
- 2 Zwiebeln
- 30 g Speck
- 2 EL Butterschmalz
- ½ Bund Frühlingszwiebeln
- 150 g Spinat
- 300 g grobes Schweinehackfleisch
- 2 Eier (Größe M), plus 1 zum Bepinseln
- Salz und Pfeffer aus der Mühle

Schwäbische Krautkrapfen

Schwäbische Mehlsäck

Die Nudelrolle mit Kraut und Speck

Krapfen und Nudeln mit Sauerkraut? Eine Kombination, die zunächst ziemlich merkwürdig klingt, sich aber in den Schwäbischen Krautkrapfen aufs Harmonischste miteinander vereint. Bei diesem Gericht verliert das Sauerkraut viel von seiner Säure und entwickelt einen angenehmen, leicht süßlichen Geschmack. Krautkrapfen werden traditionell in den kalten Monaten aufgetischt, denn das durch Milchsäuregärung konservierte Weißkraut ist im Winter ein wichtiger Vitamin-C-Lieferant. Außerdem beugt Vitamin C Mangelerkrankungen wie Skorbut vor, die in vergangenen Jahrhunderten die Menschen vor allem in der kalten Jahreszeit plagten, in der vitaminreiches Obst und Gemüse rar waren. Seeleute sollen es als wertvollen Proviant schließlich gleich fässerweise mit an Bord genommen haben.
Wegen unseres traditionell hohen Verbrauchs an Sauerkraut fingen wir Deutsche uns bei den Amerikanern während des Zweiten Weltkriegs den Spitznamen »Krauts« ein.
Dass Kraut überaus gesund ist, wusste natürlich auch Pfarrer Sebastian Kneipp, der das milchsäurevergorene Gemüse als »Besen für den Darm« bezeichnete.

1 Für den Teig das Mehl mit Eiern, Salz und 4 EL Wasser verkneten. Anschließend in Frischhaltefolie wickeln und 30 Minuten im Kühlschrank ruhen lassen.

2 Für die Füllung die Zwiebeln schälen, hacken und den Bauchspeck in kleine Würfel schneiden. In einer Schüssel zusammen mit dem Sauerkraut vermischen.

3 Den Teig sehr dünn ausrollen und die Füllung darauf verteilen. Längs aufrollen und die Rolle jeweils in etwa 5 cm große Stücke schneiden.

4 Das Schmalz in einem niedrigen Topf zerlassen und die Krautkrapfen stehend und dicht nebeneinander hineinsetzen. Einen Deckel auflegen und bei niedriger Hitze 30 Minuten dünsten. Direkt aus dem Topf servieren. Dazu schmeckt ein frischer grüner Salat.

HERKUNFT

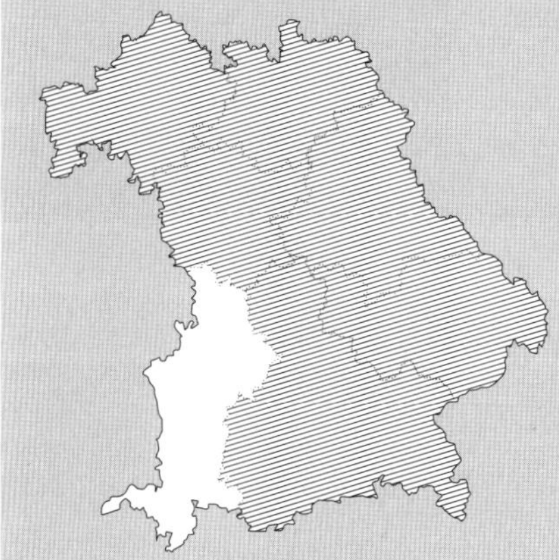

Schwaben

ZUBEREITUNGSDETAILS

MITTEL

4 PERSONEN

45 MINUTEN PLUS RUHEZEIT

ZUTATEN

FÜR DEN TEIG

- 500 g Mehl
- 2 Eier (Größe M)
- 1 Prise Salz

FÜR DIE FÜLLUNG

- 2 Zwiebeln
- 200 g roher Bauchspeck
- 500 g frisches Sauerkraut, abgetropft
- 40 g Schmalz

Pikanter Blootz

Fränkischer Blootz/Blaatz, Fränkischer Hitzblootz/Hitzplaatz/Hitzaplaatz

Fränkische »Pizza«

Was die Pizza dem Italiener, das ist der Blootz dem Franken – eine Nationalspeise sozusagen. Ein Blootz ist eine Art flacher Kuchen, der auf dem Blech gebacken wird. Die Basis bildet eine dünne Teigschicht, meist gleicht sie einem Roggenmischbrot. Oft wird aber auch ein Rest von beim Brotbacken übrig gebliebenem Brotteig verwertet und je nach Belag darf für den Blootz auch ein Hefe-, Mürb- oder Rührteig als Unterlage dienen, Hauptsache dünn und knusprig. So gibt es ihn in pikanter und süßer Version (siehe Seite 227). Wer ihn herhaft mag, kann den Teig mit Zwiebeln und Sauerrahm belegen, es können aber auch Lauchstreifen, würziger Bärlauch oder Kartoffeln darauf verteilt werden – der Kreativität sind keine Grenzen gesetzt! Als süße Speise mögen die Franken ihren Blootz sehr gerne mit Kirschen, Zwetschgen oder Äpfeln belegt und mit Streuseln garniert.

Ein Blootz hat immer Platz …

… und zwar im Holzofen. Wenn dort neben den Broten noch etwas Platz frei war, konnte ein Stück vom Teig abgezwackt und als Blootz mit eingeschoben werden. Er war schnell belegt und schmeckte immer, genau wie eine Pizza.
Oft diente ein kleineres Gebäck, wie eben der Hitzblootz, aber auch dazu, die Temperatur im Holzofen zu beurteilen. Denn ob dieser nach stundenlangem Anheizen endlich auf Betriebstemperatur war, zeigte der dünne Teigfladen gut an. Dann konnten endlich die Brote eingeschossen werden.

1 Für den Teig alle Zutaten gut miteinander vermischen. Nach und nach etwa 250 ml lauwarmes Wasser dazugeben, gut vermengen und etwa 10 Minuten lang durchkneten. Den Teig abgedeckt 60 Minuten an einem warmen Ort gehen lassen.

2 Den Teig nochmals kneten und auf einem geölten Blech ausrollen. Den Backofen auf 220 °C (Ober-/Unterhitze) vorheizen.

3 Den Speck in kleine Würfel schneiden. Den Schmand auf dem Teig verstreichen und die Speckwürfel darüberstreuen. Etwa 15 Minuten im Ofen backen.

HERKUNFT

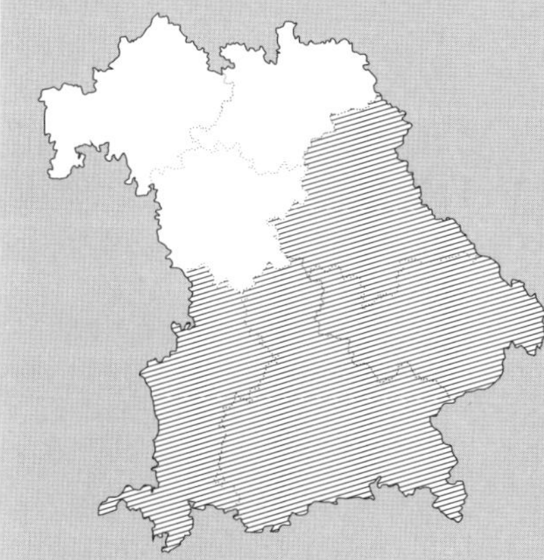

Unterfranken, Mittelfranken, Oberfranken

ZUBEREITUNGSDETAILS

MITTEL

1 BLECH

30 MINUTEN PLUS RUHEZEIT

ZUTATEN

FÜR DEN TEIG

- 250 g Roggenmehl
- 200 g Dinkelmehl
- ½ Pck. Trockenhefe
- ½ Pck. Trockensauerteig (à 7,5 g)
- 2 TL Salz
- ½ TL Zucker
- Sonnenblumenöl fürs Blech

FÜR DEN BELAG

- 150 g durchwachsener Speck
- 250 g Schmand

Holzerschmaus

»Ohne Woid is koa Leben«

Nahe der Benediktinerabtei Ettal bestimmt der Gebirgswald die Region. So wurden die Ettaler Wälder einst als Holzspeicher für die Saline Hall in Tirol – im Salzbergbau bestand seit jeher ein großer Bedarf an Brennmaterial zum Sieden der Sole – genutzt. Bewirtschaftet wurden die hiesigen Waldflächen von einem eigens bestellten klösterlichen Waldmeister, Knechte verrichteten als Waldarbeiter den Holzeinschlag, Flößer übernahmen den Transport der Stämme und Köhler stellten Holzkohle her.
Die alten Berufe waren mit schwerer körperlicher Arbeit verbunden, die an den Kräften zehrte. Als kräftigende und sättigende Nahrung diente beispielsweise der eigens vom Kloster kreierte Holzerschmaus.

1 Mehl und Salz mischen. Eier, Milch und Majoran hinzugeben und alles zu einem glatten Teig verrühren.

2 Die Zwiebeln schälen und in Würfel schneiden. In etwas Öl hellbraun anrösten.

3 In einer weiteren Pfannen die Speckscheiben ohne Fett knusprig anbraten. Dann den Teig darübergießen. Wenn dieser fest wird, den Holzerschmaus vorsichtig wenden und weiterbraten.

4 Die gerösteten Zwiebeln auf den Schmaus geben und servieren.

HERKUNFT

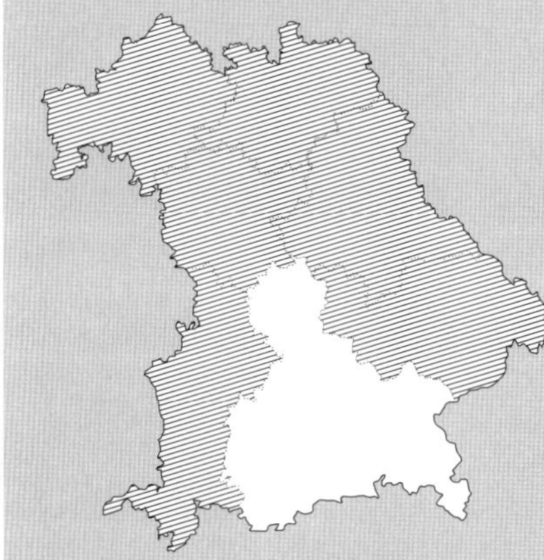

Oberbayern

ZUBEREITUNGSDETAILS

EINFACH

4 PERSONEN

25 MINUTEN

ZUTATEN

200 g Mehl
1 Prise Salz
3 Eier (Größe M)
250 ml Milch
1 TL Majoran
2 Zwiebeln
Sonnenblumenöl zum Braten
8 Scheiben durchwachsener Speck

Salz

Fränkischer Zwiebelkuchen

Zwiebelblootz

Ein perfektes Herbstessen

Was gibt's Schöneres, als nach einer gemütlichen Herbstwanderung durch die Weinberge einzukehren und sich zu stärken? Am besten mit einem Stück warmen, dick belegten Zwiebelkuchen und dazu gibt's einen guten Schoppen Frankenwein oder ein Glas frischen Federweißen! Das passt bestens zusammen und ist vor allem in »Weinfranken« sehr beliebt. In Oberfranken hingegen geht man beim Belag mit der Zugabe von Sauerrahm etwas sparsamer um. Dort kommt oft auch ein Teil Roggenmehl in den Teig, um ihn noch herzhafter zu machen. Und mit ihrem milden, süßlichen Aroma eignen sich für den Kuchen besonders die in Bamberg angebauten birnenförmigen Zwiebeln (siehe Seite 134). Im Gegensatz zum weinorientierten Unterfranken wird in Oberfranken auch gerne ein frisch gezapftes Bier zum Zwiebelkuchen getrunken.

1 Für den Teig das Mehl mit dem Salz mischen, eine Mulde in das Mehl drücken und die Hefe hineinbröckeln.

2 Die Milch leicht erwärmen und zur Hefe gießen. Zucker hinzufügen und mit etwas Mehl vom Rand der Mulde einen Vorteig anrühren. Etwa 15 Minuten an einem warmen Ort gehen lassen. Das Volumen des Vorteigs sollte sich etwa verdoppelt haben.

3 Alles gründlich zu einem glatten Teig verkneten und diesen mit einem sauberen Geschirrtuch abgedeckt an einem warmen Ort nochmals 45 Minuten gehen lassen. Das Teigvolumen sollte sich noch einmal sichtbar vergrößert haben.

4 Den Teig erneut gut durchkneten und auf einem gut geölten Blech ausrollen.

5 Den Backofen auf 200 °C (Ober-/Unterhitze vorheizen.

6 Für den Belag die Zwiebeln schälen und in Ringe schneiden. Den Speck würfeln und in einer Pfanne auslassen, bis Fett austritt. Die Zwiebelringe dazugeben und weich dünsten. Abkühlen lassen.

7 Den Sauerrahm mit Eiern, Salz, Pfeffer und Kümmel verrühren und unter die Zwiebeln mischen. Die Masse gleichmäßig auf dem Teig verteilen und etwa 30 Minuten im Ofen backen.

HERKUNFT

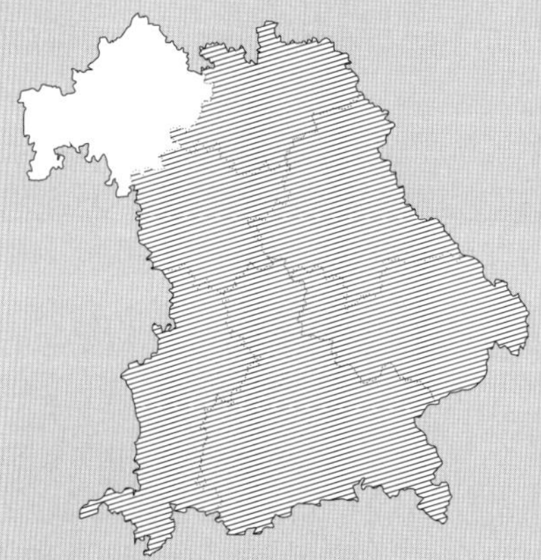

Unterfranken

ZUBEREITUNGSDETAILS

MITTEL

4 PERSONEN

40 MINUTEN PLUS RUHEZEIT

ZUTATEN

FÜR DEN TEIG

375 g Mehl
½ TL Salz
½ Würfel frische Hefe
125 ml Milch
1 Prise Zucker
Sonnenblumenöl fürs Blech

FÜR DEN BELAG

1 kg Zwiebeln
100 g Speck
200 g Sauerrahm
2 Eier (Größe M)
Salz und Pfeffer aus der Mühle
2 TL ganze Kümmelsamen

Böfflamot

Bœuf à la mode

Bayerisch-französischer Klassiker

Dieser aufwendig zubereitete Rinderschmorbraten gilt als bayerischer Küchenklassiker mit französischen Wurzeln. Denn der Name »Böfflamot« ist schlicht und ergreifend ein eingedeutschtes »Bœuf à la mode«, also ein »Rind nach Art der Mode«. Und es heißt, wir hätten dieses Gericht Napoleon zu verdanken: Er gilt nämlich als Geburtshelfer des modernen Bayern. Das Bündnis mit dem Franzosenkaiser brachte Bayern 1806 die Krone, zugleich wurde das Hoheitsgebiet um weite Teile Frankens und Schwabens erweitert.
Bayerische Geschichte hin oder her – allgemein üblich war damals die Methode des Einlegens in Essigmarinade, um Fleisch länger haltbar zu machen. Und auch um die Fasern aufzuweichen, war das Beizen eine sehr probate Art der Zubereitung, denn früher waren Ochsen als Arbeitstiere im Einsatz und wurden erst in hohem Alter zur Schlachtbank geführt – da konnte ihr Fleisch aber schon etwas zäh sein.
Zäh ist Böfflamot garantiert nicht. Das Ochsenfleisch wird butterzart und erhält durch den zugefügten Rotwein eine ganz besondere Note. Als waschechter Bayer isst man den Braten mit Kartoffelknödeln (siehe Seite 108–109) und Blaukraut. Natürlich schmecken aber auch Semmelknödel und Bayrisch Kraut dazu (siehe Seiten 106 und 41).

1 Für die Beize das Suppengrün waschen, putzen und klein schneiden. Die Zwiebel schälen und in Ringe schneiden.

2 In einem großen Topf Fleischbrühe und Rotweinessig mischen und das klein geschnittene Gemüse sowie die Gewürze hinzugeben. Den Sud aufkochen und abkühlen lassen. Nach dem Erkalten den Rotwein hinzufügen.

3 Das Fleisch waschen, trocken tupfen und in die Beize einlegen. Es sollte vollständig bedeckt sein. Den Topf schließen, kalt stellen und 4 Tage lang ziehen lassen.

4 Das Bratenstück aus der Beize nehmen, kurz abspülen und trocken tupfen. Das Öl in einem Schmortopf erhitzen und das Fleisch darin auf dem Herd rundum braun anbraten.

5 Die Beize über das Fleisch gießen, zum Kochen bringen, einen Deckel auflegen und das Fleisch etwa 2 Stunden bei kleiner bis mittlerer Hitze schmoren lassen.

6 Wenn das Fleisch gar ist, herausnehmen, warm halten und die Beize abseihen. 500 ml davon abmessen und beiseitestellen.

7 Das Butterschmalz erhitzen und den Zucker darin bräunen. Dann das Mehl zufügen und hellbraun anrösten. Mit der Beize auffüllen und etwa 10 Minuten einkochen lassen. Dabei gut umrühren. Abschließend mit Salz und Pfeffer abschmecken.

8 Das Fleisch in Scheiben schneiden und in die Sauce einlegen. Kurz durchziehen lassen und servieren.

HERKUNFT

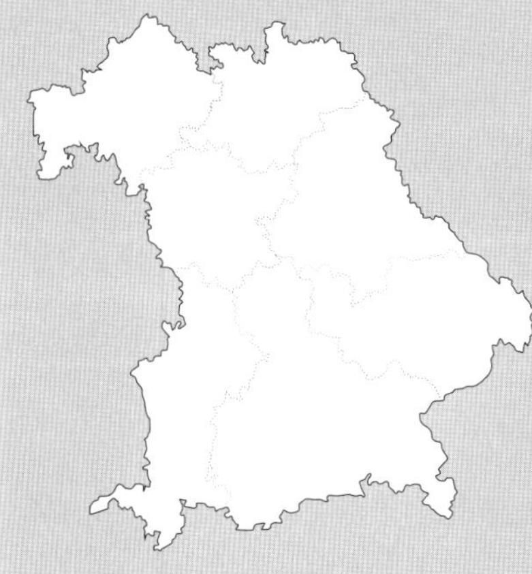

ganz Bayern

ZUBEREITUNGSDETAILS

MITTEL

4 PERSONEN

180 MINUTEN PLUS RUHEZEIT

ZUTATEN

FÜR DIE BEIZE

- 1 Bund Suppengrün
- 1 Zwiebel
- 500 ml Fleischbrühe
- 125 ml Rotweinessig
- 3 Pfefferkörner
- 2 Nelken
- 2 Lorbeerblätter
- 4 Wacholderbeeren
- 1 TL Salz
- 250 ml Rotwein
- 1 kg entbeintes Ochsenfleisch (Oberschale, Rose oder Bug)

ZUM BRATEN

- 3 EL Sonnenblumenöl
- 30 g Butterschmalz
- 1 EL Zucker
- 40 g Mehl
- Salz und Pfeffer aus der Mühle

Fränkischer Sauerbraten

Nur echt mit Lebkuchen

In Franken ist er ein sehr beliebtes Sonntagsgericht, hier wird schließlich nicht nur *irgendein* Sauerbraten aufgetischt! Denn bei der typisch fränkischen Variante sorgt Soßenlebkuchen für den besonderen Geschmack, außerdem macht er die Sauce schön sämig. Zusammen mit der würzigen Beize für das Fleisch, die ein paar Gewürznelken enthält, erinnert der Braten auch ein bisschen an Weihnachten. Auf jeden Fall ist es ein Gericht für die kalte Jahreszeit, das von innen wärmt.
Mit seinem ganz speziellen Aroma ist der Sauerbraten ein echter Genuss, perfekt harmoniert er mit rohen Kartoffelklößen (siehe Seite 108–109) und etwas Blaukraut als Beilage.

1 Für die Beize Karotte und Sellerie putzen, schälen und klein schneiden. Zusammen mit Gewürzen und Rotweinessig in 250 ml Wasser geben und einmal aufkochen. Den Sud abkühlen lassen. Die Zwiebel schälen, in Scheiben schneiden und dazugeben.

2 Das Fleischstück in die Beize einlegen, sodass es vollständig bedeckt ist. 3–5 Tage durchziehen lassen.

3 Das Fleisch aus der Beize nehmen und gut trocken tupfen. Das Öl in einem Schmortopf erhitzen und das Fleisch darin auf dem Herd von allen Seiten anbraten.

4 Zwiebel und Karotten schälen, klein schneiden und zum Fleisch geben. Mit 250 ml Beize und 250 ml Wasser auffüllen.

5 Etwa 2–2,5 Stunden bei geschlossenem Deckel bei kleiner bis mittlerer Hitze auf dem Herd schmoren lassen. Bei Bedarf noch Beize nachgießen.

6 Den Soßenlebkuchen in Stücke brechen, mit etwa 75 ml Wasser übergießen und einweichen. Wenn das Fleisch gar ist, den Braten herausnehmen und warm halten. Den eingeweichten Soßenlebkuchen in die Sauce geben und mit einem Stabmixer pürieren. Die Sauce mit Salz und Pfeffer abschmecken, das Fleisch in Scheiben schneiden und servieren.

HERKUNFT

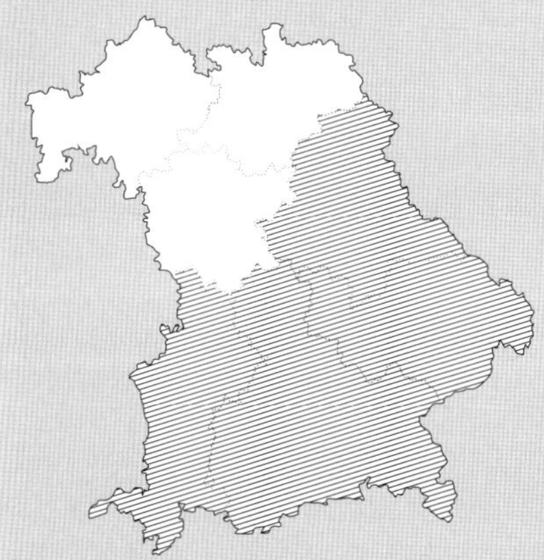

Unterfranken, Mittelfranken, Oberfranken

ZUBEREITUNGSDETAILS

MITTEL

4 PERSONEN

200 MINUTEN PLUS RUHEZEIT

ZUTATEN

FÜR DIE BEIZE

- 1 Karotte
- ¼ Knollensellerie
- 2 Lorbeerblätter
- 4 Gewürznelken
- 250 ml Rotweinessig
- 1 kleine Zwiebel
- 1 kg Rindfleisch (Brustkern oder Hochrippe)

ZUM BRATEN

- 4 EL Sonnenblumenöl
- 1 Zwiebel
- 2 Karotten
- 120 g Soßenlebkuchen
- Salz und Pfeffer aus der Mühle

HERKUNFT

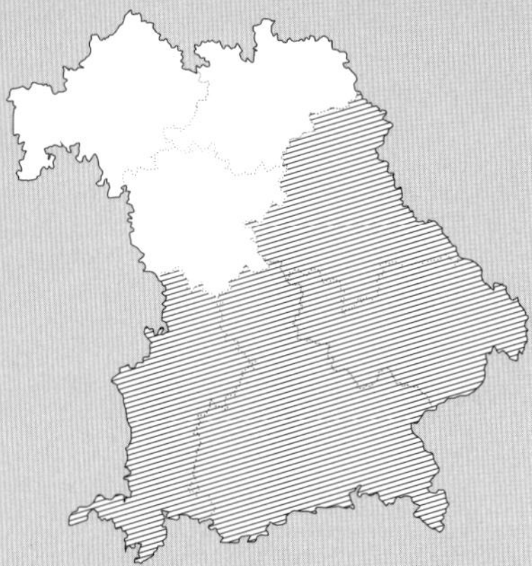

Unterfranken, Mittelfranken, Oberfranken

ZUBEREITUNGSDETAILS

GLUTENFREI

MITTEL

4 PERSONEN

200 MINUTEN PLUS RUHEZEIT

ZUTATEN

- 4 Schäufele (1,5–2 kg Schweineschulter mit Knochen und Schwarte)
- 4 TL Salz, plus etwas mehr zum Bestreuen der Schwarten
- 2 TL Pfeffer
- 2 TL gemahlener Kümmel
- 4 mittelgroße Zwiebeln

Fränkisches Schäufele

Schäufela, Schäuferle

Das fränkische »Nationalgericht«

Ein richtig gut gebratenes Schäufele hat eine knusprige Schwarte, die kleine Bläschen wirft und beim Hineinbeißen verführerisch knackt. Das Fleisch ist braun, ebenfalls knusprig gebraten und löst sich außerdem ganz leicht vom Knochen. Sehr begehrt ist das sogenannte »Bürgermeister-« oder auch »Pfaffenstück«, das besonders zarte Fleischstück unterhalb des Knochens – das war wohl einst den Honoratioren vorbehalten. Der Name dieses Bratenstücks rührt vom typisch schaufelförmigen Aussehen des Knochens – es ist übrigens das Schlüsselbein! –, der nach der Mahlzeit auf dem Teller übrig bleibt.

Das Fränkische Schäufele wird als klassischer Sonntagsbraten mit Kartoffelklößen (siehe Seite 108–109) serviert. Je nach Region kommen noch Sauerkraut, Salat oder Wirsing dazu und die Sauce wird mit Bier aufgegossen.

Die *Freunde des Fränkischen Schäufele n. n. e. V.* (noch nicht eingetragener Verein) haben die Gegend zwischen Kronach und Weißenburg sowie zwischen Bad Windsheim und Pegnitz zum »Schäufeleland« ausgerufen.

1 Die Fleischstücke waschen und trocken tupfen. Die Schwarten mit einem sehr scharfen Messer rautenförmig einschneiden.

2 Das Fleisch mit Salz, Pfeffer und Kümmel einreiben und anschließend 1–2 Stunden im Kühlschrank ruhen lassen.

3 Den Backofen auf 220 °C (Ober-/Unterhitze) vorheizen.

4 Nach der Ruhezeit die Schwartenseiten nochmals gesondert mit Salz bestreuen und die Schäufele mit den Schwarten nach oben auf ein Backblech mit hohem Rand setzen. Mit ein paar Schöpflöffeln Wasser angießen und das Blech auf der mittleren Schiene in die Röhre schieben. Gut 30 Minuten braten. Zwischendurch mehrmals mit der Bratflüssigkeit begießen.

5 Die Zwiebeln schälen, in Spalten schneiden und zum Fleisch geben. Das Blech auf die untere Schiene schieben und die Temperatur auf 180 °C reduzieren. Das Fleisch alle 20–30 Minuten mit dem Bratensaft übergießen. Bei Bedarf noch etwas mehr Wasser dazugießen. Nach etwa 3 Stunden Gesamtzeit ist das Fleisch gar. Die Schäufele aus der Bratenflüssigkeit nehmen und warm halten. Bratensaft mit den Zwiebeln zu einer Sauce pürieren, eventuell nachwürzen und mit den Schäufele servieren.

Bayerischer Schweinebraten

Knuspern muss er

So ein »Schweiners« ist nicht nur ein typisch bayerisches Sonntagsessen, sondern *das* bayerischste Gericht überhaupt. Alle Welt verbindet die weiß-blaue Küche fast schon automatisch mit diesem Klassiker!
Schweinebraten wird besonders saftig durch die Fett- und Schwartenschicht auf dem Fleisch. Und die muss auf jeden Fall knusprig und kross gebraten sein. Dazu gehören unbedingt Semmel- oder Kartoffelknödel (siehe Seiten 106 und 108–109) und als Gemüsebeilage Sauer- oder Blaukraut. Und ein frisch gezapftes Bier ist das adäquate Getränk dazu. Bier ist ja auch die Grundlage der Schweinebratensauce, doch kommt hier ein Dunkles hinein, weil es weniger herb schmeckt. Es darf auch eine Mischung aus dunklem Bier und Fleischbrühe sein.

1 Den Backofen auf 220 °C (Ober-/Unterhitze) vorheizen.

2 Das Fleisch waschen, trocken tupfen und die Schwarte mit einem besonders scharfen Messer – es geht auch mit einem sauberen Teppichmesser – rautenförmig einschneiden. Das Bratenstück mit den Gewürzen einreiben.

3 Das Gemüse waschen, schälen und grob zerkleinern.

4 Das Öl in einen Bräter gießen und das Fleisch mit der Schwartenseite nach oben hineinsetzen. Etwa 10 Minuten im Ofen anbraten. Dabei das Fleisch ab und zu mit dem ausgetretenen Fett und Bratensaft übergießen.

5 Das Gemüse dazugeben und das Bier angießen. 90 Minuten im Backofen schmoren lassen. Dabei den Braten immer wieder mit der Flüssigkeit übergießen. Damit die Kruste besonders knusprig wird, die Schwarte ab und zu mit kaltem Wasser bepinseln.

6 Den garen Braten aus der Sauce nehmen und heiß halten.

7 Die Bratensauce mit dem Gemüse durch ein Sieb streichen, in einen kleinen Topf geben und auf dem Herd bis zur gewünschten Konsistenz einkochen. Mit Salz und Pfeffer abschmecken. Bei Bedarf mit etwas Bier oder Brühe auffüllen oder mit Stärke binden.

8 Den Braten in Scheiben schneiden und mit der Sauce servieren. Traditionell werden Knödel dazugereicht (siehe Seite 104–111).

HERKUNFT

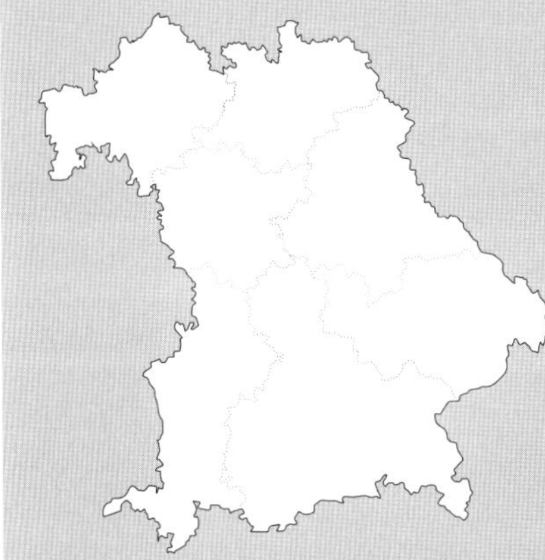

ganz Bayern

ZUBEREITUNGSDETAILS

MITTEL

4 PERSONEN

130 MINUTEN

ZUTATEN

- 1 kg Schweinefleisch ohne Knochen (z. B. Schlegel, Schulter oder Bug)
- Salz und Pfeffer aus der Mühle
- 1 TL gemahlener Kümmel
- 2 Zwiebeln
- 2 Karotten
- ⅛ Knollensellerie
- 2 EL Sonnenblumenöl
- 500 ml dunkles Bier, plus etwas mehr bei Bedarf
- Fleischbrühe bei Bedarf
- 1 TL Stärke bei Bedarf

Bayerische Schweinshaxe

Knöchla, Stelze

Außen knusprig, innen zart

So muss Schweinshaxe in Bayern sein! Zusammen mit Kartoffelknödeln, Blau- oder Sauerkraut, Bayrisch Kraut oder Kartoffelsalat wird daraus ein urbayerisches Schmankerl (siehe Seiten 108–109 und 41). Saugut zwar, aber ziemlich fett und kalorienreich. Angeblich werden auf dem Oktoberfest innerhalb von nur zwei Wochen 70.000 Haxen verspeist. In jedem Zelt auf der Wiesn stehen sie auf der Speisekarte und sind – neben der Maß Bier – der absolute Renner bei Touristen wie Einheimischen.

»Haxe«, »Knöchla« oder »Stelze«

Die Haxe ist natürlich nicht das komplette Bein vom Schwein, sondern nur das mittlere Stück zwischen Schlegel und Fuß. Dabei macht es geschmacklich keinen Unterschied, ob die Haxe vom Vorder- oder Hinterbein stammt; die Vorderhaxe ist allerdings überraschenderweise fleischiger und schwerer als die Hinterhaxe.
Woher das Wort »Haxe« kommt, ist nicht ganz sicher. Vermutlich geht es auf das althochdeutsche »hahsina« (»Achillessehne, Kniebug des Hinterbeins«) zurück und wurde möglicherweise mit dem lateinischen Begriff »coxa« für »Hüfte« kombiniert. Speziell in Franken ist das Gericht unter der Bezeichnung »Knöchla« bekannt, hier gibt es als Beilage auch gerne Kartoffelpüree. In Österreich bestellt man dagegen »Stelze«.

1 Den Backofen auf 220 °C (Ober-/Unterhitze) vorheizen.

2 Die Schwarte mit einem besonders scharfen Messer – es geht auch mit einem sauberen Teppichmesser – rautenförmig einschneiden. Die Haxen rundum mit Salz und Pfeffer einreiben.

3 Das Fleisch in einen Bräter legen und mit kochendem Wasser etwa 2 cm hoch angießen. Bei geschlossenem Deckel etwa 15 Minuten im Ofen dämpfen.

4 Das Gemüse schälen, grob zerkleinern und ebenfalls in den Bräter geben. Den Deckel abnehmen und etwa 90 Minuten weitergaren. Dabei das Fleisch mehrmals wenden und mit der Flüssigkeit übergießen. Bei Bedarf kochendes Wasser nachgießen.

5 Kurz vor Ende der Garzeit die Haxen mit etwas Bier einpinseln und bei zugeschaltetem Grill im Backofen grillen, bis die Schwarte knusprig ist.

6 Die Haxen aus der Flüssigkeit nehmen und heiß halten. Die Sauce mit dem Gemüse durch ein Sieb streichen, in einen kleinen Topf geben und auf dem Herd bis zur gewünschten Konsistenz einkochen. Mit Salz und Pfeffer abschmecken.

HERKUNFT

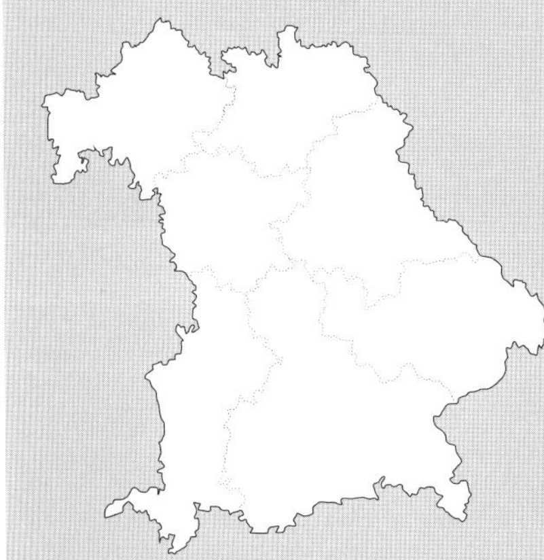

ganz Bayern

ZUBEREITUNGSDETAILS

MITTEL

4 PERSONEN

130 MINUTEN

ZUTATEN

- 4 Schweinshaxen
- Salz und Pfeffer aus der Mühle
- 2 Zwiebeln
- 2 Karotten
- ⅛ Knollensellerie
- 1 Knoblauchzehe
- 200 ml Bier (nach Belieben)

Surhaxe

Gepökelte Schweinshaxe, Eisbein, Stelze, Surhaxn

HERKUNFT

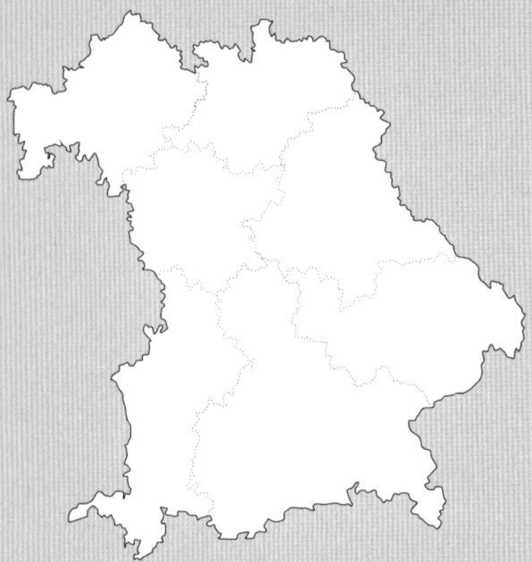

ganz Bayern

ZUBEREITUNGSDETAILS

GLUTENFREI

MITTEL

4 PERSONEN

135 MINUTEN

ZUTATEN

- 2 Zwiebeln
- 2 EL Sonnenblumenöl
- 2 Äpfel
- 800 g frisches Sauerkraut, abgetropft
- 2 Lorbeerblätter
- 6 Wacholderbeeren
- Salz
- 500 ml Fleischbrühe
- 1–2 gepökelte Schweinshaxen (etwa 2 kg)
- Pfeffer aus der Mühle

Salz ist das Geheimnis

Genau wie bei der bayerischen Schweins- (siehe Seite 95) wird auch bei der Surhaxe das von einer Schwarte umgebene Stück zwischen Knie und Fuß vom Vorder- oder Hinterbein verwendet. Der große Unterschied bei der Surhaxe liegt allerdings darin, dass sie gepökelt und gekocht wird. Pökeln, also das Haltbarmachen mittels Kochsalz, heißt in Bayern auch »suren«. So erhält das Fleisch seine rosarote Farbe und das spezielle Aroma, außerdem bleibt das Fleisch durch das Pökeln besonders saftig.
Bekannt ist diese Methode schon seit Jahrtausenden und das auf der ganzen Welt. Vor allem Seeleute nahmen auf ihren langen Schiffsreisen Gepökeltes mit an Bord.

Eiskalte Haxen

Im Norden Deutschlands ist die Surhaxe unter dem Namen »Eisbein« auf der Speisekarte zu finden. Woher diese Bezeichnung stammt, ist umstritten, eine logische Erklärung wäre, dass der Röhrenknochen der Haxe einst zur Herstellung von Schlittschuhkufen benutzt wurde. Und beim Eislaufen kann man schließlich leicht eiskalte Beine oder eben »Haxen« bekommen! Eine andere Erklärung führt das Wort auf das althochdeutsche »isben« zurück, einen alten Fachbegriff, mit dem Jäger und Ärzte das Hüftbein bezeichneten.

1 Zwiebeln schälen, in Würfel schneiden und in einem Bräter im Öl andünsten. Äpfel schälen, Kerngehäuse entfernen und in Spalten schneiden. Zusammen mit dem Sauerkraut zu den Zwiebeln geben. Die Gewürze und 1 TL Salz hinzufügen, mit der Fleischbrühe aufgießen und zum Kochen bringen.

2 Den Backofen auf 200 °C (Ober-/Unterhitze vorheizen.

3 Die Haxen waschen und zum kochenden Kraut geben. Mit geschlossenem Deckel auf mittlerer Schiene etwa 90–120 Minuten im Ofen garen.

4 Die Haxen herausnehmen und das Kraut mit Salz und Pfeffer abschmecken. Das Fleisch vom Knochen lösen und in mundgerechte Portionen schneiden. Auf dem Sauerkraut anrichten und mit Salzkartoffeln oder Kartoffelknödeln (siehe Seite 108–109) servieren.

Blaue Zipfel

Blaugesottene, Saure Zipfel

Bratwurst mal ganz anders

Bratwürste müssen nicht unbedingt vom Rost kommen. Eine besondere Zubereitungsart ist das Kochen in einem sauren Essig-Zwiebel-Sud. Dabei erhalten die Würste ihre in diesem Gericht typische, leicht bläuliche Färbung. In manchen Rezepten kommt auch noch etwas Weißwein in den Sud.

Blaue Zipfel werden am besten mit frischem Holzofenbrot (siehe Seite 263) gegessen, so lässt sich auch gut die sauer-süße Brühe auffangen.

Natürlich schmunzelt jeder Nicht-Franke zunächst einmal über den Namen dieses besonderen Gerichts – und dessen Ursprung ist zugegebenermaßen tatsächlich ein wenig anrüchig: Bei der kulinarischen Führung »Rotes Bier und Blaue Zipfel« des Nürnberger Vereins *Geschichte für alle e. V.* erfahren Ortsunkundige, dass in Franken das Geschlechtsteil eines kleinen Buben »Zipfel« oder »Zipfala« genannt wird. Und im kalten Wasser bekommt es eben eine ganz ähnliche Farbe wie die sauren Bratwürste …

1 Essig, Salz, Zucker und Gewürze mit 1 l Wasser zum Kochen bringen.

2 Die Zwiebeln schälen und in Ringe schneiden. Die Karotten waschen, putzen und in Scheiben schneiden. Beides in den kochenden Sud geben und etwa 10 Minuten köcheln lassen.

3 Die Bratwürste hineinlegen und mit geschlossenem Deckel 10–15 Minuten gar ziehen lassen.

HERKUNFT

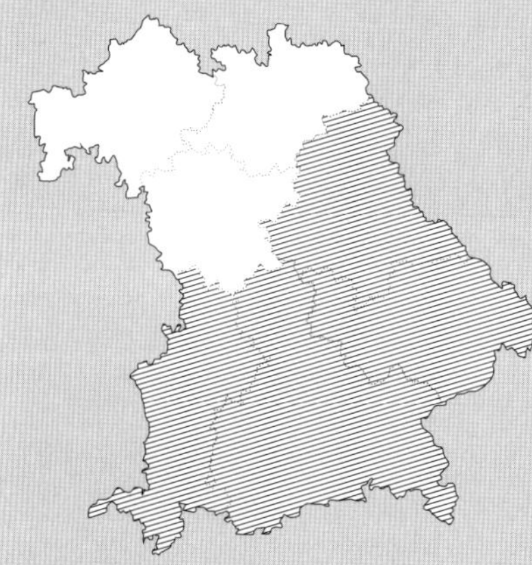

Unterfranken, Mittelfranken, Oberfranken

ZUBEREITUNGSDETAILS

- GLUTENFREI
- EINFACH
- 4 PERSONEN
- 30 MINUTEN

ZUTATEN

- 150 ml Essig (z. B. Weißweinessig)
- 1 TL Salz
- 1 EL Zucker
- 3 Lorbeerblätter
- 8 Wacholderbeeren
- 1 TL zerstoßener Pfeffer
- 4 Zwiebeln
- 2 Karotten
- 8 Paar Fränkische Bratwürste

Rieweskuche

Leberkuacha, Netzknopf

Ein pikanter »Kuchen« aus der Pfanne

Rieweskuche ähnelt einem zu groß geratenen Fleischküchlein. Mit seinen weihnachtlichen Gewürzen ist er ein wahres Wintergericht, durch das Schweinenetz werden alle Zutaten gut zusammengehalten und dem Kuche besonderer Geschmack verliehen. In der Rhön-Grabfeld-Region, wo der Rieweskuche beheimatet ist, wird er sowohl warm als auch kalt gegessen, dazu passt Kartoffelsalat. Etwas gewöhnungsbedürftig ist vielleicht die Kombination mit süßsauren Früchten oder Kürbis. Und es heißt, manche trinken sogar Kaffee dazu.

1 Das Schweinenetz für 2–3 Stunden wässern. Dabei das Wasser ab und zu wechseln. Anschließend das Netz abtropfen lassen, vierteln und jeweils in einem Suppenteller ausbreiten.

2 Die Semmeln etwa 10 Minuten in Wasser einweichen. Wenn sie rundum weich und vollgesogen sind, gut ausdrücken und beiseitelegen.

3 Die Leber durch den Fleischwolf drehen und die eingeweichten Semmeln etwas zerzupfen. Beides mit Bratwurstgehäck, Ei, Rosinen, Zucker und den Gewürzen gründlich vermengen.

4 Die Masse vierteln und zu gleichen Teilen auf die Schweinenetze verteilen. Die Netze zur Mitte hin einschlagen und die Rieweskuche im Butterschmalz braun anbraten. Dann die Hitze reduzieren und etwa 30–35 Minuten lang garen, bis beim Draufdrücken nur noch klarer Fleischsaft austritt.

HERKUNFT

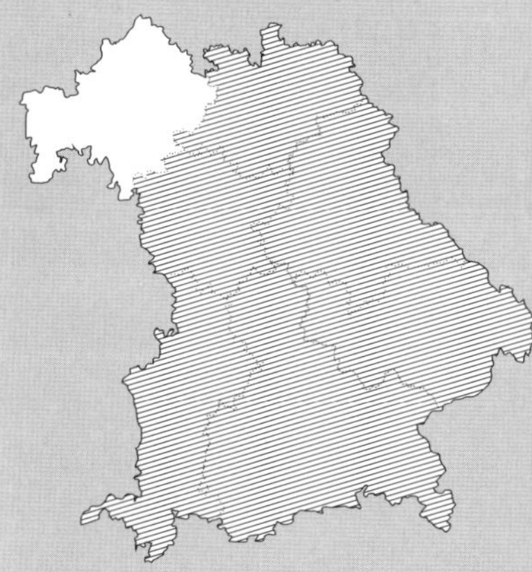

Unterfranken

ZUBEREITUNGSDETAILS

MITTEL

4 PERSONEN

60 MINUTEN PLUS ZEIT FÜRS WÄSSERN

ZUTATEN

- 1 Schweinenetz
- 2 Semmeln vom Vortag
- 250 g Leber
- 400 g Bratwurstgehäck
- 1 Ei (Größe M)
- 75 g Rosinen
- 1 TL Zucker
- ½ TL Salz
- 2 Msp. frisch geriebene Muskatnuss
- 2 Msp. gemahlener Zimt
- 3 EL Butterschmalz

Saure Kutteln

Flecken, Gekröse, Kaldaunen, Voressen

Früher ein Arme-Leute-Essen

Unter »Kutteln« sind die vier Mägen – Pansen, Netzmagen, Blättermagen und Labmagen – sowie Teile der Därme von Wiederkäuern zu verstehen. Meistens wird für das Gericht Pansen verwendet, als besonders zart und schmackhaft gelten aber Kutteln vom Kalb, die auch als »Gekröse« bezeichnet werden. Die Begriffe »Kutteln« und »Kaldaunen« lassen sich schließlich vom lateinischen Wort »calduna« (dt. »Eingeweide«) ableiben. Bei einem besonderen Festmahl wurden sie häufig als Zwischengericht bzw. Voressen gereicht und in der Faschingszeit gerne in Schwaben gegessen.
Bis ins 20. Jahrhundert waren Innereien geschätzte und zudem relativ günstige Nahrungsmittel. Schon Homer im antiken Griechenland soll Kutteln als Gericht genannt haben und die griechische Speise »Kokoretsi«, am Spieß gebratene Innereien vom Lamm, soll auf die Opferschmäuse am Altar des Zeus zurückgehen. Im Mittelalter gab es sogar den Beruf des »Kuttlers«, »Flecksieders« bzw. »Kaldaunenkochers«, welcher – ganz ähnlich wie der des Gerbers – als unrein galt. Seit zunehmend große Stücke aus Muskelfleisch in die Töpfe kamen, erhielten Innereien wie die Kutteln aber einen Stempel als Arme-Leute-Essen und auch die zugehörige Berufsgruppe verschwand. Die Arbeit des Kuttlers wird nun vom Metzger übernommen; bei diesem sind die Kutteln heute schon vorbereitet zu kaufen, sodass das aufwendige Säubern und Kochen wegfallen.

1 Die Kutteln gründlich waschen. Dabei das Wasser mehrmals wechseln.

2 Die Zwiebel schälen und klein schneiden. Einen großen Topf mit Wasser aufsetzen und Zwiebel, Salz, Zucker, Lorbeerblatt und Essig hinzugeben. Die Kutteln darin 45–60 Minuten weich kochen. Herausnehmen und in dünne Streifen schneiden. Das Kochwasser wegschütten.

3 Für die Sauce aus Schmalz und Mehl in einem Topf eine helle Einbrenne herstellen: Dafür das Schmalz zerlassen, das Mehl zugeben und unter ständigem Rühren zu einer dicklichen Masse binden. Dann die Zwiebel hacken, ein paar Minuten in der Einbrenne andünsten und anschließend alles mit der Fleischbrühe aufgießen.

4 Gewürze, Zucker und Essig hinzufügen, alles verrühren und einmal kurz aufkochen. Die Kuttelstreifen dazugeben und weitere 15 Minuten leicht köcheln lassen.

HERKUNFT

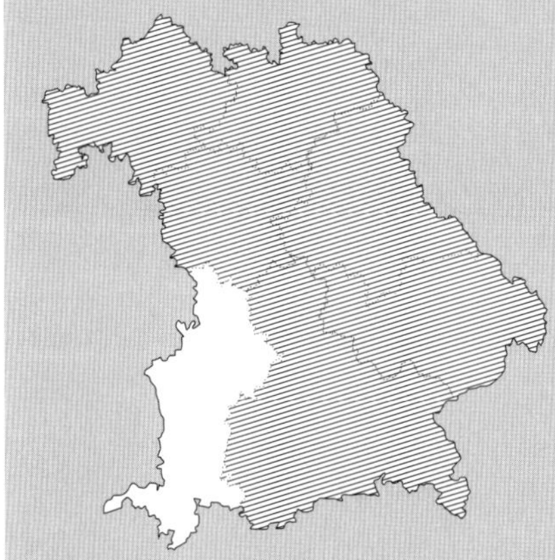

Schwaben

ZUBEREITUNGSDETAILS

EINFACH

4 PERSONEN

120 MINUTEN

ZUTATEN

FÜR DIE KUTTELN

- 500 g Kutteln
- 1 Zwiebel
- 1 EL Salz
- 1 EL Zucker
- 1 Lorbeerblatt
- 5 EL Essig (z. B. Weißweinessig)

FÜR DIE SAUCE

- 50 g Butterschmalz
- 80 g Mehl
- 1 Zwiebel
- 750 ml Fleischbrühe
- 1 Lorbeerblatt
- 1 Gewürznelke
- Salz und Pfeffer aus der Mühle
- 1 TL Zucker
- 2 EL Essig (z. B. Weißweinessig)

Saures Lüngerl

Züngli, Sauers Lingla, Saure Lunge

Eine original bayerische Leibspeise

Wer auf Innereien steht und deren besonderen Geschmack schätzt, kommt am Sauren Lüngerl nicht vorbei. Mit Semmelknödeln (siehe Seite 106) wird es zum typisch bayerischen Leibgericht. Speziell in Oberfranken, genauer gesagt im Hofer Land, kommt es als »Gschling« auf den Tisch, dann ist neben der Lunge auch noch ein Schweineherz, ein Nierchen sowie ein Stück Milz auf dem Teller. Die Innereien können sowohl vom Schwein als auch vom Kalb stammen.
Dem unspektakulären Gericht eilt ein besonderer Ruf voraus: Es soll nach durchzechter Nacht selbst größere Schäden wieder beheben – wie auch immer!

1 In einem großen Topf 2 l Salzwasser zum Kochen bringen. In der Zwischenzeit die Lunge gründlich mit kaltem Wasser waschen.

2 Zwiebel und Suppengrün waschen, putzen, klein schneiden und zusammen mit den Gewürzen ins kochende Wasser geben. Essig und Rotwein zugießen und zum Schluss die Lunge hineinlegen. 45 Minuten kochen lassen.

3 Die Lunge herausnehmen, abkühlen lassen und auf einem Brett leicht pressen. Dann in Streifen oder Würfel schneiden. Den Kochsud aufheben.

4 Aus Butter und Mehl eine helle Einbrenne herstellen: Dafür die Butter zerlassen, das Mehl zugeben und unter ständigem Rühren zu einer dicklichen Masse binden. Den Kochsud durchsieben und die Einbrenne damit aufgießen. Die Lunge zugeben und weitere 30 Minuten köcheln lassen. Abschließend Zucker und Sahne unterrühren.

HERKUNFT

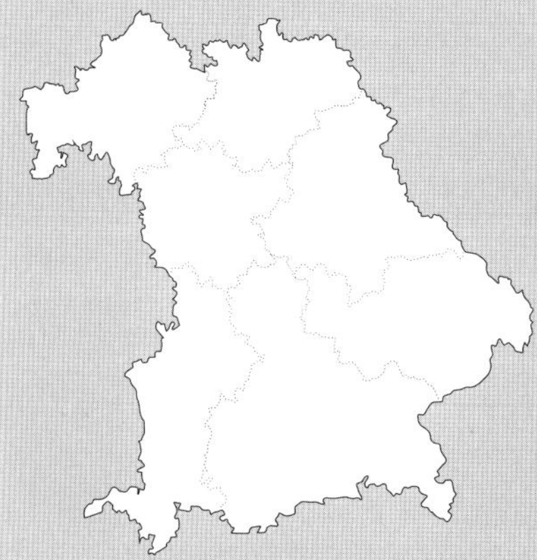

ganz Bayern

ZUBEREITUNGSDETAILS

EINFACH

4 PERSONEN

90 MINUTEN

ZUTATEN

FÜR DEN SUD

- Salz
- 500 g Kalbs- oder Schweinelunge
- 1 Zwiebel
- 1 Bund Suppengrün
- 1 Lorbeerblatt
- 4 Wacholderbeeren
- 8 Pfefferkörner
- 1 TL Senfkörner
- 2 Nelken
- 125 ml Essig (z. B. Weißweinessig)
- 125 ml Rotwein

ZUM KOCHEN

- 50 g Butter
- 80 g Mehl
- 1 TL Zucker
- 125 g Sahne

Deggendorfer Knödel 5

Coburger Klöße 4

zum fleisch

»Knödel« oder »Kloß«, das ist hier die Frage. Beides das Gleiche? Stimmt eigentlich, aber dann doch wieder nicht ganz. In Bayern trennt sich Franken vom Rest, indem es mehrheitlich vom »Kloß« spricht, in Altbayern und Schwaben ist der »Knödel« verbreitet, sprachgeschichtlich aber wahrscheinlich erst seit einigen Jahrzehnten, nämlich seit im Lebensmittelhandel verstärkt Fertigmischungen aufgekommen sind. Finden sich in diesen rohe Kartoffeln, steht meist »Klöße« auf der Packung, sind gekochte enthalten, ist eher von »Kartoffelknödeln« die Rede. Ob es dann »Erdäpfel-« oder eben »Kartoffel-«Knödel heißt, ist aber wieder eine andere Frage.

3 Fränkische rohe Klöße
1 Semmelknödel
6 Gwichste
2 Fränkische Mehlklöße

HERKUNFT

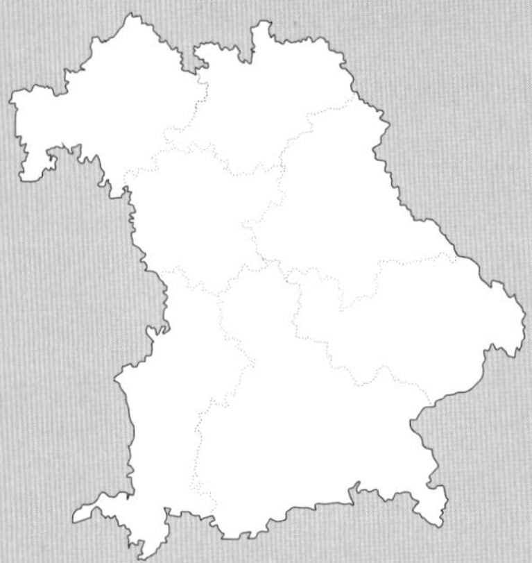

ganz Bayern

ZUBEREITUNGSDETAILS

MITTEL

4 PERSONEN

60 MINUTEN

ZUTATEN

10 Semmeln vom Vortag
250 ml Milch
1 Zwiebel
20 g Butter
½ Bund Petersilie
3 Eier (Größe M)
Salz
Pfeffer aus der Mühle
Semmelbrösel (nach Bedarf)

1 Semmelknödel

Semmelkleeß, Semmelklöß

Es heißt »Semmelnknödeln«

Semmelknödel sind perfekte Begleiter zu Pilzgulasch und Saurem Lüngerl, beliebt sind sie aber auch als Beilage zum bayerischen Schweinebraten oder als Einlage in einer kräftigen Fleischbrühe. Und dann gibt es noch die Brezenknödel: Für diese wird anstelle der Semmeln ganz einfach Laugengebäck verwendet. Sind noch Knödel übrig? Kein Problem, sie lassen sich – in Scheiben geschnitten – zusammen mit Eiern in der Pfanne knusprig braten. Ein gemischter Salat dazu und fertig ist ein einfaches Mittagessen.

Die typisch bayerische Beilage hat auch den Münchner Komiker Karl Valentin beschäftigt, so diskutierten er und seine Partnerin Liesl Karlstadt in ihrer beider unverwechselbar komischen Art über diese. Sie: »Nein, man sagt schon von jeher Semmelknödel.« Karl Valentin: »Ja, zu einem – aber zu mehreren Semmelknödel sagt man Semmelnknödeln.« Liesl Karlstadt: »Aber wie tät man denn zu einem Dutzend Semmelknödel sagen?« Karl Valentin: »Auch Semmelnknödeln – Semmel ist die Einzahl, das mußt Ihnen merken, und Semmeln ist die Mehrzahl, das sind also mehrere einzelne zusammen. Die Semmelnknödeln werden aus Semmeln gemacht, also aus mehreren Semmeln; du kannst nie aus einer Semmel Semmelnknödeln machen. [...] solang die Semmelnknödeln aus mehreren Semmeln gemacht werden, sagt man unerbitterlich: Semmelnknödeln.« Alles klar!

1 Die Semmeln in dünne Scheiben schneiden. Die Milch erwärmen und darübergießen. Etwa 30 Minuten durchziehen lassen.

2 Die Zwiebel schälen, in Würfel schneiden und in der Butter andünsten.

3 Die Petersilie waschen, trocken schütteln und fein schneiden.

4 Zwiebel, Petersilie und Eier zur Semmelmasse geben. Mit Salz und Pfeffer würzen und alles gut verkneten. Ist die Knödelmasse zu weich, ein paar Semmelbrösel einarbeiten.

5 Reichlich Salzwasser zum Kochen bringen. Derweil die Hände anfeuchten und aus der Semmelmasse etwa faustgroße Knödel formen. 20 Minuten sieden lassen.

2 Fränkische Mehlklöße

Spatzen, Spotzen

Das Chamäleon unter den Klößen

Mehlklöße passen perfekt zu Schweinebraten und auch anderen Fleischgerichten, echt fränkisch sind sie in deftiger Sauce oder Brühe ohne sonstige Beilage. Sie können aber auch mit Gemüse serviert werden – so nämlich gerne an Heiligabend als Begleiter zum traditionellen Linsengericht. Gehaltvoller werden die Spotzen mit unter den Teig gemischten Zwiebeln oder Speck und sogar süß, also zu Kompott, schmecken sie.
Aus übrig gebliebenen Klößen macht der Franke einfach »eingeschnittene Klöß«, die er am liebsten mit Butter und Eiern in der Pfanne brät. Werden die Mehlklöße als Brandteig zubereitet, sind sie als »abgebacken« zu bezeichnen.

1 Die Semmeln in etwa 1 cm große Würfel schneiden und in der Butter anrösten.

2 Mehl, Eier, Milch und 1 TL Salz zu einem Teig verrühren und die Semmeln untermengen.

3 Reichlich Salzwasser zum Kochen bringen. Mit einem Esslöffel Teig abstechen und ins Wasser setzen. 20 Minuten ziehen lassen.

HERKUNFT

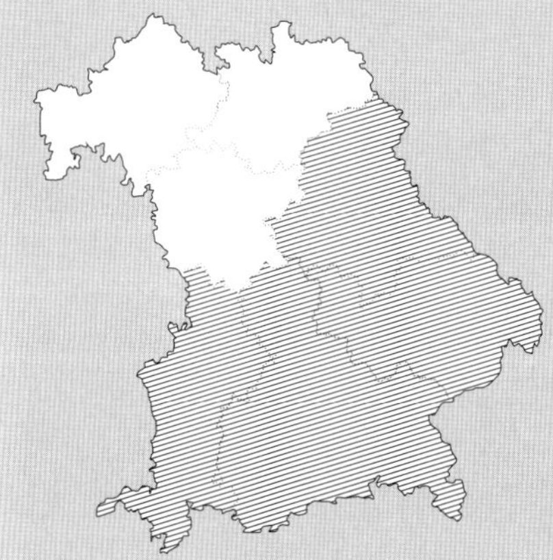

Unterfranken, Mittelfranken, Oberfranken

ZUBEREITUNGSDETAILS

EINFACH

4 PERSONEN

30 MINUTEN

ZUTATEN

- 4 Semmeln vom Vortag
- 100 g Butter
- 500 g Mehl
- 4–5 Eier (Größe M)
- 300 ml Milch, plus etwas mehr bei Bedarf
- Salz

HERKUNFT

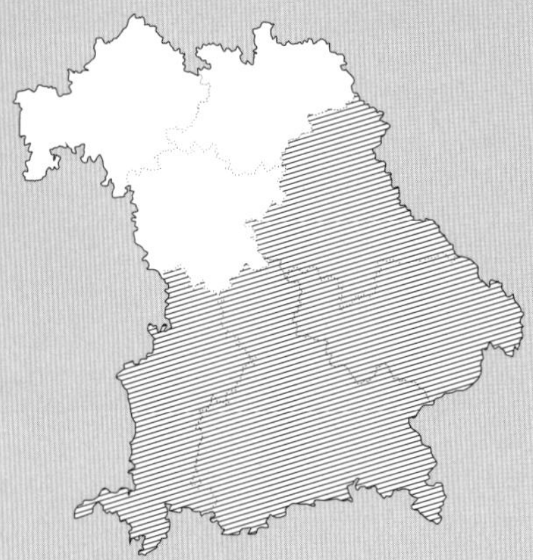

Unterfranken, Mittelfranken, Oberfranken

ZUBEREITUNGSDETAILS

MITTEL

4 PERSONEN

90 MINUTEN

ZUTATEN

2 kg mehligkochende Kartoffeln

Salz

2 Semmeln vom Vortag

2 EL Butter

Kartoffelpresse

Baumwolltuch

3 Fränkische rohe Klöße

Kniedla, roha Kleeß, grüne Klöße

Ein »Muss« zu jedem Braten

Ein typisch bayerischer Schweine- oder fränkischer Sauerbraten (siehe Seiten 93 und 91) ohne rohe Klöße? Das geht gar nicht, zumindest nicht in Franken! Diese Knödel aus überwiegend rohen Kartoffeln – wobei das Verhältnis der rohen zu den gekochten je nach Rezept unterschiedlich ausfallen kann – sind die idealen Begleiter für deftiges Essen. Ihre Konsistenz ist eher fest, sie bleiben also auf dem Teller schön rund, und in ihrer Struktur sind sie grob und »ausgefranst«. So sind sie perfekt, um mit ihnen die köstliche Bratensauce bis zum letzten Tropfen aufzusaugen! Dafür werden die Klöße am besten gleich zu Beginn aufgerissen und erst dann begossen. Manch einer braucht dann auch gar kein Fleisch, sondern ist mit einem »Kloß mit Soß« vollauf zufrieden. Den bekommt man übrigens in vielen Gasthäusern nicht nur auf der Kinderkarte, sondern man kann ihn oder gleich mehrere auch als Erwachsener bestellen.
Manche nennen die rohen Klöße auch grüne Klöße: Wenn man den Kloßteig nicht schwefelt, bekommen die Klöße nach dem Erkalten wirklich eine grünliche Färbung.

1 Die Kartoffeln schälen. 1,5 kg davon in eine mit kaltem Wasser gefüllte Schüssel fein reiben. Dieses Kartoffelwasser in ein Baumwolltuch geben und gut ausdrücken. Die Flüssigkeit dabei auffangen und 30 Minuten stehen lassen, damit sich die Stärke am Boden absetzen kann.

2 Die übrigen Kartoffeln in Salzwasser weich kochen und durch die Kartoffelpresse drücken.

3 Die Semmeln in etwa 1 cm große Würfel schneiden und in der Butter anrösten.

4 Die ausgepresste rohe Kartoffelmasse in eine Schüssel füllen und etwas auflockern. 1 Prise Salz und die am Boden abgesetzte Stärke zugeben, anschließend auch die durchgepressten gekochten Kartoffeln daruntermischen.

5 Reichlich Salzwasser in einem großen Topf zum Kochen bringen. 1–2 Schöpflöffel kochendes Wasser zur Kartoffelmasse geben und untermischen. Die Hände mit Wasser anfeuchten und jeweils eine handgroße Menge Kloßteig abnehmen. In die Teigmitte jeweils 3–4 Semmelwürfel drücken und Klöße formen.

6 Die Klöße vorsichtig ins Salzwasser gleiten lassen und den Herd auf kleinere Hitze zurückschalten. 20–30 Minuten sieden lassen. Die Klöße dürfen nicht kochen.

4 Coburger Klöße

Breilesklöße, Coburger Rutscher, Neustadter Rutscher

Flutschen müssen sie

Ihre ideale Konsistenz haben die Coburger Rutscher, wenn sie auf dem Teller breit zerlaufen, also samtig-weich sind. Anders als die festeren rohen Klöße (siehe links) sind sie äußerlich eher glatt und glänzen, zudem können sie durch das Brühen sehr gut Sauce aufnehmen und sind die perfekte Beilage zu vielen Braten, aber auch zu Wirsing oder Kohlrabi.
Nach einem alten Coburger Rezept kann man auch einen in Milch gekochten Grießbrei an die rohe Kartoffelmasse gießen. Daher haben die Rutscher wohl ihre Bezeichnung als »Breilesklöße«.

1 Die Semmeln in etwa 1 cm große Würfel schneiden und in der Butter anrösten.

2 Die Kartoffeln schälen. Die Hälfte in Salzwasser kochen, die andere Hälfte roh sehr fein reiben und kräftig auspressen. Den Kartoffelsaft auffangen und 15 Minuten stehen lassen. Etwa die Hälfte der abgesetzten Stärke an die geriebene, kalte Kartoffelmasse geben.

3 Den gekochten Kartoffeln etwas Kochwasser hinzufügen und mit einem Kartoffelstampfer zu einem nicht zu zähen und nicht zu flüssigen Brei verarbeiten. Diesen aufkochen und heiß zur geriebenen, kalten Kartoffelmasse geben. Mit einem Quirl kräftig schlagen, bis eine einheitliche Masse entstanden ist. Damit die Klöße gut gelingen, die Kartoffelmasse am besten über kochendem Wasser schlagen.

4 Reichlich Salzwasser in einem großen Topf zum Kochen bringen. Die Hände mit Wasser anfeuchten und jeweils eine handgroße Menge Kloßteig abnehmen. In die Teigmitte jeweils 3–4 Semmelwürfel drücken und Klöße formen.

5 Die Klöße vorsichtig ins Salzwasser gleiten lassen und den Herd auf kleinere Hitze zurückschalten. 15 Minuten sieden lassen. Die Klöße dürfen nicht kochen.

HERKUNFT

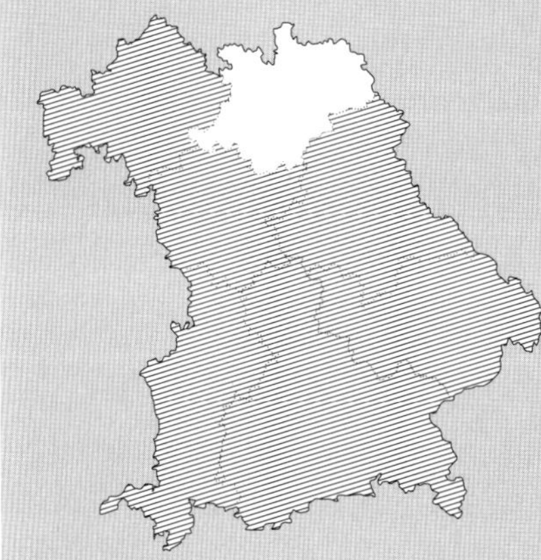

Oberfranken

ZUBEREITUNGSDETAILS

MITTEL

4 PERSONEN

65 MINUTEN

ZUTATEN

2 Semmeln vom Vortag
2 EL Butter
2 kg mehligkochende Kartoffeln
Salz

5 Deggendorfer Knödel

HERKUNFT

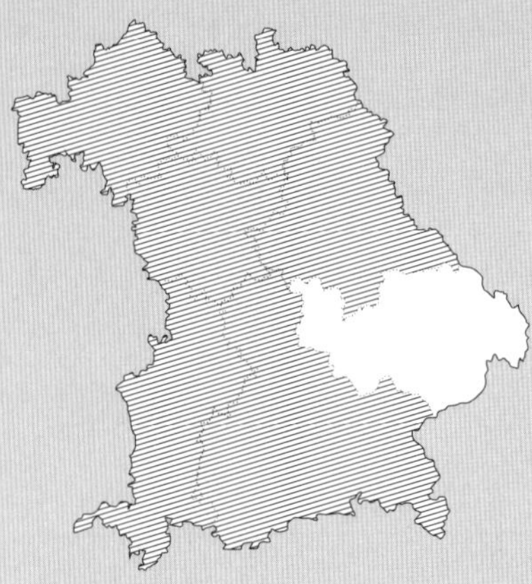

Niederbayern

ZUBEREITUNGSDETAILS

MITTEL

4 PERSONEN

70 MINUTEN

ZUTATEN

4 Semmeln vom Vortag
4 Eier (Größe M)
100 ml Milch
100 ml Fleischbrühe
1 Prise frisch geriebene Muskatnuss
500 g Mehl
1 Pck. Backpulver
Salz
4 Scheiben Schwarzbrot
½ Bund Petersilie

Außen dunkel, innen hell

Das Besondere an den typischen Deggendorfer Knödeln ist ihre Zweifarbigkeit. Der äußere, dunklere Teig umhüllt einen hellen, weichen Kern. Das sorgt auf dem Teller für Überraschung! Die Knödel eignen sich vor allem als Beilage für Gerichte mit viel Sauce, denn sie saugen gut auf. Übrigens gibt es sie auch süß, bestehend aus einem Biskuitteig.

Knödel als Abwehrgeschosse

Eine alte Sage berichtet von einem ganz besonderen Einsatz der Knödel: Als Deggendorf im 13. Jahrhundert von Ottokar von Böhmen mit seinen Truppen belagert wurde, zogen sich Bürger und Bauern hinter den doppelten Mauerring der Stadt zurück. Die Bürgerwehr ging zur besseren Verteidigung in den Zwinger, wohin die tapferen Bürgersfrauen auch das Versorgungsessen brachten. Als die feindlichen Truppen die Erstürmung der Stadt vorbereiteten, sollen sie einen Späher losgeschickt haben, der jedoch von einer Bürgersfrau bemerkt wurde – diese schleuderte ihm einen bereitliegenden Knödel ins Gesicht und der Eindringling floh. Bestürzt berichtete er seinen Männern, die Deggendorfer hätten noch so viele Vorräte, dass sie mit diesen sogar schon werfen würden! So gaben die Böhmen die Belagerung auf und zogen von dannen. Seither trägt Deggendorf den Titel »Knödelstadt« und es heißt, an der Südfront des Alten Rathauses zeugen noch zwei steinerne Kugeln, vermeintliche Knödel, von den Geschehnissen. Tatsächlich sind dies aber eher mittelalterliche Schandkugeln. Heute gibt es in der niederbayerischen Gemeinde die Knödel in vielen Variationen, u. a. im hiesigen »Gasthaus zur Knödelwerferin«. Als Bronzefigur auf dem Deggendorfer Altstadtbrunnen wurde der tapferen Frau sogar ein Denkmal gesetzt.

1 Von den Semmeln die Rinde abreiben.

2 Ein Ei mit Milch, Fleischbrühe und Muskat verrühren und über die Semmeln gießen. 30 Minuten durchziehen lassen.

3 Mehl, Backpulver und 1 Prise Salz mischen. Die restlichen 3 Eier und etwa 150 ml Wasser unterrühren, sodass ein geschmeidiger Teig entsteht.

4 Das Schwarzbrot in etwa 1 cm große Würfel schneiden und unter den Teig kneten. Es soll eine homogene Masse entstehen. Die Petersilie waschen, trocken schütteln und fein hacken. Abschließend untermischen.

5 Den Teig vierteln, jeden Teil zu einem Fladen flach drücken und auseinanderziehen. Die Semmeln leicht ausdrücken und jeweils mit einem der Fladen umhüllen. Die Nahtstellen gut verschließen.

6 Reichlich Salzwasser zum Kochen bringen und die Knödel etwa 25 Minuten darin sieden lassen.

Die Knödel werden riesig! Nur Hungrige oder Vielesser schaffen einen ganzen.

6 Gwichste

Roggenknödel

Glatt und glänzend müssen sie sein

Die Gwichsten sind – wie auch frisch geputzte und gewienerte Schuhe – wegen ihrer glatten und glänzenden Oberfläche zu ihrem besonderen Namen gekommen.
Da die Knödel relativ fest bzw. kompakt werden, sollten sie nur zu sehr kleinen Klößen gedreht werden. Sonst lassen sie sich nämlich als Wurfgeschosse verwenden! Die Legende mit einer unerschrockenen Hausfrau, die einst mit Knödeln feindliche Belagerer in die Flucht schlug, wird allerdings bereits den »Deggendorfer Knödeln« (siehe links) zugeschrieben.
Gwichste werden traditionell zu Schwarzgeräuchertem (Geselchtem) gegessen. Auch zu Kasseler und Sauerkraut oder Gänse- und Schweinebraten mag man sie in ihrer niederbayerischen Heimat besonders gerne. Sie munden aber auch, ganz schlicht, zu Gurken- und Tomatensalat.

1 Roggenmehl mit 1 Prise Salz mischen und so viel lauwarmes Wasser unterrühren, bis ein fester Teig entsteht.

2 Reichlich Salzwasser zum Kochen bringen. Die Hände gut anfeuchten und aus nur wenig Teig etwa walnussgroße Knödel formen. Die Knödel ins Wasser setzen und etwa 15 Minuten ziehen lassen.

Die Gwichsten sind sehr feste Knödel, die Sauce nicht gut aufsaugen. Vom Geschmack her erinnern sie eher an Brotteig.

HERKUNFT

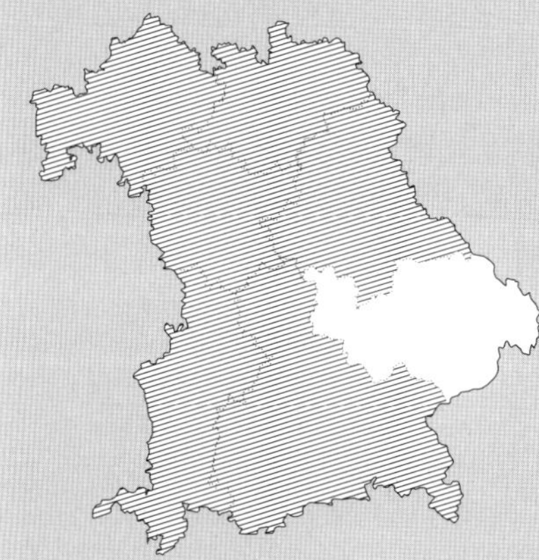

Niederbayern

ZUBEREITUNGSDETAILS

VEGAN

EINFACH

4 PERSONEN

20 MINUTEN

ZUTATEN

500 g Roggenmehl

Salz

vieh

Wahrlich idyllisch ist unser schönes Bayern mit seinen saftigen grünen Wiesen und Hügeln! Und was wären diese ohne ein paar stattliche Viecher, die in der Sonne liegen? Geht man an einem Bauernhof vorbei, will man ja ebenso den Hahn krähen und die Schweine grunzen hören – und der Geruch Bayerns ist zugegebenermaßen auch eng mit einer erfrischenden Prise Landluft verbunden. Rund 63.000 viehhaltende Betriebe gibt es bei uns, am häufigsten werden Rinder (in über 70 % der Betriebe), Schweine und Hühner gezüchtet.

augsburger huhn
frankenziege
schwäbisch-hällisches landschwein
alpines steinschaf
coburger fuchsschaf
rhönschaf
waldschaf
allgäuer braunvieh
ansbach-triesdorfer rind
bayerisches rotes höhenvieh
fleckvieh
gelbvieh
murnau-werdenfelser rind

AUGSBURGER HUHN

Seit 1870 von Julius Meyer als Kreuzung der französischen, fleischlich qualitativ hochwertigen Hühnerrasse »La Flèche« und der italienischen, legefreudigen »Lamotta« gezüchtet war das Augsburger Huhn mit dem rubinroten Becherkamm (»Augsburger Kamm«), den ovalen, weißen Ohrscheiben und dem rein schwarzen, grün glänzenden Gefieder bis in die 1960er-Jahre sehr beliebt und weit verbreitet. Es legt jährlich 150–180 Eier, wird mit abwechslungsreichem Futter und vergleichsweise viel Freilauf extensiv gehalten und gibt dunkles, saftiges, im Geschmack an Wildgeflügel erinnerndes Fleisch. In Bayern ist es die einzige einheimische Hühnerrasse, ihr Bestand steigt aktuell durch gezielte Schutzmaßnahmen wieder: 2005 gab es noch rund 200 Tiere, 2013 bereits wieder 287 Hennen und 43 Hähne.

Farbe: *schwarz*
Herkunft: *Schwaben*
Nutzen: *Ei, Fleisch*

FRANKENZIEGE

Zwischen Fichtelgebirge, Frankenwald, Jura und Steigerwald bis zum Spessart und in die Rhön zu Hause entstammt die rehfarbige, meist hornlose Frankenziege Ende des 19. Jahrhunderts gezielten Züchtungen zur Verbesserung der Widerstandsfähigkeit, Futterverwertung und Milchleistung – bereits im Jahr 1930 war ihr Bestand so gering, dass sie mit weiteren Rassen verschiedener Farbvarianten braun getönter Ziegen in der »Bunten Deutschen Edelziege« aufging. Besonders ist ihre Genügsamkeit beim Futter – für Kühe oder Schafe stellt sie keine Futterkonkurrenz dar und auch wo wenig Grün wächst, ist die Ziege zu halten –, weshalb sie auch als »Kuh des kleinen Mannes« bezeichnet wird. Besonders ist ihre vergleichsweise hohe Milchleistung von 800–1.000 l/Jahr, außerdem liefert sie sehr fettarmes Fleisch mit hohem Eiweißanteil.

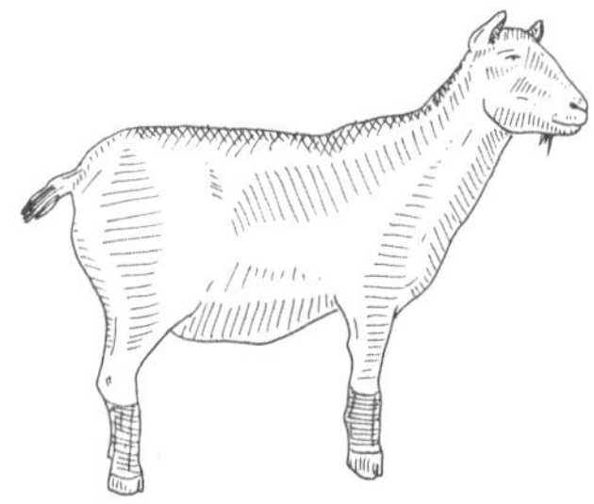

Farbe: *rehbraun*
Herkunft: *Franken*
Nutzen: *Milch, Fleisch*

SCHWÄBISCH-HÄLLISCHES LANDSCHWEIN

Seit 1820 als Kreuzung der chinesischen, fruchtbaren, umgänglichen und fleischlich qualitativ hochwertigen Schweinerasse »Jinhua« (von König Wilhelm I. importiert) und der deutschen, eher rauen, schwarz-weißen Landschweinrasse »Angeler« gezüchtet war das äußerst stressresistente Schwäbisch-Hällische Landschwein bis in die 1960er-Jahre sehr beliebt und weit verbreitet. Charakteristisch sind seine Schlappohren, der schwarze Kopf und Hals sowie die schwarze Hinterseite der Oberschenkel, und im Übergang zum hellrosafarbigen Körper findet sich jeweils ein grauer Säumungsstreifen. Sein Fleisch ist dunkelrot und gut marmoriert – es schmeckt besonders nussig und wird in der Pfanne nicht wässrig. Aufgrund mangelnder Nachfrage nach dem fetthaltigen Fleisch schien das Schwein 1980 ausgestorben: Aus den damals noch 7 verbliebenen Tieren ist bis heute wieder ein Zuchtstock von 900 Säuen und knapp einem Dutzend Eber entstanden.

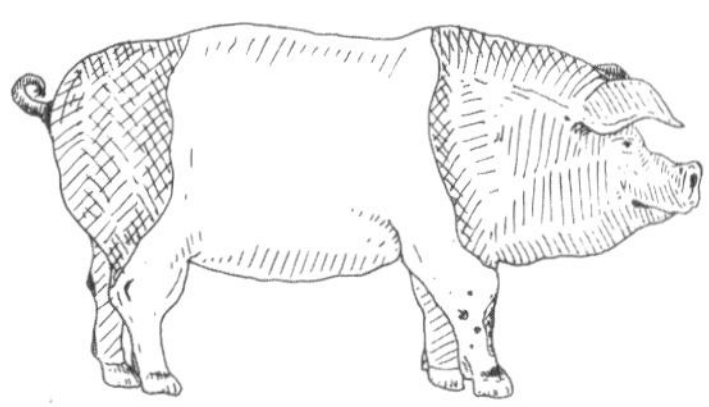

Farbe: *schwarz gefleckt*
Herkunft: *Schwaben*
Nutzen: *Fleisch*

Schaf

Mit gut 200.000 Schafen zählt Bayern als »schafreichstes« Bundesland, wobei die weißen Merinolandschafe heute zweifelsohne als die typischen Tiere der Herdenschafhaltung gelten, gehören sie doch auch der am weitesten verbreiteten Rasse in Bayern an. Dennoch gibt es einige alteingesessene, regionaltypische Rassen …

ALPINES STEINSCHAF

Ursprünglich vom steinzeitlichen Torfschaf abstammend war das eher kleine bis mittelgroße Alpine Steinschaf (die Böcke mit ausgeprägtem Schneckengehörn, das Vlies in allen Wollfarben vorkommend) vormals im Berchtesgadener Raum heimisch. Wegen seiner harten Klauen, der guten Trittsicherheit, seiner Genügsamkeit sowie seiner Wetterhärte trägt es zum Erhalt traditioneller Almlandschaften bei: Durch Verfestigung der Grasnarbe schützt es diese vor Erosion. Bis in die 1960er deckte die Schafrasse den gesamten ostalpinen Bedarf an Wolle und Fleisch, wurde dann zunehmend von Fleischschafrassen verdrängt und befindet sich erst wieder seit 1985 in Zucht. Sein Fleisch schmeckt dezent nach Wild, besonders geeignet ist es für deftige Eintöpfe.

Farbe: *alle Wollfarben*
Herkunft: *Oberbayern*
Nutzen: *Wolle, Fleisch*

COBURGER FUCHSSCHAF

In den kargen Mittelgebirgslandschaften Frankens heimisch und mit einem charakteristischen goldenen Vlies, rotem, aber wolllosen Kopf und ebensolchen Beinen sowie einer leicht nach außen gewölbten Ramsnase ist das hornlose und genügsame Coburger Fuchsschaf von mittelgroßer Statur. Sein heutiger Bestand von etwa 4.000 Tieren ist auf den schwäbischen Tuchmachermeister Otto Stritzel zurückzuführen, der die Coburger Füchse in den 1940ern für die Herstellung von Tweedstoffen züchtete – und so vor der reinrassigen Tierzucht der Nationalsozialisten rettete. Feinfaserig in der Struktur und sehr zart im Biss erinnert das Fleisch des Fuchsschafes an Wildbret.

Farbe: *golden*
Herkunft: *Franken*
Nutzen: *Wolle, Fleisch*

RHÖNSCHAF

Als eine der ältesten deutschen Schafrassen seit dem 16. Jahrhundert im Mittelgebirge der Rhön verbreitet ist das großwüchsige, hornlose Schaf mit schwarzem Gesicht, grobem Vlies und harten Klauen bestens an raues und felsiges Gelände bzw. Klima angepasst. Berühmt wurde es einst durch Napoleon, der wegen des zarten, feinwürzigen Fleischs ab 1813 den Import von Schlachttieren förderte – in Frankreich wurde das Rhönschaf so als »mouton de la reine« (»Schaf der Königin«) bekannt. Der in den Folgejahren mit jährlich bis zu 80.000 nach Paris getriebenen Schafen aufgebaute Handel endete nach Tierseuchen im Jahr 1878 abrupt und nach dem Zweiten Weltkrieg galt das Rhönschaf als vom Aussterben bedroht. Heute hat sich die Rasse mit einem Bestand von 4.000 Tieren noch nicht wieder vollständig erholt.

Farbe: *weiß, schwarzes Gesicht*
Herkunft: *Unterfranken*
Nutzen: *Wolle, Fleisch*

WALDSCHAF

Vom indogermanischen, mischwolligen Zaupelschaf abstammend wurde das grob-filzige, kleine bis mittelgroße und vorwiegend weiße Waldschaf erstmals 1890 erwähnt, heimisch ist es u. a. im Mittelgebirge des Bayerischen Waldes (als sogenanntes »Waldlerschaf«). Besonders sind seine Robustheit und Genügsamkeit, darüber hinaus weist die Rasse einen asaisonalen Brunstzyklus sowie eine hohe Fruchtbarkeit auf. Extensiv gehalten und zunehmend von Fleischschafrassen verdrängt sank der Bestand beträchtlich, sodass ab 1980 Erhaltungsmaßnahmen eingeleitet wurden. Das Fleisch des Waldschafs ist fettarm und besonders zart, zudem fehlt der so typische Schafbeigeschmack.

Farbe: *weiß*
Vorkommen: *ganz Bayern*
Nutzen: *Wolle, Fleisch*

Rind

Etwa ein Viertel der deutschen Rinder (ca. 3,2 Millionen) steht in Bayern, gehalten werden dabei fast ausschließlich Zweinutzungsrassen, also Tiere, die in ihrem Zuchtziel auf zwei Leistungsmerkmale (Milchleistung und Fleischansatz) ausgerichtet sind – so befindet sich auch fast jeder zweite Milchviehbetrieb in Bayern. Schließlich sind die Wiesen- und Weidenutzung in den bayerischen Mittelgebirgen sowie dem Voralpenland dominierend, das Landschaftsbild wird hier demnach vor allem von der Rinderhaltung geprägt.

ALLGÄUER BRAUNVIEH

Ursprünglich vom aus dem Kaukasus und Vorderasien stammenden »Bos Brachyceros« und europäischen, wilden »Ur« abstammend und als »Torf-/Pfahlbaurind« im zentraleuropäischen Gebirgsraum heimisch wurde hieraus seit dem 15. Jahrhundert in der Schweiz das gemeine Braunvieh gezüchtet – regionale Weiterzuchten machten das braune bis graubraune, am Flotzmaul weiß umsäumte und robuste Allgäuer zum kleinsten und zierlichsten seiner Art. Gefährdet ist das genügsame Rind seit der Kreuzung mit dem amerikanischen, milchbetonteren »Brown Swiss« in den 1960ern, sodass es in den 90ern nur noch 80 Rinder, 2016 zumindest wieder 700 Allgäuer Braunviecher gab.

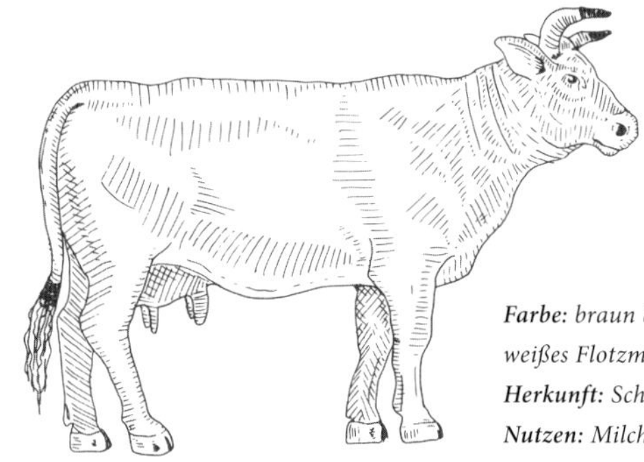

Farbe: *braun bis graubraun, weißes Flotzmaul*
Herkunft: *Schwaben*
Nutzen: *Milch, Fleisch*

ANSBACH-TRIESDORFER RIND

Mit ersten Zuchtversuchen in Ansbach ab 1740 durch Markgraf Carl Wilhelm Friedrich (Kreuzung von braunem Landvieh mit schwarz-weißen Hollandrindern) und nachfolgend ersten Zuchterfolgen ab 1780 durch dessen Sohn Carl Alexander (Kreuzung mit schwarz-weißen Höhenrindern aus der Westschweiz) entwickelte sich das kleingescheckte, mehrheitlich braun-weiße Ansbach-Triesdorfer Rind mit dunklem Flotzmaul aus – seines Aussehens wegen entstand der Spitzname »Triesdorfer Tiger«. Besonders ist sein hohes Arbeitsvermögen (wohl doppelte Zuglast stemmend bei breitem Gesäß und ungewöhnlich harten Klauen), sodass es als Dreinutzungsrind eingesetzt wurde (Milch, Fleisch, Zugarbeit). Als erste deutsche Hochzuchtrasse gab es 1896 ca. 190.000 Tiere (zudem Exporte nach Frankreich und England), ein neues Reinzuchtgesetz minderte den Bestand (1925: 12 Stiere), heute gibt es wieder 138 Kühe und 5 Bullen. Das Fleisch des Triesdorfer Tigers ist schön marmoriert und herb-würzig sowie nussig im Geschmack.

Farbe: *gefleckt*
Herkunft: *Mittelfranken*
Nutzen: *Milch, Fleisch, Zugarbeit*

BAYERISCHES ROTES HÖHENVIEH

Bis in die Keltenzeit nachweisbar und einst aufgrund seiner Widerstandsfähigkeit in deutschen Mittelgebirgen heimisch wurde das einfarbig-rot/rotbraune bis -dunkelbraune Höhentier seit dem 18. Jahrhundert so erfolgreich gezüchtet, dass heute die Namensgebung vieler Gasthöfe (»Zum Roten Ochsen«) noch von der Beliebtheit der Tiere zeugt. Extensiv gehalten und langsam wachsend ereilte es jedoch die Ersetzung durch leistungsstärkere Rassen (1950: Höhenvieh-Anteil von 1 % am gesamten deutschen Rinderbestand); der Erhalt der Rasse wird heute vorwiegend in den oberpfälzischen Gemeinden Moosbach und Tännesberg vorangetrieben, hier gibt es seit 2015 wieder 332 Rotviecher. Das Fleisch des Roten Höhenviehs ist feinfaserig, dezent marmoriert und gilt als sehr aromatisch.

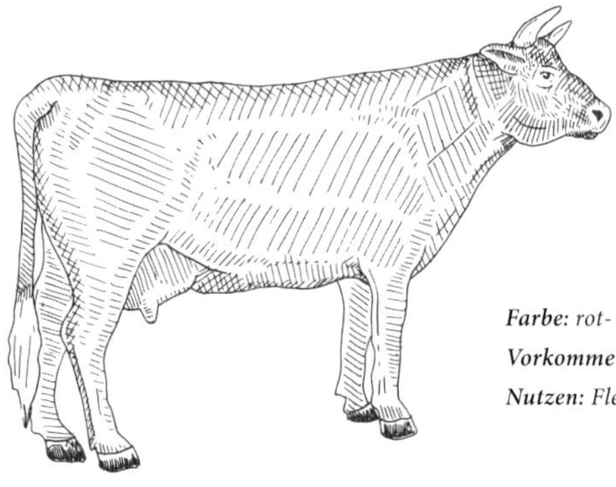

Farbe: *rot- bis dunkelbraun*
Vorkommen: *Oberpfalz*
Nutzen: *Fleisch*

FLECKVIEH

Als Kreuzung zwischen dem Simmentaler aus dem Berner Oberland und dem heimischen Miesbacher Vieh ist das braun-weiße Fleckvieh mit rund 80 % Anteil am bayerischen Rinderbestand heute die wichtigste Rasse in der bayerischen Rindfleischerzeugung. Als Zuchtväter anzuführen sind Max Obermayer und Johann Fischbacher, Ersterer soll seit 1837 bis zu seinem Tod 1898 bis zu 90 Mal in die Schweiz gereist sein, Rinder für die Zucht eingeführt und sogar an den russischen Zaren weiterverkauft haben. 1892 gründete sich in Miesbach der älteste bayerische Zuchtverband für oberbayerisches Alpenfleckvieh. Charakteristisch für das Fleckvieh sind sowohl der weiße Kopf und die genetische Hornlosigkeit als auch der weiße Unterbauch, die weiße Schwanzquaste und das unpigmentierte Flotzmaul, außerdem liefert es überwiegend mageres Fleisch.

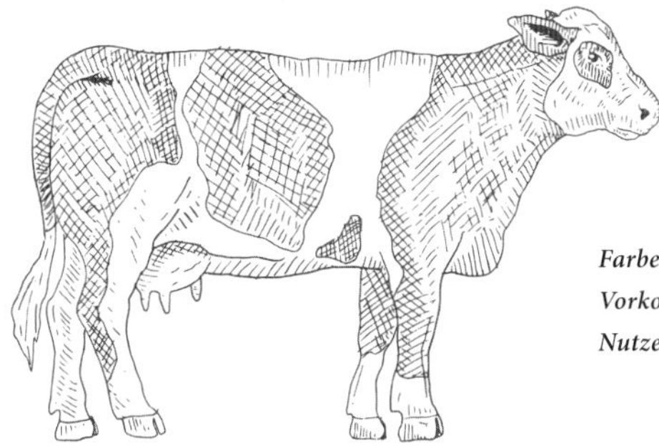

Farbe: *braun-weiß*
Vorkommen: *ganz Bayern*
Nutzen: *Milch, Fleisch*

GELBVIEH

Ursprünglich vom kleinen und leichten, altfränkischen Roten Rind abstammend – bereits Anfang des 18. Jahrhunderts als »Frankenvieh« bezeichnet –, das ab 1800 mit Heilbronner Vieh und später mit möglichst einfarbigen Simmentalern gekreuzt und daraufhin zunächst als »Scheinfelder Rind« bekannt wurde, entwickelte sich das großwüchsige, frühreife, einfarbig hell- bis rotgelbe sogenannte »Gelbvieh« aus – es wird mit der Gründung des mittelfränkischen Gelbvieh-Verbands seit 1897 reinrassig weitergezüchtet. Besonders ist die hohe Schlachtausbeute von etwa 400 kg/Rind bei feinfaserigem, gut marmoriertem Fleisch. In den 1950ern gab es noch 800.000 Gelbviecher, durch niedrigere Milchleistung als das Fleckvieh sank der Bestand auf 850 Kühe (Stand 2018).

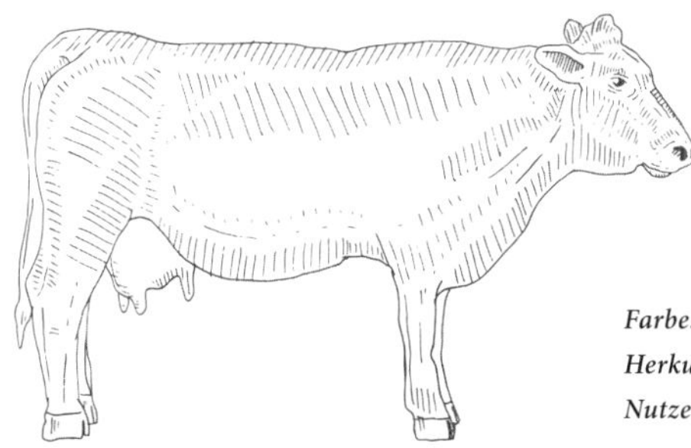

Farbe: *hell- bis rotgelb*
Herkunft: *Franken*
Nutzen: *Milch, Fleisch*

MURNAU-WERDENFELSER RIND

Durch Einkreuzung Tiroler Rinder vonseiten der Klöster Murnau und Ettal entstanden handelt es sich beim Murnau-Werdenfelser Rind – auch »Oberländer« genannt – um eine einfarbig-behornte, sehr robuste Landrasse (strohgelb bis rostbraun), die als einzige deutsche Rinderrasse sehr gut an Moor- und Sumpflandschaften sowie steile Gelände angepasst ist. Gehalten wurde sie bis 1900 als Dreinutzungsrind (Milch, Fleisch, Zugarbeit), zur Hochzucht 1870 waren 62.000 Murnau-Werdenfelser heimisch. Heute gibt es noch rund 350 Tiere dieser Rasse, geschlachtet werden zum Erhalt ebendieser aktuell nur Bullen, deren besonders aromatisches Fleisch gerne für kräftige Suppen sowie Schmorgerichte verwendet wird. Erst kürzlich wurde die überdurchschnittliche Eignung der Murnau-Werdenfelser Kuhmilch zur Verkäsung festgestellt – rasseeigenen Käse gibt es aufgrund der zu geringen Population allerdings noch nicht.

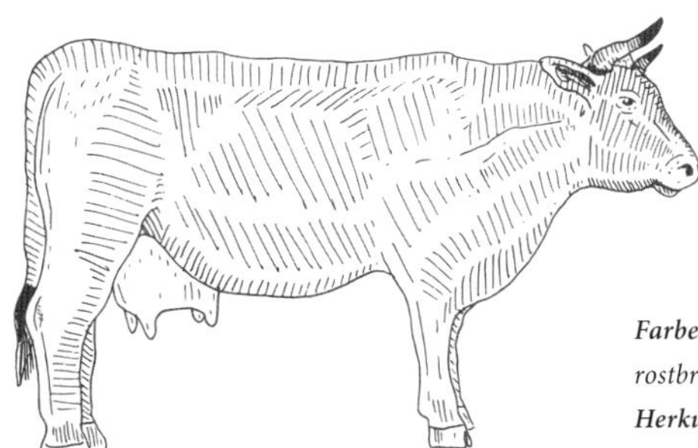

Farbe: *strohgelb bis rostbraun*
Herkunft: *Oberbayern*
Nutzen: *Milch, Fleisch, Zugarbeit*

donauzander
kretzer
forelle
renke
saibling
karpfen

fisch

Bayern liegt bekanntlich nicht am Meer, bayerischer Fisch ist also immer Süßwasserfisch. Und der schwimmt in über 70.000 km Fluss- und Bachlauf, aber auch in mehreren tausend Hektar See- und Teichlandschaft. Im Mittelalter war der Bedarf an Fisch besonders groß und eine typische Fasten- und – teuer bezahlt – auch Herrenspeise. Damals entwickelten sich auch Fischerzünfte und zum Schutz vor Überfischung wurden schon im 14. Jahrhundert Fischereiordnungen erlassen.
Gültig ist in überarbeiteter Form noch heute das Bayerische Fischereigesetz von 1908, das die Fischereiwirtschaft als bayerisches Kulturgut ausweist und zu deren Schutz anhält.

fisch

DONAUZANDER

Als Mitglied der Barschfamilie und den Zandern zugehörig wird der Donauzander – auch »Hechtbarsch«, »Amaul«, »Fogasch« oder »Schill« genannt – bis über 1 m lang, beim Fischen wird daher für junge Exemplare zunächst ein Schonmaß von 50 cm geltend gemacht. Mit seinem hechtähnlichen Körper, dem spitzen Kopf und den beiden Rückenflossen (die vordere mit den charakteristischen Stachelstrahlen) bevorzugt der Fisch mäßig bis langsam fließendes Gewässer mit Tiefen von mindestens 4–5 m und wird in Flussfischerei, aber nicht in der Laichzeit (15. März–30. April), gefangen. Die bis ins 19. Jahrhundert für den Fang verwendeten Fischgabeln und Speere sind überdies heute verboten. Bekannt ist der Zander für sein aromatisches Fleisch und seine wenigen Gräten.

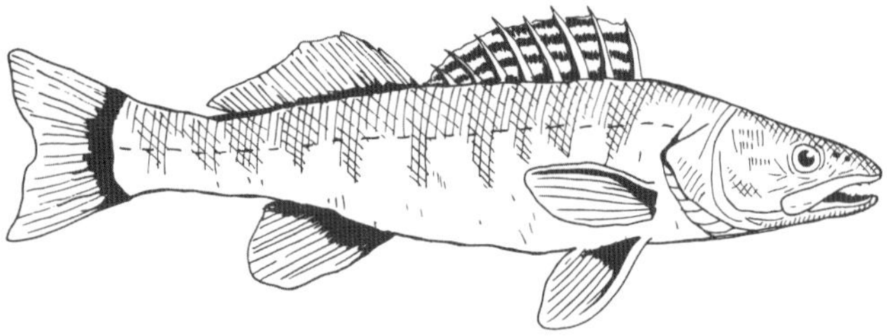

Größe: *0,5–1 m*
Gewicht: *ca. 6 kg*
Vorkommen: *Donau*

KRETZER

Der gemeine Flussbarsch – am Bodensee wird er als »Kretzer«, in der Schweiz als »Egli« bezeichnet – verdankt seinen Namen der scharfen geteilten Rückenflosse und wird 15–30 cm, manchmal auch 60 cm lang und dann knapp 5 kg schwer. Äußerst anpassungsfähig ist er in fließenden und stehenden Gewässern zu Hause, bevorzugt jung in Schwärmen lebend die Ufernähe und erwachsen als Einzelgänger tiefere Gewässerbereiche. Besonders charakteristisch sind seine rötliche Bauch- und Schwanzflosse sowie seine helle Bauchseite und der dunkelgraue bis olivgrüne Rücken. Aufgrund seines festen weißen Fleisches ist der Kretzer besonders beliebt und wird auf vielfältige Weise (geschmort, gedünstet oder paniert in der Pfanne gebraten) zubereitet. Im Bodensee wird der Fisch mit Netzen gefangen.

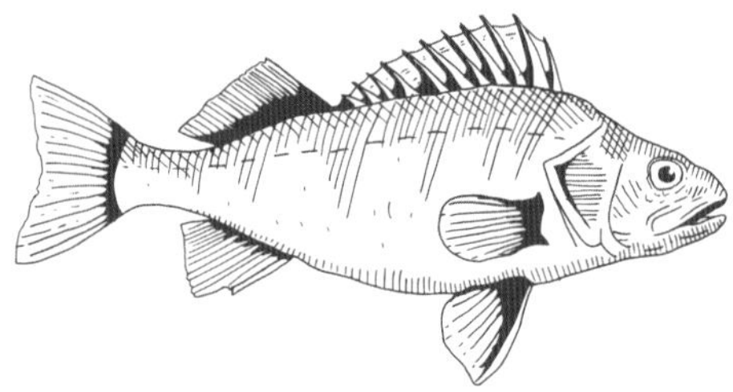

Größe: *15–30 cm*
Gewicht: *ca. 1 kg*
Vorkommen: *Europa*

LECHTAL- UND RHÖNFORELLE

Der Familie der Lachsfische zugehörig findet sich die gemeine Bachforelle (typisch für das Lechtal und in der Rhön) mit einer Größe von 20–60 cm und einem Gewicht von 0,5–2 kg in fließenden, sauerstoffreichen, kühlen und klaren Gewässern – in Teichen gehalten muss auf den kontinuierlichen Wasseraustausch durch künstliche Zuflüsse geachtet werden. Ideal sind Umgebungen mit tiefen Stellen und Verstecken. Auf Verschmutzungen empfindlich reagierend sind die natürlichen Lebensräume der Bachforelle heutzutage jedoch stark gefährdet. Einfach zu erkennen ist der Fisch durch seine roten Flecken mit hellem Rand, weswegen er auch als »Rotgetupfter« bezeichnet wird; gefangen wird er meist

Größe: *20–60 cm*
Gewicht: *0,5–2 kg*
Vorkommen: *Oberbayern, Unterfranken*

mit sogenannten Fliegenruten, mit der schlüpfende bzw. eiablegende Insekten vorgetäuscht werden. Besonders beliebt sind geräucherte Forellen, sie enthalten zudem hochwertiges Eiweiß sowie langkettige Omega-3-Fettsäuren und gelten daher als sehr gesund.

RENKE

In kühlen und tiefen Seen (ab ca. 50 m; Bodensee als Hauptfanggebiet) beheimatet ist die Renke – auch »(Blau-)Felche«, »Coregone«, »Maräne«, »Schnäpel« oder »Brotfisch« genannt und ein Verwandter des Lachses – mit einer Größe von 50–60 cm und einem Gewicht von 2–3 kg ein beliebter, aber durch Überfischung gefährdeter Speisefisch. In der Laichzeit (Oktober–Dezember) steigt der silberglänzende Fisch mit dem stahlblauen Kopf und Rücken in Schwärmen in der Seemitte an die Oberfläche, während ihm zur Fangsaison (April–Anfang Oktober) mit Stellnetzen sowie Hegenen nachgestellt wird. Charakteristisch ist das helle, zarte, aber feste Fleisch, wobei auch Rogen und Leber als Delikatesse gegessen werden – so zählt die Renke zu den teuersten und feinsten Tafelfischen.

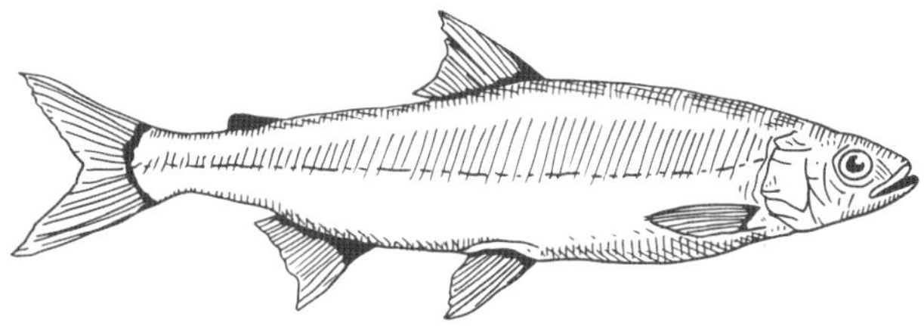

Größe: *50–60 cm*
Gewicht: *2–3 kg*
Vorkommen: *Hauptfanggebiet Bodensee*

SAIBLING

Erst Mitte des 19. Jahrhunderts in Mitteleuropa etabliert war der Saibling einst in den Zuflüssen des nördlichen Eismeers, Skandinavien und Nordamerika, in Deutschland höchstens im Alpenvorland zu Hause und stellt auch heute noch hohe Ansprüche an die Wasserqualität (klares, sauerstoffreiches, kaltes Süßwasser in tiefen Seen und Fließgewässern). Zu unterscheiden sind der Wander-, See- und Bachsaibling, wobei Letzterer meist in Fischzucht gehalten und mit 30 cm Länge sowie bis zu 1 kg Gewicht am häufigsten verarbeitet wird. Typisch sind sein olivgrüner bis brauner Rücken mit weißen Flecken und seine hellroten Bauchflossen. Aufgrund seines leicht mineralischen Eigengeschmacks ist der Saibling bevorzugt in einem milden Sud zuzubereiten oder nur mäßig gewürzt zu genießen – so entfaltet er sein einzigartiges Aroma. Eine besondere Zubereitungsform stellt schließlich der »Schwarzreuter des Königssees« dar, für die sehr kleine Seesaiblinge (max. 20 cm) über Buchenholz geräuchert werden. Über die Namensherkunft dieser Spezialität wird noch heute spekuliert: Abgeleitet von der Färbung des Fisches (»Schwarzröthel«) oder der Zubereitungsart (»Schwarzräucherl«) wird der Schwarzreuter nach dem Räuchern gerne in Seewasser gekocht.

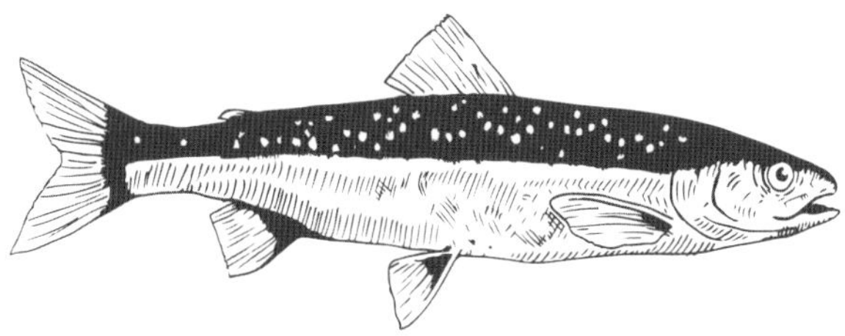

Größe: *30 cm*
Gewicht: *max. 1 kg*
Vorkommen: *Europa*

Fränkischer Karpfen
Die Anlage von Teichen für die Fischzucht in Franken geht auf einen schriftlichen Nachweis von Ludwig dem Frommen aus dem Jahr 795 zurück, später setzte sich der verarbeitete Karpfen als Fastenspeise und Weihnachtsessen durch: Traditionell wird er in Bierteig gebacken (»Karpfen fränkisch«) oder »blau« im Essigsud gegart, außerdem ist er reich an Omega-3-Fettsäuren und Eiweiß. Auch heute noch wird der nach 3 Jahren schlachtreif gewordene Karpfen nur in den Monaten mit »r« (September–April) serviert, was auf eine Hygienevorschrift aus früheren Zeiten zurückgeht: So war der Transport des Karpfens bei heißen Temperaturen lange nicht möglich.

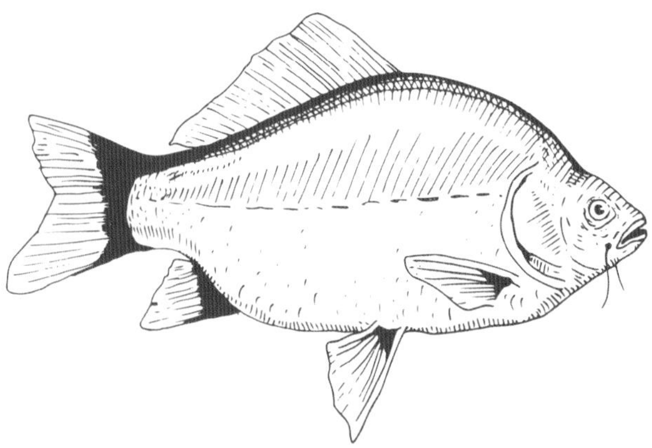

Karpfen
Größe: 0,3–1,2 m
Gewicht: 1–2 kg

AISCHGRÜNDER KARPFEN

Ursprünglich im 9. Jahrhundert als Wasserspeicher zum Tränken des Viehs oder als Antrieb von Mühlen angelegt wird in den Aischgründer Teichen seit jeher auch Fischzucht betrieben. Dabei wurde die Haltung anfangs vornehmlich von Mönchen aus umliegenden Klöstern gefördert, da diese gerade in der Fastenzeit einen besonders hohen Bedarf an Fisch hatten. Heute werden über 7.100 Teiche (ca. 2.800 ha Teichfläche) von etwa 1.200 Teichwirten bewirtschaftet und hauptsächlich der Aischgründer Spiegelkarpfen gezüchtet.

DINKELSBÜHLER KARPFEN

Als eines der größten Teichgebiete Bayerns wurden in Dinkelsbühl einst »soviel Weiher, als Tage im Jahr« (Sebastian Münster, 1550; heute bestehen noch etwa 120 Fischteiche) gezählt, vom hier angesiedelten Karpfen ist schon seit 1341 die Rede. Die hohe Bedeutung der Fischzucht zeigt sich auch an der städtischen Verordnung zur Verpachtung der Weiher, nachdem der freie Fischfang zu einem Engpass geführt hatte: Den Bürgern wurde nun, ob dem Verlust ihres Fischrechts, im Verhältnis ihrer Besteuerung eine bestimmte Menge Fisch ausgeteilt (»Der Tag, an dem man, wie man sagte, den Bürgerfisch verabreichte, war eine Art Fest für die Stadt.«, Christoph von Schmid, 1855). Der Dinkelsbühler Karpfen wird schließlich seit Anfang des 20. Jahrhunderts gezüchtet und ist an seinem weniger stark ausgeprägten Buckel zu erkennen – Ende Oktober/Anfang November wird er im Rahmen der Fischwoche, einem beliebten Fest mit einem bunten Rahmenprogramm aus Vorträgen, Kochkursen und Einlagen, abgefischt.

OBERPFÄLZER KARPFEN

Vom Zisterzienserkloster Waldsassen im Jahr 1132 begründet ist die Karpfenteichwirtschaft im Landkreis Tirschenreuth – dem »Land der 1.000 Teiche« – sowie in der gesamten Oberpfalz auch heute noch omnipräsent (insgesamt über 4.500 bewirtschaftete Teiche allein rund um Tirschenreuth). Zur Blütezeit der Fischwirtschaft im 15. und 16. Jahrhundert hatte ein Pfund Karpfen einen Gegenwert von 70 Pfund Getreide, ein Zentner einen Tauschwert von vier Gulden bzw. einem Ochsen; Fischbauern waren demnach vermögend und verliehen ihr Geld gerne zu einem Zinssatz von bis zu 5 %. Bedingt durch sein langsames Wachstum ist der Oberpfälzer Karpfen mit seinem festen Fleisch und einem niedrigen Fettanteil von nur 4 % äußerst bekömmlich, seit 1999 wird er bzw. die oberpfälzische Fischzucht in einer zweijährigen Regentschaft von der Oberpfälzer Teichnixe repräsentiert.

Traditionell ist Fisch Fastenkost und kommt immer freitags auf den Tisch.

fischgerichte

Wer sich ausgewogen ernähren möchte, sollte ein bis zwei Fischmahlzeiten pro Woche auf dem Speiseplan stehen haben. Das sagt zumindest die *Deutsche Gesellschaft für Ernährung e. V.* und tatsächlich enthält Fisch wichtige Omega-3-Fettsäuren, hochwertige Eiweiße und viele Vitamine.
Verarbeitet werden sollte natürlich stets fangfrischer Fisch, diesen erkennt man an seinen klaren Augen, den noch leuchtenden Kiemen und der intakten Schleimschicht. Drückt man mit dem Finger auf die Haut des Fisches, darf keine Delle zurückbleiben, und »fischeln« darf das Tier freilich auch nicht.

karpfenfilet im bierteig
karpfen blau
chiemsee-fischwürst
meefischli
steckerlfisch

Karpfenfilet im Bierteig

HERKUNFT

Oberpfalz, Unterfranken, Mittelfranken, Oberfranken,

ZUBEREITUNGSDETAILS

MITTEL

4 PERSONEN

40 MINUTEN

ZUTATEN

- 4 Karpfenfilets (à 250 g)
- Saft von 1 Zitrone
- 2 Eier (Größe M)
- 200 g Mehl, plus etwas mehr zum Wenden
- 100 ml Bier
- Salz und Pfeffer aus der Mühle
- Butterschmalz zum Ausbacken

Genuss nur in den Monaten mit »r«

Karpfen ist eine Delikatesse, die es allerdings nicht von Mai bis August gibt. Diese Tradition stammt noch aus Zeiten, in denen es keine Kühlhäuser gab und der Fisch in den warmen Monat leicht verdarb.

Ursprünglich wurde Karpfen insbesondere zur Fastenzeit gegessen. Damit die Klöster im Mittelalter ihren Bedarf daran stillen konnten, förderten sie dessen Zucht und legten den Grundstein für die moderne Teichwirtschaft – speziell die fränkische geht auf Anordnungen Ludwigs des Frommen aus dem Jahr 795 zurück. An den Königshöfen Hallstadt und Forchheim wurden neben Karpfen aber auch andere Fische gezüchtet und besonders viele künstliche Gewässer wurden in der Bamberger Umgebung sowie im Aischgrund angelegt; Letzterer ist heute gerade für seine Karpfen bekannt. Im 15. und 16. Jahrhundert soll es allein in Franken 60.000–70.000 Fischteiche gegeben haben.

Festes und fettarmes Fleisch

Nach drei Sommern in stehenden Gewässern wird der Karpfen geschlachtet. Dann bringt er etwa 1,5 kg auf die Waage und ist am schmackhaftesten. Er zeichnet sich durch festes, fettarmes und besonders proteinhaltiges Fleisch aus.

Und der Fisch ist vielseitig: Er kann im Ganzen sowohl als Karpfen blau als auch gebacken oder mit Mandelblättchen paniert serviert werden. Teilstücke lassen sich als Suppeneinlage verwenden und es gibt ihn sogar in Form gepresst als Bratwurst. Besonders saftig und schmackhaft bleibt sein Fleisch aber, wenn er im Teigmantel ausgebacken wird. Dazu passen Kartoffel-, grüner und gemischter Salat.

1 Die Karpfenfilets kalt abwaschen und trocken tupfen. Längs halbieren, in etwa 5 cm breite Stücke schneiden und mit Zitronensaft beträufeln.

2 Die Eier trennen und die Eiweiße steif schlagen.

3 Das Mehl mit dem Bier verquirlen, die Eigelbe und 1 Prise Salz unterrühren. Dann die steif geschlagenen Eiweiße unterheben.

4 In einer Pfanne bei mittlerer Hitze so viel Butterschmalz erwärmen, dass es fingerbreit darin steht. Die Filetstücke in etwas Mehl wenden und durch den Bierteig ziehen. Kurz abtropfen lassen und im Butterschmalz von jeder Seite etwa 4 Minuten goldbraun ausbacken. Herausnehmen und auf Küchenpapier abtropfen lassen.

Karpfen blau

Vom Christussymbol zum fränkischen Weihnachtsessen

Der blau gekochte Karpfen wird in Oberfranken als typisches Feiertagsgericht an Heiligabend oder am ersten Weihnachtsfeiertag mittags oder abends verzehrt. Denn früher wurde hier, ausgehend von der klösterlichen Küchenkultur, auch in der Adventszeit oder zumindest am Weihnachtsabend gefastet und auf Fleisch verzichtet. Zudem gilt der Fisch bei den ersten Christen als Symbol für den zu erwartenden Erlöser: »Fisch« heißt im Griechischen »Ichthys«, das wiederum Akronym von »Iesus Christos Theos Yos Soter« (dt. »Jesus Christus, Gottes Sohn, Erretter«) ist. Die von den Klöstern eingeleitete Fischzucht bringt mit dem oberfränkischen Spiegelkarpfen bis heute die wichtigste Fischart in den heimischen Teichen hervor.

Vielerorts hat sich Karpfen blau zum traditionellen Gericht an Silvester gewandelt. Einen passenden Brauch gibt es dazu auch: Die großen Schuppen entlang des Rückens bewahrt man im Geldbeutel auf und sichert sich damit fürs nächste Jahr immer genügend Kleingeld. Und auch abseits von Fasten- und Festzeiten steht der blau gekochte Fisch mittlerweile auf der Speisekarte.

Das Karpfenfleisch mundet in Kombination mit dem würzigen Blausud besonders gut, durch die behutsame Zubereitung wird es schön zart sowie bekömmlich und es bleiben wertvolle Inhaltsstoffe erhalten. Da er fettarm ist und viel Protein enthält, ist der Fisch als Fastenspeise ideal, und auch wer großen Wert auf eine bewusste und gesunde Ernährung legt, sollte öfters auf ihn zurückgreifen. Mit frischen Salzkartoffeln, ein wenig Butter und Meerrettich wird er zum Hochgenuss.

1 Das Gemüse waschen, schälen und zerkleinern, die Zitrone in Scheiben schneiden. Weißwein mit 500 ml Wasser erhitzen, Gemüse, Zitrone und Gewürze hineingeben und alles aufkochen.

2 Den Karpfen vorsichtig abwaschen, trocken tupfen und salzen. Die Schleimschicht darf nicht verletzt werden, sonst wird der Karpfen nicht blau. Den Essig in einem zweiten Topf erhitzen und den Fisch damit übergießen. Den Essig auffangen und zusammen mit dem Fisch in den heißen Sud geben.

3 Den Karpfen 20–30 Minuten bei mittlerer Temperatur garen. Darauf achten, dass der Fisch vollständig vom Sud bedeckt ist. Er ist gar, wenn sich die Rückenflosse leicht herausziehen lässt.

HERKUNFT

Oberpfalz, Unterfranken, Mittelfranken, Oberfranken

ZUBEREITUNGSDETAILS

- GLUTENFREI
- MITTEL
- 4 PERSONEN
- 45 MINUTEN

ZUTATEN

1 Zwiebel
1 Stange Lauch
1 Karotte
½ Knollensellerie
½ Bio-Zitrone
125 ml Weißwein
5 Wacholderbeeren
1 Lorbeerblatt
3 Pfefferkörner
1 mittelgroßer, küchenfertiger Karpfen (etwa 1,5 kg)
Salz
125 ml Essig (z. B. Weißweinessig)

Chiemsee-Fischwürst

HERKUNFT

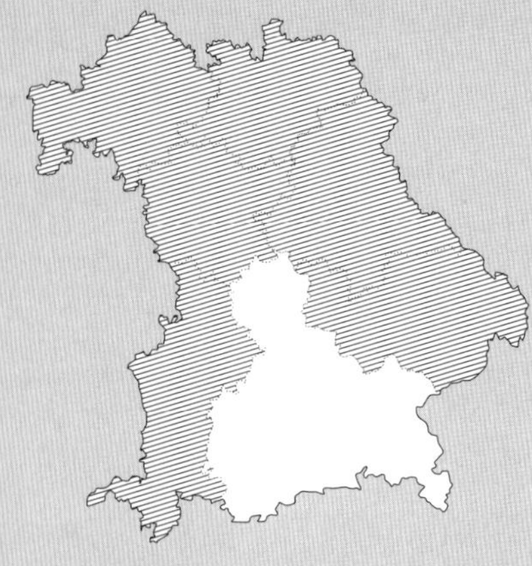

Oberbayern

ZUBEREITUNGSDETAILS

SCHWIERIG

4 PERSONEN

40 MINUTEN

ZUTATEN

- 1 Zwiebel
- 800 g Fischfilet (Weißfische)
- 1 Bund Petersilie
- Abrieb und Saft von 1 Bio-Zitrone
- 2 Eier (Größe M)
- etwas Milch
- Salz und Pfeffer aus der Mühle
- 1 Msp. frisch geriebene Muskatnuss
- Semmelbrösel zum Wenden
- Sonnenblumenöl zum Braten

»Würste« für die Fastenzeit

Wer während der Fastenzeit nicht auf Würste verzichten wollte, konnte diese ja aus Fisch herstellen, der nicht verboten war … Und in den bayerischen Seen wimmelt es nur so von Fischen: Allein 30 verschiedene Arten von Weißfischen (Brachse, Nase, Rotfeder u. v. m.) gibt es bayernweit; diese sind zwar sehr wohlschmeckend, aber wegen ihrer unzähligen feinen Gräten als Speisefische eher weniger geschätzt – als hochwertiger gelten da Edelfische wie Karpfen, Lachse und Zander. Doch wenn man das Fleisch von Brachse & Co. durch den Wolf dreht oder sehr stark zerkleinert, lassen sich die Gräten unschädlich machen.
Zu Chiemsee-Fischwürsten passt Kartoffelsalat als Beilage.

Die lange Tradition der Seenfischerei

In Oberbayern reicht sie bis zu Beginn des letzten Jahrtausends zurück, als sich Klöster und Adelige das Recht zur Fischereiausübung als Fischlehen teilten; so mussten Berufsfischer ihren Lehensherren für den Fang eine Abgabe zahlen. Später, nämlich ab Ende des 17. Jahrhunderts organisierten sich die ausgebildeten Seefischer in Zünften, anschließend in Fischereivereinen und letztlich in der *Genossenschaft Oberbayerischer Berufsfischer und Teichwirte*. Übrigens war bis ins 19. Jahrhundert der größte Teil der Fische aus den oberbayerischen Seen dem Königlich Bayerischen Hofküchenamt vorbehalten.
Hinsichtlich des Fischerberufs hat sich im Laufe der Jahrhunderte nur wenig verändert. Zwar bestehen die Netze heute aus Kunststoff und es wird nicht mehr gerudert, doch das Hantieren mit Reusen, Zug- und Stellnetzen gehört noch immer zu den Tätigkeiten.

1 Die Zwiebel schälen und mit dem Fischfilet ein- bis zweimal durch den Wolf drehen oder mit dem Stabmixer fein pürieren.

2 Die Petersilie waschen, trocken schütteln und fein hacken. Zusammen mit Zitronenabrieb und -saft zur Fischmasse geben.

3 Die Eier und etwas Milch untermischen. Gewürze hinzufügen und die Masse ausgiebig vermengen, bis sie gut zusammenhält. Kleine, etwa fingerlange Würste formen.

4 Die Fischwürste in Semmelbröseln wälzen und in heißem Öl goldgelb braten.

Alternativ Salzwasser zum Kochen bringen, die Würste portionsweise einlegen und etwa 10 Minuten ziehen lassen. Nicht kochen! Mit dem Schaumlöffel aus dem Wasser nehmen und auf Küchenpapier abtropfen lassen. Abschließend in heißem Fett braten.

Meefischli

Maafischla, Mainfischchen

Kleine Fische, ganz und ohne alles

In und um Würzburg wird der Main im Dialekt als »Mee« bezeichnet und aus diesem stammen auch die kleinen Fischchen, die »Fischli«. Dabei dürfen die Fische für diese mainfränkische Spezialität nicht länger als der kleine Finger der Statue des Heiligen Kilian auf der Würzburger Alten Mainbrücke sein, also nur zwischen 8 und 12 cm groß, gefangen werden die silbrig glänzenden Ukeleien bzw. Lauben, Rotaugen und Rotfedern. Werden für das Gericht andere, ebenfalls im Main vorkommende Kleinfische verwendet, darf es nur als »nach Meefischli-Art« bezeichnet werden.

In dem fränkischen Fluss sind die echten Meefischli leider selten geworden, denn auch Kormorane und Reiher mögen sie gerne. Der Mensch verspeist die kleinen Fische schließlich genauso wie der Vogel: im Ganzen, ohne Beilagen und ohne Besteck! Es gilt: »Mer packt sie beim Kopf und beißt bloß nei« und vertilgt sie mitsamt der Haut und den Gräten. Allerdings werden sie vorher noch frittiert! Meefischli sind sozusagen die fränkische Variante der frittierten Sardellen in Griechenland oder die »Sardinen des Mains«. Und da jeder Fisch schwimmen muss, gibt es dazu Frankenwein oder Bier!

1 Die Fische im Ganzen, also mit Kopf und Schwanz, Flossen und Gräten, mit Zitronensaft beträufeln und leicht abtupfen. Anschließend salzen und pfeffern.

2 Vorsichtig in den Semmelbröseln wälzen und etwas abklopfen.

3 Etwa 5–10 Minuten im heißen Fett schwimmend ausbacken. Die Meefischli sehr kross braten, damit man auch Kopf und Schwanz gut mitessen kann. Auf Küchenpapier abtropfen lassen.

HERKUNFT

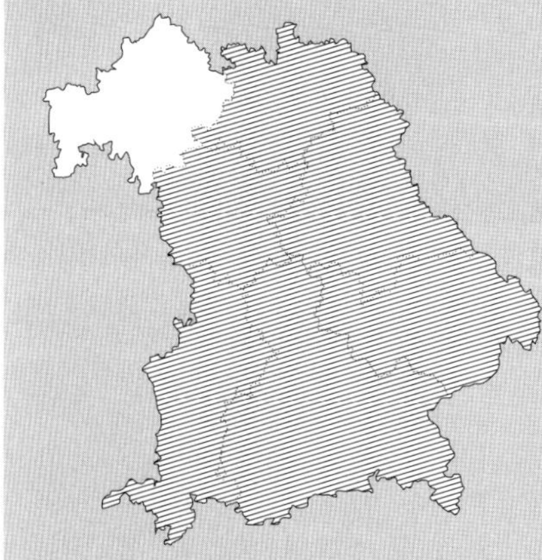

Unterfranken (Mainfranken)

ZUBEREITUNGSDETAILS

LAKTOSEFREI

EINFACH

1 PERSON

30 MINUTEN

ZUTATEN

20 kleine, küchenfertige Fische (Ukeleien, Rotaugen oder Rotfedern)
Saft von 1 Zitrone
Salz und Pfeffer aus der Mühle
100 g sehr feine Semmelbrösel
Sonnenblumenöl zum Ausbacken

Steckerlfisch

Gewedelte

Typisch Oktoberfest

Wie jedes bayerische Volksfest, so kommt erst recht das Münchner Oktoberfest nicht ohne diese urtypische Spezialität aus. Der Grillfisch am Spieß ist ein absoluter Wiesn-Hit. Ein kleiner Exkurs in bayerischer Mundart: Ein »Steckerl« ist die Verkleinerungsform für einen »Stock« oder »Stab aus Holz« und den braucht es unbedingt für dieses Gericht! Besteck dagegen wird nicht zwangsläufig benötigt – der Fisch wird meistens direkt aus dem Einwickelpapier vertilgt. Dazu gibt's eine Breze oder Semmel. Das Besondere am Steckerlfisch ist seine kräftig gewürzte, dunkel und knusprig gebratene Haut. Die Fische für das bayerische Schmankerl am Steckerl kommen aus den Seen, Flüssen oder Teichwirtschaften südlich von München, traditionell aus dem Chiemsee.

1 Die Fische abspülen, trocken tupfen und mit Zitronensaft beträufeln. 15 Minuten ziehen lassen, dann salzen und pfeffern.

2 Die Kräuter waschen und trocken tupfen. Die Blättchen abzupfen und fein schneiden. Mit Öl und Paprikapulver vermischen. Die vorbereiteten Fische damit innen und außen einpinseln. In eine Schale legen und mit der restlichen Marinade übergießen. Abdecken und über Nacht im Kühlschrank marinieren.

3 Am nächsten Tag die Fische aus der Marinade nehmen und auf die Weidenruten aufspießen: Den Stecken dabei durchs Maul bis zum Schwanz schieben. Die Stecken so am Grill befestigen, dass die Fische schräg und mit dem Rücken zur Glut in einem Abstand von mindestens 20 cm stehen.

4 Während des Garens die Fische ab und zu mit der Marinade einpinseln und mithilfe der Stecken drehen. 20–30 Minuten grillen, bis die Haut dunkel und knusprig ist.

HERKUNFT

Niederbayern, Oberbayern

ZUBEREITUNGSDETAILS

- GLUTENFREI
- MITTEL
- 4 PERSONEN
- 12 STUNDEN PLUS 40 MINUTEN

ZUTATEN

- 4 küchenfertige Fische (Makrele, Forelle, Hering oder Renke) mit Kopf, Flossen und Schwanz
- Saft von 2 Zitronen
- Salz und Pfeffer aus der Mühle

FÜR DIE MARINADE

- ½ Bund Petersilie
- 2 Zweige Rosmarin
- 4 Zweige Thymian
- ½ Bund Dill
- 250 ml Sonnenblumenöl
- 1 TL edelsüßes Paprikapulver

4 frische Weiden- oder Haselruten (alternativ gewässerte Holzspieße)

gemüse

Der Begriff »Gemüse« bedeutet nichts anderes als »zu Mus zerkocht« – kein Wunder also, dass ewig eingekochtes Kraut und zermuste Rüben in den bayerischen Küchen eher weniger als Gaumenschmaus angesehen wurden. Erst seit sich in der Frühen Neuzeit u. a. knackiger Rettich oder saftiger Spargel verbreitet haben, wurde Gemüse immer beliebter. Ansonsten gilt in altbayerischer Manier: »Fleisch is as beste Gmias.«

spargel
bamberger zwiebel
bamberger knoblauch
bamberger & bayerischer rettich
bamberger spitzwirsing
bayerische rübe
bayerischer meerrettich
gartenmelde
ismaninger kraut
mangold »sennfelder stiel«
kartoffel
knoblauchsländer gemüse

gemüse

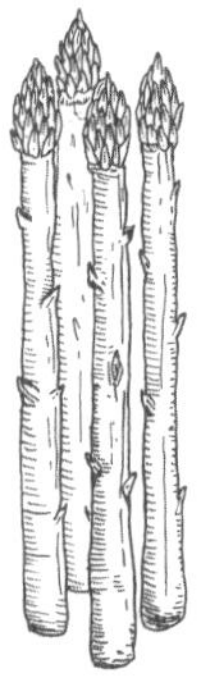

Abensberger Spargel
geschützter Ursprung: Abensberg
Erntezeit: April bis 24. Juni

Schrobenhauser Spargel
geschützter Ursprung: Schrobenhausen
Erntezeit: April bis 24. Juni

Fränkischer Spargel
geschützter Ursprung: Franken
Erntezeit: April bis 24. Juni

SPARGEL

Der Abensberger Spargel wird bereits seit 1730 im Raum Abensberg, dem sogenannten »Sandgürtel« und ältesten Anbaugebiet Europas, geerntet und verdankt seinen einzigartigen Geschmack – eine Kombination aus leichter Süße und leichter Bitterkeit – den dortigen sandig-humosen Böden. Ebenfalls auf sandigem Boden wächst der Schrobenhausener Spargel, besonders zart sowie leicht nussig im Geschmack. Schließlich blickt auch der Fränkische Spargel auf eine lange Tradition zurück, wurde er doch bereits im frühen 18. Jahrhundert für seinen »Wohlgeschmack« gelobt. Damals wie heute ist Spargelernte Handarbeit, die mit äußerster Behutsamkeit ausgeführt werden muss, um den Wurzelstock nicht zu schädigen. Spargel ist reich an Ballaststoffen, Mineralien und Vitaminen, und ihm wurde schon von den Griechen eine blutreinigende und harntreibende Wirkung zugesprochen. Der abgekochte Wurzelsud sollte Gelbsucht, Zahnschmerzen, Ischias und sogar Spinnenbisse heilen.

Anbau: Bamberg
Erntezeit: August bis Oktober
Besonderheit: birnenförmig

BAMBERGER ZWIEBEL

Bereits seit Anfang des 17. Jahrhunderts sind die Bamberger wegen des Anbaus von Zwiebeln bekannt und erhielten sogar den Spitznamen »Zwiebeltreter«: Da möglichst viele Nährstoffe des Bodens der unterirdischen Zwiebelknolle zugutekommen sollen, ist es wichtig, die Schlotten (Zwiebelblätter) klein zu halten. Die Bamberger schnallten sich hierfür einst Brettchen an die Schuhe und traten das Grün einfach nieder. Die typische Bamberger Zwiebel ist länglich in der Form bzw. birnenförmig und aufgrund ihres hohen Anteils an Senfölen mild-würzig bzw. leicht-süßlich im Geschmack. Sie besitzt einen hohen Trauben- und Fruchtzuckeranteil und wird gerne als Hausmittel gegen allerlei Krankheiten (Erkältungen oder Bluthochdruck) verwendet.

Anbau: Bamberg
Erntezeit: ab Juli

BAMBERGER KNOBLAUCH

Als eine der ältesten Kulturpflanzen spaltete der Knoblauch schon seit jeher in zwei Lager: die Liebhaber und die Verachter. Früher war Knoblauch beim einfachen Volk besonders beliebt, wohingegen ihn die oberen Schichten mieden – auch um sich vom allgemeinen Pöbel noch entschiedener abzusetzen. Der Lokaltyp »Bambercher Gnoblich« ist fein aromatisch mit einer milden Schärfe und zeichnet sich durch kleine Zwiebeln bzw. Zehen aus. Intensiv im Geschmack war die Nachfrage im 19. Jahrhundert groß, auf den lokalen Herbstmärkten wurde er getrocknet und in Büscheln zu 30 und 100 Stück verkauft. Im Jahr 2011 vom *Leibniz-Institut für Pflanzengenetik und Kulturpflanzenforschung* als eigenständiger Knoblauchtyp ausgewiesen, ist der Urtyp heute jedoch nur noch schwer zu beziehen.

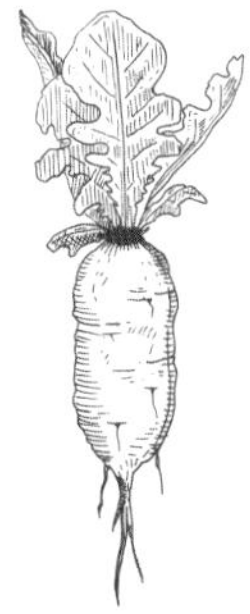

Anbau: Bamberg / ganz Bayern
Erntezeit: 8–10 Wochen nach Aussaat

BAMBERGER & BAYERISCHER RETTICH

Der robuste »Bambercher Reddich« ist von butterweicher Konsistenz, würzigem Aroma und kräftiger Schärfe. Im 19. Jahrhundert war er noch in vielerlei Formen erhältlich, ab dem beginnenden 20. Jahrhundert entwickelte er seine heute typische Kegelform. Wie alle alten überlieferten Bamberger Haussorten ist der Rettich in den hiesigen Gärtnereien nur noch selten erhältlich und die Samen werden seit jeher streng gehütet: »Mei Tochter kannst hom, mein Reddich ned«, sagten die Gärtner wohl nicht selten. Auch der »Bayerische Radi« ist sehr scharf und reich an Vitamin C – am besten schmeckt er zur Brotzeit. Traditionell wird der Rettich roh gegessen: In möglichst dünne Scheiben geschnitten und gesalzen bleibt er ein paar Minuten liegen, damit er Wasser ziehen kann (»Der Rettich muss weinen.«). Er entwässert und entgiftet den Körper und regt die Leber- sowie Gallenfunktion an.

BAMBERGER SPITZWIRSING

Der »Bambercher Wersching«, im Querschnitt herz- bis eiförmig, hat ein mild-würziges Aroma und ist von erstaunlich zarter Konsistenz, die eine nahezu vollständige Verarbeitung des Kopfes ermöglicht. In Bamberg angebaut wird der Wirsing wohl schon seit dem 19. Jahrhundert, so wird er zumindest bereits 1821 im Buch *Bambergs Gartenbau als die höchste Kultur des Grund und Bodens in Deutschland* ob seiner Größe und Zartheit gelobt und damit gleichermaßen als lokale Spezialität von höchstem Rang ausgewiesen. Die lokale Sorte soll zudem mehr Vitamin C als andere Kohlvarietäten enthalten und ist saisonbedingt von Juni bis Januar bei wenigen hiesigen Gärtnern erhältlich. Die klassische Zubereitung erfolgt zu Püree, welches zu Schweine- bzw. Kalbsbraten oder Ente bzw. Gans serviert wird.

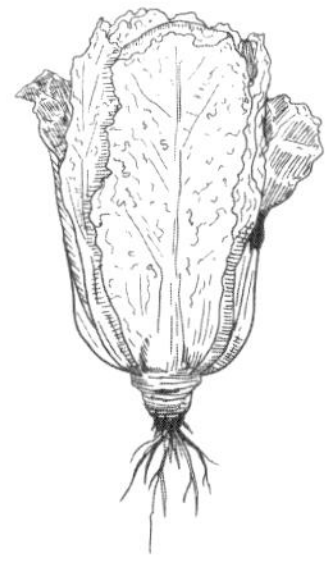

Anbau: *Bamberg*
Erntezeit: *Juni bis Januar*

BAYERISCHE RÜBE

Zu Beginn des 20. Jahrhunderts war die eher kleine, oft verzweigt wachsende Rübensorte (10–15 cm lang, 5 cm dick) in ganz Bayern verbreitet, das älteste Rezept mit der Rübe als Hauptzutat – zu finden im *Nürnberger Kochbuch* – stammt aus dem Jahr 1691. Ein traditionelles Gericht ist der Bayerische Rübentauch, eine Suppe mit brauner Einbrenne, in die Schmalznudeln getaucht werden und die als Fastenspeise sowie als »Essen der armen Leute« früher wöchentlich aufgetischt wurde. Auch heute ist die Bayerische Rübe aufgrund ihrer langen Haltbarkeit und des würzigen Geschmacks noch immer beliebt. Gesät wird sie oft mit Sand vermischt, um einen besonders dünnen Bestand zu erhalten, geerntet wird zu Allerheiligen.

Anbau: *ganz Bayern*
Erntezeit: *Ende Oktober bis Anfang November*

BAYERISCHER MEERRETTICH

Diese lokale Meerrettichsorte – auch »Bayerischer Kren«, »Kreen«, »Mennua« oder »Meredic« – wird seit Mitte des 15. Jahrhunderts in Bayern in mühseliger Handarbeit angebaut (»Ein Acker mit Kren will seinen Herrn jeden Tag seh'n«, wie eine alte Bauernweisheit besagt). Echter Kren hat schneeweißes, weiches Fleisch, ist im Ganzen geruchlos, aber geschnitten von zu Tränen reizendem, würzigem Aroma. Aufgrund seiner besonderen Schärfe ist er eine gerne verwendete Kochzutat und wird oft als Beilage zu Fisch und Fleisch, klassisch zu Tafelspitz, serviert. Mit Essig, Öl und verschiedenen Gewürzen versetzt schmeckt die geriebene Wurzel auch als Aufstrich, außerdem wird ihr aufgrund des hohen Vitamin-C-Gehalts und ihrer ätherischen Öle eine reinigende, antibiotische Wirkung zugesprochen.

Anbau: *ganz Bayern*
Erntezeit: *Oktober bis November*

GARTENMELDE

Sie ist zwar eine der ältesten Kulturpflanzen der Welt, als Gemüsepflanze aber weitgehend unbekannt, obwohl sie – einmal im Garten ausgesät – keiner weiteren Pflege außer der Ernte bedarf. Die einjährige Gartenmelde (auch »Bonne Dame« oder »Spanischer Salat« genannt) erreicht eine Wuchshöhe von bis zu 2 m, zeichnet sich durch ihre meist rote Farbe sowie leicht bemehlte Oberfläche aus und wird im Frühjahr wie Spinat gegessen. Aufgrund ihres geringeren Oxalsäure-Gehalts ist sie zudem weniger bitter im Geschmack als der herkömmliche Spinat und daher gerade für Kinder wohlschmeckender. Bereits den Griechen war die Melde bekannt – sie bezeichneten sie als »Goldgemüse« (Theophrastos, 371–287 v. Chr.) – und die Römer brachten sie nach Mitteleuropa, wo sie ab 1200 durch die Einführung des Spinats verdrängt wurde.

Anbau: *ganz Bayern*
Erntezeit: *Mai*

ISMANINGER KRAUT

Im Jahr 1509 erstmalig urkundlich erwähnt kann diese Weißkrautvariante zu Recht als ein Stück Ismaninger Geschichte bezeichnet werden. Damals sicherten die Ismaninger dem Bischof und Landesherrn für die Überlassung von Gemeindegründen zu, »jahrlih zu der Hoffhaldtung zu Freising 2500 zeitige Khrautskropf zu lifern« – hiervon ist auch die alternative Bezeichnung als »Bischofskraut« abzuleiten. Mit Gründung der *Ersten Bayerischen Krautverwertungsgenossenschaft mbH* im Jahr 1898 wurde Ismaning schließlich überregional als »Krautdorf« bekannt, bei der Pariser Weltausstellung im Jahr 1900 erhielt ebenjene unter 123 Lebensmittelherstellern sogar die Goldmedaille. Das Ismaninger Kraut unterscheidet sich von anderen Krautsorten vorwiegend durch die Größe und das Gewicht (bis zu 10 kg pro Kopf) und ist mild-süß im Geschmack.

Anbau: *Ismaning (Oberbayern)*
Erntezeit: *Oktober bis November*

MANGOLD »SENNFELDER STIEL«

Die Züchtung dieser lokalen Variante des Stielmangolds geht auf die Gemüsebäuerin Maria Bandorf zu Beginn des 20. Jahrhunderts zurück, die durch traditionelle Auslese Mangoldpflanzen mit einem breiteren Stiel und helleren, zarteren Blättern kultivierte. Von feinem, mildem Geschmack mit einer leicht süßlichen Note wird der Sennfelder Stiel – traditionell in Stücke geschnitten, blanchiert und in einer mit Sahne oder Sauerrahm abgeschmeckten Einbrenne aus Schweineschmalz angerichtet – auch von Kindern gerne gegessen. Er passt als Beilage hervorragend zu Mehlklößen und gekochtem geräucherten Schweinebauch. Bis Anfang der 1970er-Jahre wurde die Haussorte von dem Saatguthändler und Enkel der Züchterin, Gerald Bandorf, vertrieben, heute sind die Samen nur noch bei drei Sennfelder Gemüsebauern erhältlich.

Anbau: *Sennfeld (Unterfranken)*
Erntezeit: *Juni bis Oktober*

Augsburger Gold
Anbau: *Schwaben*
Geschmack: *cremig, intensiv*
Erntezeit: *Mitte August bis Oktober*

Bamberger Hörnla
Anbau: *Franken*
Geschmack: *nussig*
Erntezeit: *Mitte August bis Oktober*

Bayerische Kartoffel
Anbau: *ganz Bayern*
Erntezeit: *ganzjährig verfügbar*

Schwarzblaue aus dem Frankenwald:
Anbau: *Carlsgrün (Oberfranken)*
Geschmack: *locker, nussig*
Erntezeit: *Ende August bis Anfang September*

KARTOFFEL

Die Kartoffel wird in deutschen Landen seit 1647 feldmäßig, seit der Hungersnot im Jahr 1816 als besonders robuste Knolle verstärkt angepflanzt und gilt in Bayern als Grundnahrungsmittel – ihr zu Ehren wurden sogar Denkmäler errichtet (das erste bereits 1737 in Würzburg). Gleich mehrere heimische Sorten sind schützenswert: Das mittelgroße, rundovale Augsburger Gold (vorwiegend fest- bis mehligkochend; für Suppen, Pürees und Schupfnudeln) ist von cremigem, intensivem Geschmack und war so gut wie ausgestorben, ist aber seit der Nachzucht aus Invitro-Material im Jahr 2012 wieder erhältlich. Auch das kleine und leicht gekrümmte, rot schimmernde Bamberger Hörnla (nussiger Geschmack, zartweich und saftig im Biss; traditionell für den Festtagskartoffelsalat) gehört zu den gefährdeten Kartoffelsorten, bedarf es doch eines hohen Pflegeaufwands bei geringem Ertrag. Ähnlich ist es bei der Schwarzblauen (lockerer, nussiger Geschmack; schwarzblaue Färbung), die noch dazu sehr anfällig für Infektionen ist – heute wird die Sorte nur noch von zwei Landwirten in Carlsgrün angepflanzt. Die Bayerische Kartoffel ist schließlich ganzjährig verfügbar und macht Bayern mit 45.000 ha Anbaufläche hinter Niedersachsen zum zweitgrößten Kartoffelbundesland Deutschlands; sie kann hervorragend u. a. zu Kloßteig, Schupfnudeln oder Pommes verarbeitet werden.

KNOBLAUCHSLÄNDER GEMÜSE

Im Städtedreieck Nürnberg–Fürth–Erlangen befindet sich mit ca. 2.000 ha landwirtschaftlicher Nutzfläche, wovon ca. 1.500 ha als Gemüsebaufläche genutzt werden, und rund 130 ansässigen Betrieben eines der größten zusammenhängenden Anbaugebiete Deutschlands – das Knoblauchsland. Hier wird im konventionellen Freiland- sowie Gewächshausanbau ganzjährig eine Vielzahl an Gemüsesorten kultiviert. Besonders hervorzuheben ist der ländliche Charakter des Gebiets, das mit seinen sehr schmalen, aber abwechslungsreichen Fluren und großzügigen Blickachsen als Erholungs- und Kulturlandschaft zahlreiche historische Denkmäler wie das Holzschuher-Schloss in Almoshof oder die Wehrkirche zu Kraftshof beherbergt. Einst von den Königshöfen Aurach, Fürth und Nürnberg erschlossen reicht die Geschichte des Knoblauchslandes bis ins 8. Jahrhundert zurück, bereits seit dem 15. Jahrhundert ist es unter dem heutigen Namen bekannt: »[...] insgeheim das Knoblachsland genennet [...], aus Ursach, dass viel Zwieffel und Rubsamen gebauet und von hinnen in fremde Land verführt« (Johannes Müllner, um 1600). Heute beherbergt das Knoblauchsland auch eine artenreiche Fauna, so brüten hier u. a. das stark gefährdete Rebhuhn oder die vom Aussterben bedrohte Haubenlerche. Der daher unbedingt notwendige Schutz des Gebiets vor Ziersiedelung und Verstädterung bedeutet jedoch nicht, dass bei den hiesigen Landwirten nicht bereits die Moderne Einzug gehalten hätte: Dank spezieller Techniken zur Bodenwärmeerzeugung gibt es heute auch Auberginen und Melonen regional zu kaufen.

Auf den Spuren regionaler Erzeuger

Seit 1990 lädt das Knoblauchsland alljährlich zum »Tag der offenen Tür« ein, dann öffnen die landwirtschaftlichen Betriebe für rund 25.000 Besucher ihre Tore. Vor allem Kinder sollen so auf spielerische Art für die Wertigkeit heimischer Produkte sensibilisiert werden, aber auch die Erwachsenen können viel Interessantes über Ernährung, lokale Gemüsesorten und Anbaumethoden erfahren.

pilze

Von August bis Oktober ist Schwammerlzeit, dann sprießen die Pilze bei feuchtkühlem Wetter in ganzen Schwärmen aus dem Boden. Im Wald sammeln sollte man natürlich nur, was man kennt, und nach Hause transportiert man die Schwammerl am besten in einem offenen Korb – so bleiben sie kurzzeitig schön frisch. Vor dem Verzehr können Verschmutzungen mit einer Bürste noch weggeputzt werden.

Auf rund 2,6 Mio. ha bayerischer Waldfläche finden sich schließlich mehrere tausend Pilzarten, darunter auch geschützte …

bayerische pfifferlinge
bayerische steinpilze

pilze

BAYERISCHE PFIFFERLINGE

Der Bayerische Pfifferling – auch »Reherl«, »Rehgeißerl« oder aufgrund seiner dotter- bis blassgelben Farbe ebenso »Eierschwamm« genannt – ist von Juni bis Oktober in Laub- und Nadelwäldern zu finden und wird am besten nach einem Vorlauf von mehreren feuchtheißen Gewittertagen bzw. zweiwöchigem regnerischen Wetter mit milden Tages- und Nachttemperaturen gesammelt. In Symbiose mit verschiedenen Baumarten (Fichte, Tanne, Rotbuche und Kiefer) lebend ist er in Anordnung eines sogenannten »Hexenkreises« an deren flächigen Wurzelausläufern zu finden – ein kommerzieller Anbau ist daher nicht möglich. In Supermärkten erhältlich sind letztlich fast ausschließlich Pfifferlinge aus Osteuropa, da für deutsche bzw. bayerische die *Verordnung zum Schutz wild lebender Tier- und Pflanzenarten* greift. Gesammelt werden darf der kaliumhaltige, blutdrucksenkende Pilz mit dem pfeffrig-würzigen Geschmack daher nur in geringen Mengen zum Eigenbedarf. Wer auf regionalen Märkten heimische Pilze anbieten möchte, braucht eine Ausnahmegenehmigung der *Unteren Naturschutzbehörde.*

Sammelzeit: *Juni bis Oktober*
Geschmack: *pfeffrig-würzig*
Aussehen: *dotter- bis blassgelb*

BAYERISCHE STEINPILZE

Mit einem Hutdurchmesser von 8–25 cm wird der etwas gedrungen wirkende, dunkel- bis schwarzbraune Bayerische Steinpilz (dial. »Stoabuizl«, »Bülstling« oder »Dobernigl«) auch Herrenpilz genannt und ist zu dessen Schutz – wie auch der Bayerische Pfifferling – nur in geringen Mengen für den Eigenbedarf zu sammeln. Zu finden ist der Pilz (nach dem Zweiten Weltkrieg das »Gemüse des armen Mannes«) von Juli bis Oktober bei feuchtmilden Temperaturen in Laub- und Nadelwäldern, wo er meist in der Nähe von anderen bestimmten Pilzen wächst. Solche Steinpilzanzeiger sind der Mehlräsling, der Pfefferröhrling oder der giftige Fliegenpilz. Mild-nussig im Geschmack lässt sich der Steinpilz gut schmoren oder braten und ist ideale Beilage zu Wild oder Wildgeflügel.

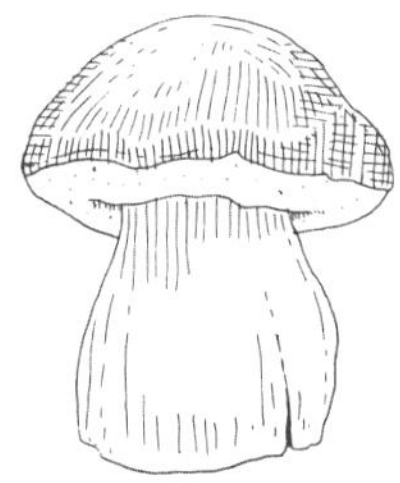

Sammelzeit: *Juli bis Oktober*
Geschmack: *mild-nussig*
Aussehen: *halbkugeliger, flach gewölbter Hut; dunkel- bis schwarzbraun*

Der Bayer geht »Schwammerl suchen«, nicht »Pilze sammeln«.

allgäuer käsespätzle
schwäbische spätzle
bröselhafer
bauchstecherl
schupfnudeln
adöpfeldätscher
rohrnudeln
dampfnudeln
rupfhauben
hutzelklöß
mehlkuchen
rhabarberkompott
scheiterhaufen

vegetarisch

Aus wenigen Zutaten herrliche Gerichte zaubern, das können die Bayern wahrlich gut! Denn früher gab es nur, was der eigene Hof zu bieten hatte und das waren – neben Fleisch – oft lediglich selbst angebautes, heimisches Obst und Gemüse, Butter, Eier sowie Mehl. Viele der vegetarischen Köstlichkeiten werden daher auch als »Mehlspeisen« bezeichnet und kommen traditionell noch heute immer freitags auf den Tisch.

Allgäuer Käsespätzle

Kässpatzen, Käsknöpfle

Ein köstlicher Gaumenkitzel

Die Allgäuer Käsespätzle sind ein richtig sättigendes Hauptgericht: Der Käse macht sie schön üppig und in Kombination mit den geschmälzten Zwiebeln sind sie ein wahres Gedicht! Früher waren Spätzle in Schwaben allerdings eher ein Arme-Leute-Essen, die benötigten Zutaten waren auf jedem Bauernhof zu finden und gaben Kraft für die harte Arbeit auf dem Gut und den Feldern. Im Allgäu, das für seine guten Milchprodukte bekannt ist, wurden die Spätzle dann mit Käse verfeinert, und auch heute noch finden für die originalen Käsespätzle Allgäuer Emmentaler und Allgäuer Bergkäse Verwendung. Wer ein sehr kräftiges Aroma bevorzugt, nimmt Romadur oder Limburger, im Allgäu auch als »Backsteiner« oder »Stangenkäs« bezeichnet, und Liebhaber eines eher salzig-deftigen Geschmacks schätzen den Weißlacker auf den Spätzle bzw. auf den »Knöpfle«, wie es ganz korrekt heißen muss. Denn nur die kleinen runden Teigwaren werden für echte Allgäuer Käsepätzle verwendet.

1 Das Mehl mit den Eiern, 200 ml Wasser und 1 Prise Salz zu einem glatten Teig verrühren. Dann den Teig mit einem Kochlöffel von Hand schlagen, bis er Blasen wirft.

2 In einem großen Topf reichlich Salzwasser zum Kochen bringen. Den Spätzleteig portionsweise durch den Knöpflehobel ins Wasser drücken. Nach dem Aufwallen schwimmen die Spätzle oben und können mit dem Schaumlöffel abgeschöpft werden.

3 Die Käse jeweils reiben. Eine große Schüssel vorwärmen und abwechselnd frische Spätzle und Käse einschichten. Damit der Käse zerfließt und die Spätzle heiß bleiben, die Schüssel zwischendurch immer wieder in den auf 75 °C aufgeheizten Backofen stellen. Zum Schluss die Knöpfle und den Käse gut durchmischen.

4 Die Zwiebel hacken, im Butterschmalz anbräunen und vor dem Servieren über die Spätzle verteilen.

HERKUNFT

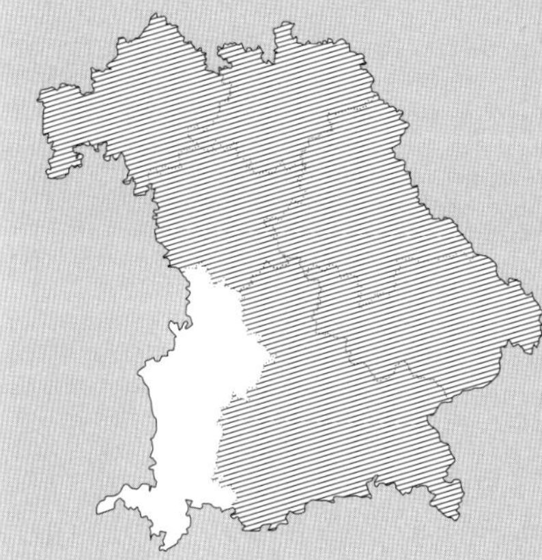

Schwaben

ZUBEREITUNGSDETAILS

MITTEL

4 PERSONEN

40 MINUTEN

ZUTATEN

- 500 g Mehl
- 5 Eier (Größe M)
- Salz
- 150 g Emmentaler
- 50 g Romadur
- 1 Zwiebel
- 60 g Butterschmalz

Knöpflehobel

HERKUNFT

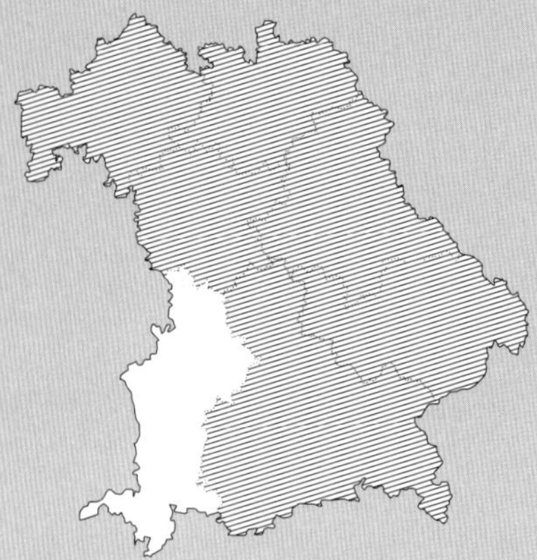

Schwaben

ZUBEREITUNGSDETAILS

MITTEL

4 PERSONEN

30 MINUTEN

ZUTATEN

500 g Mehl
5 Eier (Größe M)
Salz

Spätzlepresse

Schwäbische Spätzle

Spatzen, Knöpfle

Das Leibgericht der Schwaben

Bis ins 18. Jahrhundert lässt sich die Tradition der Spätzleherstellung in Schwaben zurückverfolgen: »S isch koi richtigs Schwobe-Mädla, des net Spätzla kocha ka«, so hieß es Ende des 19. Jahrhunderts. Und etwas Geschick wird bei der traditionellen Herstellung, bei der die Spätzle direkt vom Brett ins Wasser geschabt werden, schon benötigt. Wird diese Zubereitungsmethode gewählt, sollte der Teig übrigens etwas fester sein; wer dagegen diese Kunst der Verarbeitung nicht beherrscht, greift gerne auf die Spätzlepresse oder den Spätzlehobel zurück. Für Letzteren darf der Teig dann eine etwas flüssigere Konsistenz haben, die durch Zugabe von etwas mehr Wasser erreicht wird.
Wie vernarrt die Schwaben in ihre Spätzle sind, zeigt die lange Liste der Zubereitungsmöglichkeiten: Kräuterspätzle, Kartoffelspätzle, Dinkelspätzle, Apfelspätzle, Leberspätzle und, und, und…
Und auch in der Literatur zeigt sich, dass das schwäbische Herz für die kleinen Teigwaren schlägt: Es gibt Gedichte über sie wie *Das Lob der Schwabenknöpfle*, *Schwäbische Leibspeisa* oder das *Spätzles-Lied* und sogar einen Roman. Laut *Die Geschichte von den sieben Schwaben*, veröffentlicht im Jahr 1827, hat man im Schwabenland die Gewohnheit, »dass man täglichs Tags fünf Mal ißt, und zwar fünf Mal Suppe, und zwei Mal dazu Knöpfle oder Spätzle«.

1 Das Mehl mit den Eiern, 200 ml Wasser und 1 Prise Salz zu einem glatten Teig verrühren. Dann den Teig mit einem Kochlöffel von Hand schlagen, bis er Blasen wirft.

2 In einem großen Topf reichlich Salzwasser zum Kochen bringen. Den Spätzleteig portionsweise durch die Spätzlepresse ins Wasser drücken oder vom Brett schaben. Nach dem Aufwallen schwimmen die Spätzle oben und können mit dem Schaumlöffel abgeschöpft werden.

Bröselhafer

Nostalgische Traditionsspeise

Bröselhafer ist mit der Zeit ganz in Vergessenheit geraten, dabei gilt er doch als urbayerischer Begleiter von Sauerkraut. Vor allem im Tölzer Land verspeiste ihn die Landbevölkerung als schlichtes Werktagsessen mittags oder abends. Gerne wurde er mit Blut- und Leberwürsten oder Speck angereichert, er schmeckt aber auch mit Apfelmus.

1 Am Vortag die Kartoffeln kochen, pellen und noch warm durch die Kartoffelpresse drücken. Abdecken und zur Seite stellen.

2 Am nächsten Tag Salz zur Kartoffelmasse geben und Mehl darüberstäuben. Ganz wenig Wasser hinzufügen. Den Teig zwischen den Händen zerreiben, ähnlich wie bei der Herstellung von Kuchenstreuseln. Dabei entstehen kleine Würstchen, die an Spätzle erinnern. Wenn die Masse zu weich ist, noch etwas Mehl untermischen.

3 Eine große oder zwei kleinere Pfannen erhitzen und Butterschmalz darin zerlassen. Die Kartoffelbrösel hineingeben und anbraten. Dabei die Stückchen immer wieder mit dem Kochlöffel zerkleinern.

HERKUNFT

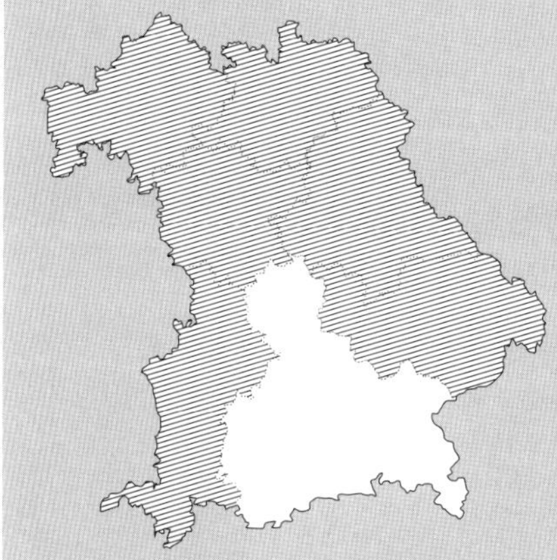

Oberbayern

ZUBEREITUNGSDETAILS

EINFACH

4 PERSONEN

12 STUNDEN PLUS 45 MINUTEN

ZUTATEN

- 1 kg Kartoffeln
- 1 Prise Salz
- 75 g Mehl, plus etwas mehr bei Bedarf
- Butterschmalz zum Braten

Bauchstecherl

Kartoffelnudeln, Fingernudeln, Fingerl

HERKUNFT

Oberbayern, Niederbayern

ZUBEREITUNGSDETAILS

VEGAN

MITTEL

4 PERSONEN

60 MINUTEN

ZUTATEN

1 kg Kartoffeln
Salz
50 g Mehl, plus etwas mehr bei Bedarf
Pflanzenöl zum Braten

Kartoffelpresse
Baumwolltuch

Köstlich bis zum Abwinken

Wie so viele andere Kartoffelgerichte können die Bauchstecherl sowohl deftig als auch süß genossen werden. Kraut passt zu ihnen also genauso gut wie Zwetschgenmus.
Ihren lustigen Namen haben sie wahrscheinlich von ihren spitz zulaufenden Enden, vielleicht rührt er aber auch daher, dass man sich mit den köstlichen Kartoffelnudeln am liebsten den Bauch so vollschlägt, bis es eben sticht … Die Länge und Dicke haben den Bauchstecherl – genau wie den Schupfnudeln – auch den Namen »Fingernudeln« beschert. Da sie ohne Eier zubereitet werden, sind sie vegan.

1 Die Kartoffeln schälen. Eine Hälfte davon in einem Topf mit Salzwasser weich kochen und noch warm durch die Kartoffelpresse drücken.

2 Die andere Hälfte der Kartoffeln in eine mit Wasser gefüllte Schüssel reiben. Durch ein Baumwolltuch gießen, Flüssigkeit auffangen und die Kartoffeln gut ausdrücken. Das Kartoffelwasser 15 Minuten stehen lassen, dann die abgesetzte Stärke zu den ausgedrückten Kartoffeln geben.

3 Die noch warme Kartoffelmasse zu den rohen, ausgedrückten Kartoffeln geben und mit 1 Prise Salz und Mehl verkneten. Anschließend aus dem Teig etwa fingerlange und -dicke Nudeln formen. Wenn die Masse zu weich ist, noch etwas Mehl untermischen.

4 Die Bauchstecherl in einer Pfanne im heißen Öl von allen Seiten goldbraun ausbraten.

Schupfnudeln

Fingernudeln, Bautzga, Wargelnudeln, Dradewixpfeiferl

Die wunderbar Wandelbaren

Bevor im 17. Jahrhundert die Kartoffel nach Deutschland kam – die ersten Erdäpfel hierzulande sollen in Oberfranken angebaut worden sein – bestanden die Nudeln nur aus Roggenmehl und Wasser. So sollen Landsknechte während des Dreißigjährigen Krieges aus der ihnen zugeteilten Mehlration die ersten Schupfnudeln zubereitet haben. Erst später, nachdem die Kartoffel auf bayerischen Äckern Einzug gehalten hatte, wurde das Rezept um die Erdknolle erweitert. Seit jeher sind die Nudeln eine eher bäuerliche Speise, die – je nach Region – ganz unterschiedlich zubereitet wird. Mit der Hand geformt, sollen sie aber etwa fingerlang, in der Mitte fingerdick und an den Enden spitz zulaufend sein. Die ebenso gerne gegessenen Bauchstecherl (siehe links) sind eine vegane Variante der Schupfnudeln.
Als Beilage werden Schupfnudeln beispielsweise zu Rehgulasch oder Kaninchenbraten serviert, als Hauptgericht kommen sie mit einer Mischung aus Sauerkraut und Speck auf den Tisch. Aber auch als Süßspeise schmecken sie, bestreut mit Zucker sowie Zimt und begleitet von Apfelmus.

1 Am Vorabend die Kartoffeln kochen und pellen.

2 Am nächsten Tag die Kartoffeln durch die Kartoffelpresse drücken, Mehl, 1 Prise Salz und Eier zugeben und gut durchkneten. Wenn die Masse zu weich ist, noch etwas mehr Mehl untermischen.

3 Auf einer bemehlten Arbeitsfläche den Teig zu einer dicken Wurst formen und davon kleine Stücke abschneiden. Diese auf der Arbeitsfläche so mit der Hand rollen, dass die Schupfnudeln in der Mitte dick sind und an den Enden spitz zulaufen.

4 Reichlich Salzwasser zum Kochen bringen und die Schupfnudeln hineingeben. So lange kochen, bis sie an der Oberfläche schwimmen. Dann mit dem Schaumlöffel herausheben, mit kaltem Wasser abschrecken und abtropfen lassen.

5 Die Butter in einer Pfanne zerlassen und die Schupfnudeln darin schwenken, bis sie goldbraun sind.

HERKUNFT

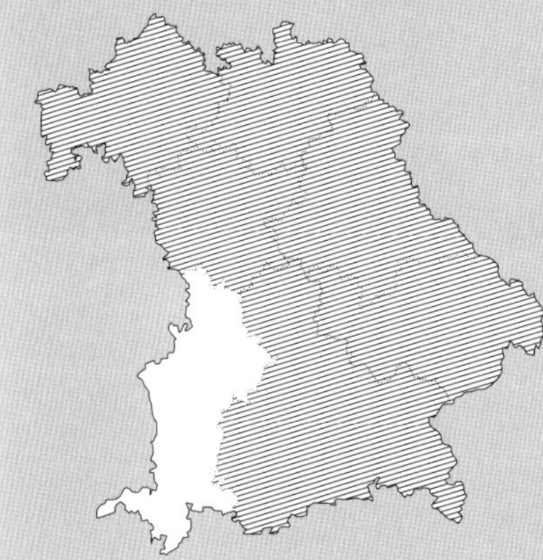

Schwaben

ZUBEREITUNGSDETAILS

EINFACH

4 PERSONEN

12 STUNDEN PLUS 45 MINUTEN

ZUTATEN

- 1 kg mehligkochende Kartoffeln
- 2 EL Mehl, plus etwas mehr bei Bedarf
- Salz
- 2 Eier (Größe M)
- 4 EL Butter

Adöpfeldätscher

Kartoffeldätscher

Kartoffelkuchen aus der Rhön

Adöpfeldätscher sind Reibekuchen aus Kartoffeln und eine Spezialität aus dem Landkreis Rhön-Grabfeld. Sie galten einst als Arme-Leute-Essen, denn die Zutaten hierfür sind günstig und auf dem Land in jedem Haushalt oder Garten zu finden. Die zünftigen Blechkuchen sind schnell und einfach zubereitet und machen richtig satt. Als Hauptgericht werden sie heiß gegessen, mit Apfelschnitzen belegt schmecken sie kalt auch zum Nachmittagskaffee.

1 Die Kartoffeln kochen, pellen und noch warm durch die Kartoffelpresse drücken. Anschließend etwas abkühlen lassen.

2 Mehl und Salz hinzugeben und gut durchkneten. Ist der Teig zu klebrig, noch etwas Mehl untermischen.

3 Den Backofen auf 220 °C (Ober-/Unterhitze) vorheizen.

4 Das Blech gründlich einölen. Den Kartoffelteig darauf verteilen und dünn ausrollen.

5 Schmand, Eier und Öl verrühren und auf dem Teig verstreichen.

6 Die Petersilie waschen, trocken schütteln, fein schneiden und zusammen mit dem Kümmel über den Guss streuen. Abschließend etwa 20 Minuten im Ofen backen, bis die Ränder goldbraun sind.

HERKUNFT

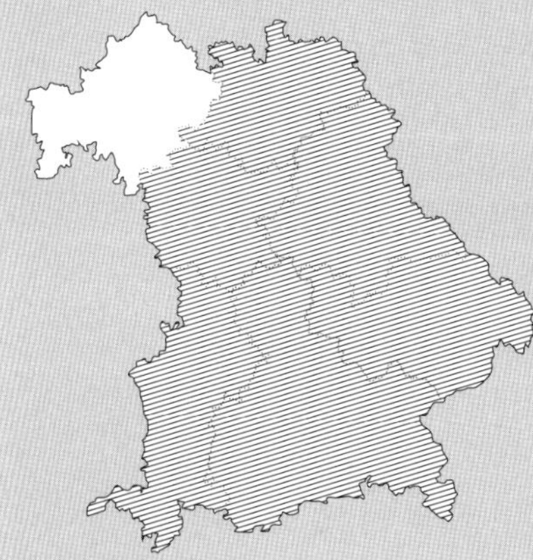

Unterfranken

ZUBEREITUNGSDETAILS

EINFACH

1 BLECH

55 MINUTEN

ZUTATEN

- 1,7 kg festkochende Kartoffeln
- 650 g Mehl, plus bei Bedarf etwas mehr
- 2 TL Salz
- 300 g Schmand
- 3 Eier (Größe M)
- 3 EL Sonnenblumenöl, plus etwas mehr fürs Blech
- 1 Bund Petersilie
- 2 EL ganze Kümmelsamen

Kartoffelpresse

Rohrnudeln

Buchteln, Wuchteln, Rohrnudle, Ofennudeln

Eine Wucht, diese Buchteln!

»Buchteln«, »Wuchteln« bzw. »Rohrnudeln« – wie auch immer man sie nennen mag – stammen ursprünglich aus der böhmischen Küche, in Tschechien werden sie als »buchtičky« bezeichnet, in der Slowakei als »buchty«. Und so sind sie auch keine »echten« italienischen Nudeln, wie ihr Name vielleicht verlauten mag, sondern kommen eben aus dem Rohr, dem Backofen also. Wie sie duften und wie leicht und fluffig sie sind! Doch manche Bäckerin hat Respekt vor einem solch lockeren Hefeteig, gilt er doch als etwas heikel in der Zubereitung. Beachtet man aber einige Grundregeln, kann eigentlich nichts schiefgehen. Hefeteig mag es warm und er braucht Zeit – das ist fast schon alles!
Früher war es in den katholischen Gemeinden Bayerns Brauch, freitags kein Fleisch zu essen. So kamen stattdessen häufig Mehlspeisen auf den Tisch, beispielsweise Buchteln – einfach, günstig und von Alt und Jung gleichermaßen gerne gegessen. Rohrnudeln werden meistens warm serviert und es gibt sie in vielen Variationen: ganz schlicht ohne alles oder aber gefüllt mit allerlei Süßem wie Marmelade, Zwetschgen, Mohn und Quark. Man bestreut sie mit Puderzucker oder genießt sie mit Kompott oder Vanillesauce. Beliebt sind sie auch als Nachspeise oder kalt zu einer Tasse Kaffee oder Tee.

1 Das Mehl in eine Schüssel sieben und in die Mitte eine Mulde drücken. Für den Vorteig ein wenig Milch erwärmen. Die Hefe zerbröckeln und mit etwas warmer Milch, etwas Zucker und ein wenig Mehl vom Rand der Mulde anrühren. Mit einem sauberen Geschirrtuch abgedeckt 30 Minuten an einem warmen Ort gehen lassen.

2 Die Butter zerlassen. Dann übrige Milch, restlichen Zucker, Eier, Salz und flüssige Butter zum Vorteig geben. Alles gut verkneten und so lange schlagen, bis der Teig Blasen wirft. Erneut mit dem Geschirrtuch abdecken und an einem warmen Ort 90 Minuten gehen lassen.

3 Danach Stücke vom Teig abstechen und zu Kugeln formen. Auf einem bemehlten Brett abgedeckt weitere 30 Minuten gehen lassen.

4 Den Backofen auf 180 °C (Ober-/Unterhitze vorheizen.

5 Eine Bratreine mit etwas Butter ausstreichen und die Rohrnudeln hineinsetzen. Etwa 30 Minuten im Ofen hellbraun backen.

6 Die Nudeln nach dem Backen zum Abkühlen auf ein Brett stürzen. Wenn sie etwas abgekühlt sind, mit zerlassener Butter einpinseln und mit Zucker bestreuen.

HERKUNFT

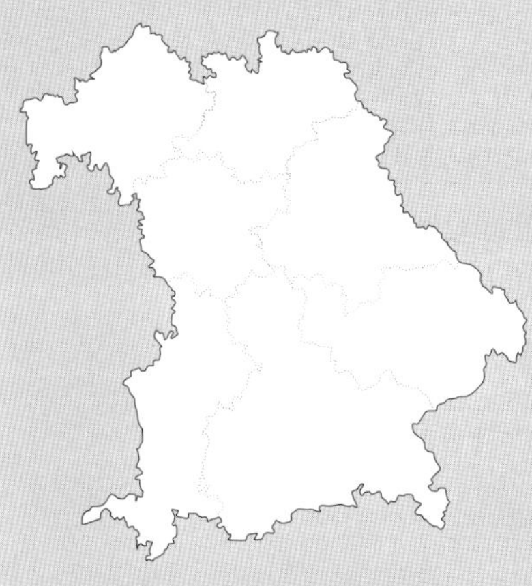

aus der böhmischen Küche, in ganz Bayern verbreitet

ZUBEREITUNGSDETAILS

MITTEL

12–15 STÜCK

45 MINUTEN PLUS RUHEZEIT

ZUTATEN

- 500 g Weizen- oder Dinkelmehl, plus etwas mehr zum Arbeiten
- 125 ml Milch
- 1 Würfel frische Hefe
- 00 g Zucker, plus etwas mehr zum Bestreuen
- 70 g Butter, plus etwas mehr zum Einpinseln
- 2 Eier (Größe M)
- 1 Prise Salz

Dampfnudeln

Die Nudel, die eigentlich ein Knödel ist

Die Bezeichnung »Nudel« hat mit den bekannten italienischen Teigwaren erst mal nichts zu tun, sondern leitet sich hier vom Wort »Knödel« ab – und diesen ähneln die Dampfnudeln in ihrer Form. Beim Garen in Dampf darf der Topfdeckel auf keinen Fall geöffnet werden, andernfalls fällt die Dampfnudel zusammen und wird hart. Sie soll aber schön fluffig sein! Charakteristisch ist auch ihr »Rammerl«, wie der knusprige Boden genannt wird, der durch das Braten in Milch und Zucker entsteht.

Ein Hoch auf die Dampfnudel

Erstmals 1811 im *Oekonomischen Handbuch für Frauenzimmer* erwähnt sind sie heute eine typisch bayerische Süßspeise, die gerne als Hauptgericht und fast immer mit Vanille- oder Fruchtsauce serviert wird. In Österreich kennt man sie als »Germknödel« und in Bayern wurde ihr sogar ein eigenes Lied gewidmet: »Dampfnudel-nudel hamma gestern g'habt, Dampfnudel-nudel hamma heit, Dampfnudel-nudel hamma allawei, in E-wig-keit!«
»Amen« möchte man da beinahe rufen, denn es geht doch nichts über diese süße Köstlichkeit. Speziell im Rottal haben die Bewohner noch eine ganz eigene Bauernregel dazu: »Wenn's Dampfnudeln rengt und Leberkas schneibt, dann bitt ma an Herrgott dass's Wetta so bleibt.«

1 Alle Zutaten Zimmertemperatur annehmen lassen. 100 ml Milch leicht erwärmen und die Hefe darin auflösen.

2 Mehl und Salz mischen und eine Mulde in die Mitte drücken. Die Milch-Hefe-Mischung hineingießen, 50 g Zucker zugeben und etwas verrühren.

3 Die Butter bei geringer Hitze zerlassen. Nach dem Abkühlen zusammen mit den Eiern zu den anderen Zutaten geben. Alles zu einem glatten Teig verkneten und mit einem sauberen Geschirrtuch abgedeckt mindestens 60 Minuten an einem warmen Ort gehen lassen.

4 Den Teig nochmals gut durchkneten und acht faustgroße Kugeln daraus formen. In einen hohen Topf die noch übrige Milch gießen, mit dem restlichen Zucker mischen, die Dampfnudeln hineinsetzen und mit dem Deckel verschließen. Anschließend ein sauberes Geschirrtuch anfeuchten, zusammenrollen und den Spalt zwischen Topf und Deckel damit rundherum abdichten. 20 Minuten gehen lassen.

5 Dann den Herd einschalten, die Milch zum Kochen bringen und die Nudeln auf mittlerer Hitze etwa 15–20 Minuten garen. Den Deckel während des Garens nicht öffnen, damit die Dampfnudeln nicht zusammenfallen!

HERKUNFT

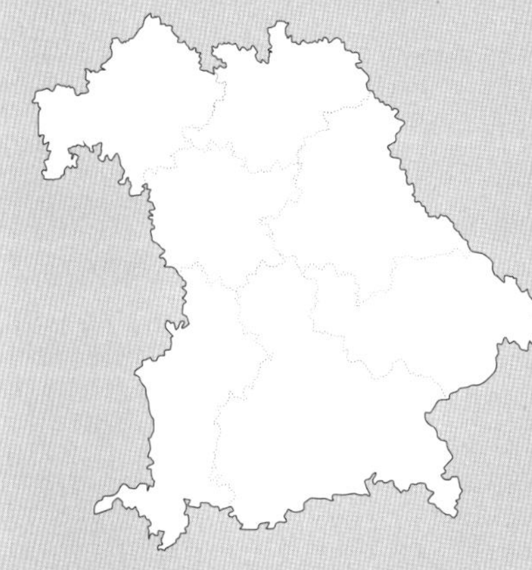

ganz Bayern

ZUBEREITUNGSDETAILS

MITTEL

8 STÜCK

40 MINUTEN PLUS RUHEZEIT

ZUTATEN

1 l Milch
1 Würfel frische Hefe
400 g Mehl
1 TL Salz
100 g Zucker
50 g Butter
2 Eier (Größe M)

Rupfhauben

Süßes in der Fastenzeit

Mehlspeisen gab es früher hauptsächlich in der Fastenzeit, wenn keine Fleischgerichte erlaubt waren. Süßes war schließlich nicht verboten und lieferte auch die nötige Energie für die Arbeit! So wurden viele dieser Gerichte auch noch mit süßen Beilagen wie Apfelmus oder Zwetschgenkompott gegessen.
Das Besondere an den Rupfhauben ist, dass sie – ähnlich wie Dampfnudeln, die allerdings aus Hefeteig bestehen – in Milch gedünstet werden. Die Grundlage für Rupfhauben bildet ein Strudelteig, in manchen Gegenden werden sie auch aus Kartoffelteig gemacht.

1 Von der Milch 125 ml abnehmen und leicht erwärmen.

2 Das Mehl in eine Schüssel sieben, eine Mulde in die Mitte drücken und Öl, Ei und warme Milch hineingeben. Alles zu einem glatten Teig verrühren und abgedeckt 30 Minuten ruhen lassen.

3 Den Teig in acht Portionen teilen und auf einer bemehlten Arbeitsfläche dünn ausrollen.

4 In einer Pfanne Butter und restliche Milch erhitzen. Die Teigfladen in die kochende Milch legen und mit einem Kochlöffelstiel von den Rändern her zusammenschieben, sodass sie sich leicht nach oben aufwölben. Bei geschlossenem Deckel etwa 15–20 Minuten köcheln lassen, bis die Milch fast aufgesogen ist.

HERKUNFT

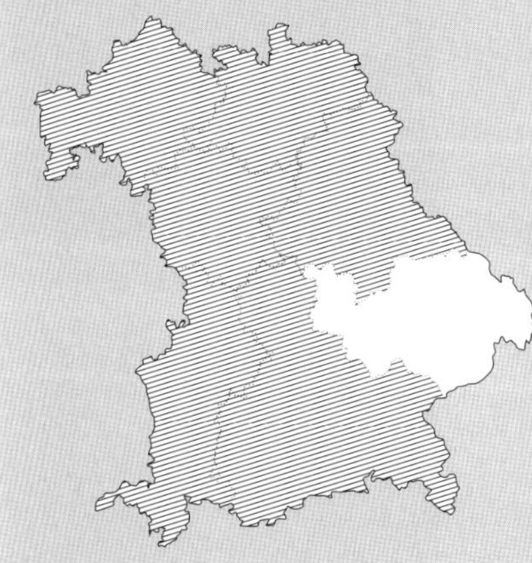

Niederbayern

ZUBEREITUNGSDETAILS

MITTEL

4 PERSONEN

30 MINUTEN PLUS RUHEZEIT

ZUTATEN

375 ml Milch
250 g Mehl, plus etwas mehr zum Arbeiten
1 EL Sonnenblumenöl
1 Ei (Größe M)
50 g Butter

Hutzelklöß

Schrumpelige Birnen als fruchtige Unterlage

»Hutzlig« bedeutet so viel wie »schrumpelig« und Hutzeln sind getrocknete, etwas schrumpelig aussehende Birnen (siehe auch »Fatschenbrunner Hutzeln«, Seite 169), die aber ein Kompott besonders fein und fruchtig machen. Dieses bildet beim Gericht »Hutzelklöß« die Unterlage für traditionell aus Dinkelmehl zubereitete Hefeklöße. Die Mehlsorte verleiht den Klößen einen leicht nussigen, vollen Geschmack. Hutzelklöße isst man einfach mit der Hand und taucht sie in das Kompott. Das Gericht wird mit einer Vorsuppe zu einem vollwertigen Mittagessen.

1 Für das Kompott die Birnen mit heißem Wasser überbrühen. Dann in frischem, kaltem Wasser einweichen, sodass die Hutzeln bedeckt sind. Über Nacht stehen lassen.

2 Am nächsten Tag den Zitronenabrieb mit der Zimtstange, der aufgeschlitzten Vanilleschote und Zucker zu den eingeweichten Birnen geben. Mitsamt dem Einweichwasser zum Kochen bringen und weich dünsten. Zum Schluss Zimtstange und Vanilleschote wieder aus dem Kompott nehmen.

3 Für die Klöße die Milch leicht erwärmen und die Hefe darin auflösen. Mehl und 1 Prise Salz in einer Schüssel mischen, in die Mitte eine Mulde drücken, die Hefemilch hineingießen und den Zucker hinzufügen. Mit etwas Mehl vom Rand einen Vorteig anrühren und 5–10 Minuten an einem warmen Ort gehen lassen.

4 Die Butter vorsichtig schmelzen und abkühlen lassen. Zusammen mit den Eiern zum Vorteig geben und alles zu einem glatten, festen Teig verkneten. Abgedeckt an einem warmen Ort etwa 45 Minuten gehen lassen, bis sich das Volumen des Teiges verdoppelt hat.

5 Aus dem Teig faustgroße Klöße formen und auf einer bemehlten Arbeitsfläche abgedeckt nochmals 30 Minuten gehen lassen.

6 Reichlich Salzwasser zum Sieden bringen und die Klöße darin etwa 15–20 Minuten bei geschlossenem Deckel ziehen lassen. Zwischendurch die Klöße einmal wenden. Die Klöße sind gar, wenn beim Anstechen mit einem Holzstäbchen kein Teig mehr daran kleben bleibt. Die Klöße mit einem Schaumlöffel aus dem Wasser heben und abtropfen lassen.

7 Die Klöße sofort auf dem Kompott anrichten und servieren.

HERKUNFT

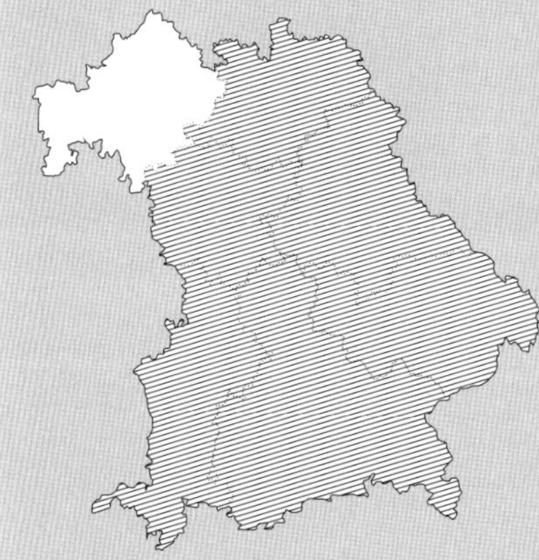

Unterfranken

ZUBEREITUNGSDETAILS

MITTEL

4 PERSONEN

12 STUNDEN PLUS 120 MINUTEN

ZUTATEN

FÜR DAS KOMPOTT

- 375 g getrocknete Birnen (sogenannte »Hutzeln«)
- Abrieb von ¼ Bio-Zitrone
- ½ Zimtstange
- ½ Vanilleschote
- 60 g Zucker

FÜR DIE KLÖSSE

- 250 ml Milch
- ½ Würfel frische Hefe
- 500 g Dinkelmehl, plus etwas mehr zum Arbeiten
- Salz
- 50 g Zucker
- 50 g Butter
- 2 Eier (Größe M)

Mehlkuchen

Mehlkuung

Simpel, aber etwas karg

Mehlkuchen ist ein sehr einfaches und günstiges Gericht, das früher gerne freitags als fleischloses Essen auf den Tisch kam. In alten Rezepten wird anstelle von Milch sogar nur Wasser verwendet.

Die Bezeichnung als »Kuchen« trifft es nicht ganz, denn der Mehlkuung ist eher ein Auflauf, der auch nicht in einer typischen Kuchenform, sondern in einer Bratreine aus Metall gebacken wird. Der fertige Mehlkuchen wird noch warm aufgeschnitten und mit Apfelmus, Zwetschgenbrüh' oder anderen Obstkompotten serviert. Man muss ihn allerdings nicht unbedingt süß verspeisen, oft wird dazu auch Gurken- oder grüner Salat gereicht.

HERKUNFT

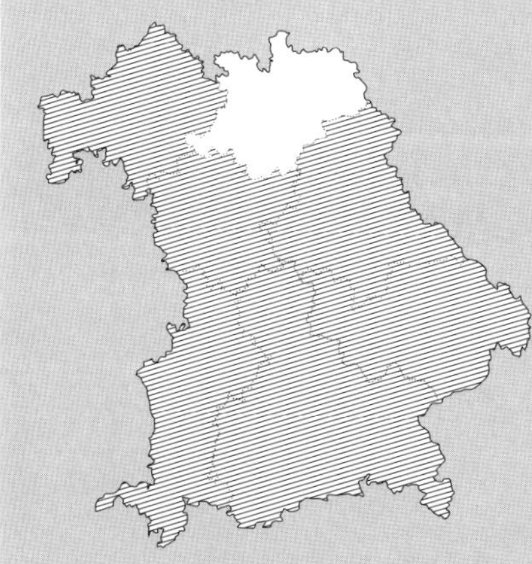

Oberfranken

ZUBEREITUNGSDETAILS

EINFACH

4 PERSONEN

50 MINUTEN

ZUTATEN

500 g Mehl
500 ml Milch
5 Eier (Größe M)
1 Prise Salz
Butter zum Einfetten

1 Den Backofen auf 180 °C (Ober-/Unterhitze) vorheizen.

2 Das Mehl mit Milch, Eiern und Salz zu einem lockeren Teig verquirlen.

3 Eine rechteckige Bratreine mit reichlich Butter einfetten. Den Teig in die Form füllen und etwa 45 Minuten im Ofen backen, bis der Mehlkuchen eine hellbraune Färbung angenommen hat.

Den Mehlkuchen sofort servieren, denn er fällt schnell zusammen. Kinder lieben ihn.

Rhabarberkompott

750 g Rhabarber
1 Bio-Zitrone
100 g Zucker, plus etwas mehr (nach Belieben)

1 Den Rhabarber waschen und putzen. Dicke und ältere Stangen abziehen, junge Stangen müssen nicht geschält werden. In 2–3 cm lange Stücke schneiden.

2 Die Zitrone waschen und ein Stück Schale abschneiden.

3 In einem Topf 500 ml Wasser erhitzen und den Zucker darin auflösen. Zitronenschale und Rhabarber zugeben. Bei geschlossenem Deckel 5–10 Minuten weich dünsten. Anschließend die Zitronenschale entfernen.

4 Erkalten lassen und nach Belieben noch nachsüßen.

Scheiterhaufen

Ofenschlupfer, Kirschenmännle/-michel

Semmelscheiben statt Holzscheite

Die Zutaten für dieses einfache Gericht werden wie die Holzscheite für einen Scheiterhaufen übereinandergeschichtet – von diesem Bild leitet sich auch der Name ab. Der Auflauf ist eine köstliche Idee, um alte Semmeln oder Brot zu verwerten, denn früher war man ja sehr sorgsam im Umgang mit Nahrungsmitteln.
Während beim »Scheiterhaufen« oder »Ofenschlupfer« Äpfel zugegeben werden, heißt die Variante mit Sauerkirschen »Kirschenmichel« oder »-männle«. Bei Letzterem wird anstelle der Semmeln Brot verarbeitet, das zusammen mit der Eiermilch zu einem Teig vermischt wird. Unter diesen werden dann wiederum die Kirschen gehoben. Statt Milch können auch Schlagsahne oder Sauerrahm verwendet werden und oft wird der Scheiterhaufen auch mit einer Haube aus steif geschlagenem Eiweiß überbacken. Ob mit Äpfeln oder Kirschen, die Süßspeise wird immer warm serviert. Wer es gerne noch üppiger mag, übergießt sie mit Vanille- oder Weinschaumsauce.

1 Den Backofen auf 180 °C (Ober-/Unterhitze vorheizen.

2 Die Semmeln in Scheiben schneiden. Die Äpfel schälen, Kerngehäuse entfernen und in Spalten schneiden. Kirschen waschen und entsteinen.

3 Die Milch erwärmen. Zitronenabrieb, 70 g Zucker, Eier und Rum unterrühren.

4 Eine Auflaufform mit Butter einfetten. Übrigen Zucker mit Zimt mischen.

5 Abwechselnd Semmelscheiben, Apfelspalten oder Kirschen, Zucker-Zimt-Mischung und eventuell Rosinen in die Form schichten. Die oberste Schicht sollte aus Semmelscheiben bestehen. Zum Schluss alles mit der Eiermilch übergießen und Butterflocken daraufsetzen.

6 Im Ofen etwa 45 Minuten goldbraun backen. Unmittelbar vor dem Servieren mit Puderzucker bestäuben.

HERKUNFT

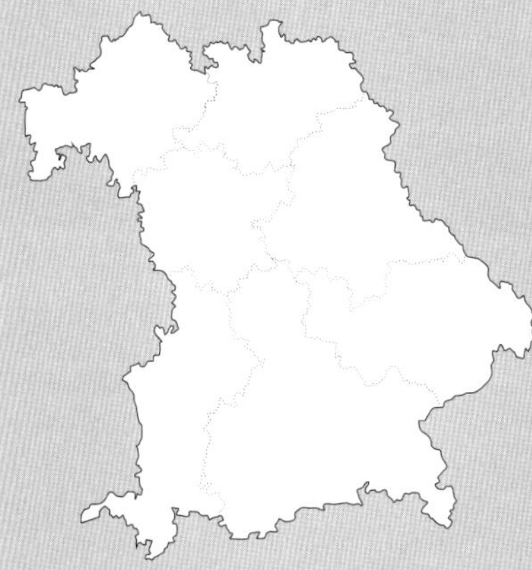

ganz Bayern

ZUBEREITUNGSDETAILS

EINFACH

4 PERSONEN

65 MINUTEN

ZUTATEN

- 7 Semmeln vom Vortag
- 750 g Äpfel oder Sauerkirschen
- 500 ml Milch
- Abrieb von 1 Bio-Zitrone
- 90 g Zucker
- 3 Eier (Größe M)
- 3 EL Rum (nach Belieben)
- Butter zum Einfetten der Form
- 1 TL gemahlener Zimt
- 50 g Rosinen (nur wenn Äpfel verwendet werden)
- Butterflocken zum Backen
- Puderzucker zum Bestäuben

bayerisches streuobst
lallinger obst
bodenseeapfel
fatschenbrunner hutzeln
fränkische süßkirsche
fränkische zwetschge
passauer goldpomeranze
rottaler apfel
schneiders späte knorpel
tauberschwarz
unterfränkische röhrlesbirne
weidenberger spindling

obst

Heute werden bayernweit rund 3 Millionen Obstbäume – vorwiegend Apfel-, Süßkirsch- und Zwetschgensorten – erwerbsmäßig bewirtschaftet, deren Früchte entweder in den Direktverkauf oder in die weitere Verarbeitung zu Most oder Spirituosen gehen. Und auch privat frönt der Bayer seinen Erträgen, so gibt es schließlich nichts Besseres als ein Stück frischen Kuchen mit saftigem Obst aus dem eigenen Garten.

obst

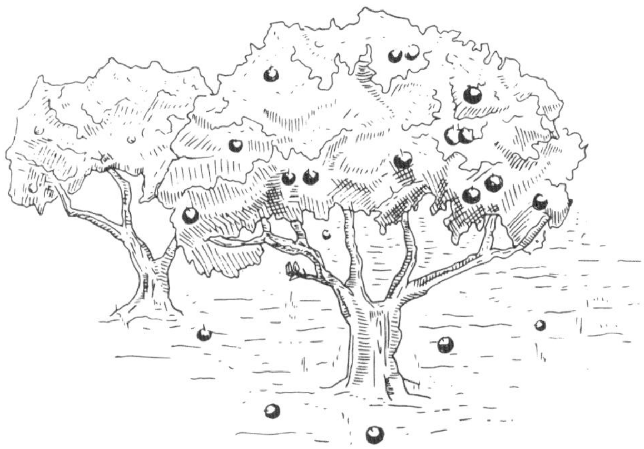

Aufbau der Streuobstwiesen in mehreren Etagen für eine artenreiche Lebensgemeinschaft:

selten gemähte Wiesen im Unterwuchs für Insekten wie Bienen, Hummeln und Schmetterlinge

Wurzelbereich für Mäusearten, Igel, Hasen und Rehe (reiche Nahrungsgrundlage durch Fallobst)

Stammbereich für Moose und Flechten

Baumhöhlen, Astlöcher und Kronen für Fledermäuse und Vögel als Nahrungsquelle und Brutplätze

Zum Streuobst zählen die Obstarten Apfel, Birne, Kirsche, Pflaume und Walnuss, mancherorts finden sich auch Quitten; entweder erntefrisch verzehrt oder zu Most, Obstsaft oder -brand verarbeitet sind die alten Lokalsorten von besonderem Genuss.

BAYERISCHES STREUOBST

Bei dieser Form des extensiven Obstanbaus stehen robuste, hochstämmige (1,60–1,80 m Stammhöhe bis zu den ersten Ästen) und großkronige Obstbäume in unregelmäßigen Abständen und demnach sehr weitläufig bzw. »verstreut« auf Wiesen, Äckern oder an Ortsrändern – anders als beim Plantagenobstanbau bleibt hier der einzelne Baum als Individuum erkennbar. Als traditionelles Kulturlandschaftselement seit dem 17. Jahrhundert etabliert geht die Zahl der Streuobstbestände seit dem »Emser Beschluss« im Jahr 1953, in dem es hieß, »für Hoch- und Halbstämme [würde] kein Platz mehr sein«, stetig zurück. Als bedeutender Lebensraum für viele Tierarten setzt sich allerdings der *Bund Naturschutz in Bayern e. V.* seit Jahren für den Erhalt der Streuobstwiesen ein.

LALLINGER OBST

Von drei Seiten durch die Bayerwald-Gebirgszüge geschützt und nach Süden hin zur Donauebene geöffnet liegt der Lallinger Winkel aufgrund seines milden Klimas für den Obstanbau besonders günstig. Als »Obstschüssel des Bayerischen Waldes« bezeichnet entwickelte sich hier bereits im 8. Jahrhundert die Obstbaumzucht, heute werden auf den Streuobstwiesen neben Birnen, Zwetschgen, Beeren, Kirschen und Nüssen allein 25 verschiedene Apfelsorten angebaut. Belegt ist zudem die gezielte Förderung der Region durch die Einrichtung einer Distriktobstbaumschule im Jahr 1861, die jedoch wegen sinkenden Interesses am Obstanbau bereits 1904 wieder geschlossen wurde. Heute wird das Obst von den ansässigen Bauern in Direktvermarktung auf den Erntedank-Apfel- und Kirchweih-Obstmärkten bzw. beim Lallinger Mostfest angeboten und entweder roh oder zu Säften, Most oder Obstler weiterverarbeitet genossen. Die hohe Bedeutung der Obstproduktion zeigt sich schließlich auch im Gemeindewappen, in dem ein Apfel zu finden ist. Wer noch mehr Wissenswertes zur Lokalgeschichte und zum Streuobstanbau im Lallinger Winkel erfahren möchte, für den bietet sich schließlich ein Ausflug zum hiesigen Streuobsterlebnisgarten an.

BODENSEEAPFEL

Mit rund 7.000 ha Fläche und 1.600 ansässigen Bauern liegt in der Bodenseeregion das deutschlandweit größte zusammenhängende Obstanbaugebiet. Die bis zu 20 kultivierten Apfelsorten erblühen hier in klimatisch günstigster Lage: Durch den See gespeicherte Wärme wird im Winter und bei Spätfrost im Frühjahr abgegeben – ideal für die kälteempfindlichen Obstbäume, insbesondere in der Blütezeit. Zudem fördert die Höhenlage im Voralpengebiet (400–600 m ü. M.) die Ausbildung des typisch kleinzelligen Fruchtfleisches der Äpfel. Bodenseeäpfel sind vielseitig in Farbe (rot bis grün) und Geschmack (säuerlich-süß bis mild-würzig) und werden bevorzugt roh gegessen, aber auch zu Trockenobst, Saft, Edelbrand oder Likör verarbeitet. Geerntet wird in Handarbeit in zwei bis drei Durchgängen von September bis Oktober, dann rufen die hiesigen Wirtshäuser auch die »Apfelwochen« aus.

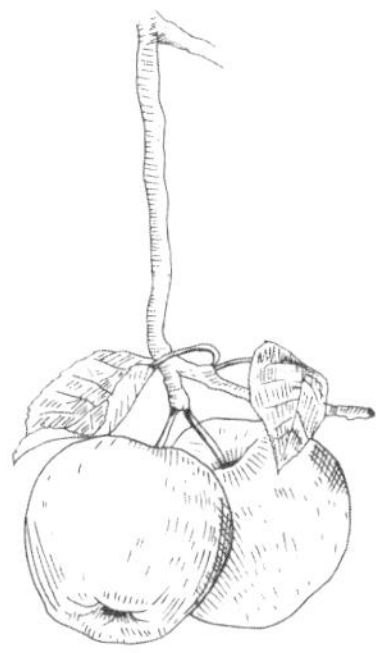

***Besonderes:** »Apfelwochen« im Herbst*
***Erntezeit:** September bis Oktober*

FRÄNKISCHE SÜSSKIRSCHE

Der Ursprung der Fränkischen Süßkirsche liegt evolutionsbiologisch in der wilden Vogel- und gemeinen Sauerkirsche, kulturell in der Auslese der Veredelungsunterlagen vonseiten des Klosters Weißenohe seit dem 11. Jahrhundert und ist in Deutschlands größtem geschlossenen Anbaugebiet für Süßkirschen, der Fränkischen Schweiz im Städtedreieck Nürnberg–Bamberg–Bayreuth, beheimatet. Geerntet wird zwischen Mai und September, wobei in der Hauptsaison täglich bis zu 25.000 Steigen Süßkirschen anfallen – gefeiert wird der Ertrag schließlich auf dem Höhepunkt der Ernte im Juli mit dem alljährlichen fränkischen Kirschenfest in Pretzfeld. Auf (oberfränkischen) Wochenmärkten wird die fruchtige Fränkische Süßkirsche vornehmlich pflückfrisch verkauft (ca. 80 % der Ernte), darüber hinaus wird sie gerne in Keltereien bzw. Brennereien zu Schnäpsen, Likören, Most und Saft verarbeitet.

***Besonderes:** Kirschenfest in Pretzfeld*
***Erntezeit:** Mai bis September*

FATSCHENBRUNNER HUTZELN

Im seit 1978 zu Oberauerbach gehörenden Fatschenbrunn, dem »Hutzeldorf im Steigerwald«, waren der Obstanbau und das Dörren der Früchte – durch die Verwendung des Dörrobstes in der Lebkuchenherstellung bis in die 1980er – landwirtschaftlicher Nebenerwerbszweig, heute wird die traditionelle Trockenobstherstellung (vorwiegend für den Verkauf an Naturkostläden oder im Internet) jedoch nur noch von wenigen Familien betrieben: Geerntet wird durch das Schütteln der Bäume mit langen Holzstangen und getrocknet auf »Därrhärrli« (Dörrgitter) in eigens hierfür errichteten Dörrhäuschen bei 60–70 °C in 4–7 Tagen; die Hutzeln (hd. »Dörrobst«) werden so fast unbegrenzt haltbar. Insgesamt finden sich in dem Kirchdorf 300 katalogisierte, teils 200 Jahre alte Obstbäume mit allein 40 Birnensorten. Die klassische Fatschenbrunner Hutzel schmeckt fruchtig-süß und ist von weicher und fleischiger Konsistenz.

***Besonderes:** fast unbegrenzt haltbar*
***Erntezeit:** September bis Oktober*

FRÄNKISCHE ZWETSCHGE

Erstmals zu Zeiten Karls des Großen um 800 dokumentiert, werden heute noch immer Zwetschgenbäume entlang des Mains kultiviert. Dabei entfallen rund ¾ der Fläche des bayerischen Zwetschgenanbaus (ca. 600 ha) auf Franken, davon wiederum ⅔ auf die Region Unter-/Mainfranken, wo ca. 170.000 Bäume bewirtschaftet werden – etwa 70–80 % des Bestands sind der altüberlieferten, typisch hochstämmigen Sorte »Fränkische Hauszwetschge« zuordenbar. Nach der Ernte im Herbst wird die blauschwarz-violette Frucht gerne zu Mus oder Kompott verarbeitet, als Kuchenbelag für den traditionell-fränkischen Blootz verwendet oder zum Destillat gebrannt – das hochprozentige »Fränkische Zwetschgenwasser« genießt sogar Sortenschutz und war in Kriegsjahren begehrtes Schwarzmarktprodukt. Bedroht ist die Zwetschge letztlich durch ihre hohe Anfälligkeit für das Scharka-Virus, das schlechte Fruchtqualität oder gar Ernteausfall verursachen kann.

***Besonderes:** hohe Virusanfälligkeit*
***Erntezeit:** Juli bis Oktober*

PASSAUER GOLDPOMERANZE

Die Kultivierung von Zitrusfrüchten (Orangen, Zitronen oder Pomeranzen) steht in Passau in langer Tradition. So ist der Anbau im Hofgarten in Hacklberg bereits 1554 erstmalig belegt, woraufhin die Stadt als eine der ersten nördlich der Alpen ausgewiesen werden kann, in der mit der Gattung *Citrus* zugehörigen Früchten Duftwasser und kulinarische Essenzen hergestellt wurden. Die Goldpomeranze, eine besonders robuste und ursprünglich im Himalaya beheimatete Bitterorange, wurde zunächst bis 1813 gezüchtet und im Jahr 2010 wiederentdeckt – seitdem sind Anbau und Zucht von Zitruspflanzen fester Bestandteil des Leitbildes der Stadtgärtnerei. Bitter-aromatisch im Geschmack wird die winterharte Zitrusart vornehmlich für die Herstellung von Sirup, Saucen oder Strudl verwendet, eine altertümliche Spezialität ist die Bittere Pomeranzentorte.

Besonderes: *winterhart bis –15 °C*
Erntezeit: *Januar bis Februar*

ROTTALER APFEL

Für das Landschaftsbild besonders ist die Bewirtschaftung von großen Streuobstbeständen, wonach ursprünglich jedem Hof im Rottal eine Obstwiese mit Apfel- und Birnbäumen oblag. An Hochstämmen wachsend begünstigt das raue, wechselhafte Klima der Region die Ausbildung des würzigen Geschmacks des Rottaler Apfels, der traditionell zur Mostobstgewinnung genutzt wird. Mit einer angeblich gesundheitsfördernden Wirkung wird dieser schließlich getrunken, um Körper und Geist zu stärken, mehr noch wurde diese Auffassung wirtschaftlich zu nutzen versucht: So gründete sich im Jahr 1950 die *Rottaler Fruchtsaft eG*, welcher bis zur Schließung 2016 etwa 2.500 Obstbauern angehörten. Zu den alljährlichen »Rottaler Mostwochen« findet sich der gegorene Fruchtsaft als besondere Zutat in vielen von ansässigen Wirtshäusern angebotenen Gerichten, außerdem tritt die Rottaler Mostkönigin in einer zweijährigen Regentschaft als Repräsentantin und Botschafterin des Getränks auf.

Besonderes: *»Rottaler Mostwochen« im Herbst*
Erntezeit: *September bis Oktober*

SCHNEIDERS SPÄTE KNORPEL

Im Jahr 1850 als Sämling auf dem Grundstück eines Herrn Schneider in Guben (Brandenburg) entdeckt wurde die Süßkirsche ab dem Jahr 1865 systematisch verbreitet und ist heute als »Königin der alten Kirschsorten« bekannt. Breit bis stumpf herzförmig, mit einer flachen Rückenfurche und einer dunklen Bauchnaht sowie von dunkelroter Färbung ist die Knorpelkirsche von mild-süßem Geschmack und intensivem Aroma. Dabei ist keine Kirschsorte abhängiger von einer ausreichenden Insektenbestäubung, außerdem reagiert der Baum bei kühler Witterung während der Blütezeit besonders empfindlich – unter optimalen Bedingungen kann der Ertrag durch die hochkugelige, dichte Baumkrone jedoch groß ausfallen und die Früchte können bereits in der Halbreife ab Mitte Juli genossen werden.

Besonderes: *Königin der alten Kirschsorten*
Erntezeit: *Mitte Juli bis September*

TAUBERSCHWARZ

Ursprünglich in Mittel- und Südosteuropa beheimatet gelangte die Rebsorte im 16. Jahrhundert nach Franken, wo sie 1559/60 erstmals von Graf Wolfgang von Hohenlohe im Taubertal angebaut wurde und 1726 von Graf Carl-Ludwig von Hohenlohe zu Weikersheim den Namen »Tauberschwarz« erhielt. Nach Rebflurumlegungen galt der Tauberschwarz 1959 schließlich als ausgestorben, bis in einem Ebertsbronner Weinberg die letzten 400 noch verbliebenen Rebstöcke gefunden wurden. Seitdem wurde die einstige Ursorte des Taubertals durch züchterische Auslese wiederhergestellt und bis heute wurden rund 12 ha Anbaufläche damit bestockt. Aus dem Tauberschwarz wird sortenreiner Qualitätsrotwein gekeltert, der geschmacklich mit dem Spätburgunder verwandt ist und sich durch fruchtige Aromen mit einer leicht rauchigen Zartbitternote auszeichnet – nach zweijähriger Lagerung entfaltet er seinen vollen, einzigartigen Geschmack.

Besonderes: *Ursorte des Taubertals*
Erntezeit: *Ende August bis Mitte Oktober*

Süß, saftig und verführerisch gut: So schmeckt Obst aus dem Garten Bayern!

UNTERFRÄNKISCHE RÖHRLESBIRNE

Vom fürstbischöflichen Hofgärtner Johann Mayer als »sehr gemein und beliebt wegen ihrer Nüzlichkeit und Fruchtbarkeit« (*Pomona Franconica*, 1801) ausgewiesen verschwand die der Gattung *Kochbirne* zugehörige Art fast vollständig – bis im Rahmen einer Sortenkartierung im Jahr 2007 in Uengershausen (bei Würzburg) zwei mächtige, teils abgängige Altbäume entdeckt wurden. Die Röhrlesbirne zeichnet sich besonders durch ihre Robustheit aus, wird erst Ende Oktober geerntet und übersteht damit bereits den ersten Frost. Sie ist zudem »von ausserordentlicher Festigkeit, und kann niemals roh gespeiset werden: aber gekocht, gedörrt und auf verschiedene Arten zugerichtet, ist sie vortrefflich; durch das Kochen erhält sie eine schöne rothe Farbe und einen sehr lieblichen Wohlgeruch«. Heute wird die »verschollene Nationalfrucht« gerne zur Herstellung sortenreiner Destillate verwendet.

Besonderes: *Kochbirne*
Erntezeit: *Ende Oktober*

WEIDENBERGER SPINDLING

Der Gruppe der »Gelben Spillinge« angehörig handelt es sich bei der Lokalsorte »Weidenberger Spindling« um eine Urpflaume, die aus Funden der charakteristischen Kerne seit knapp 2.000 Jahren für Bayern belegt und eng mit der süddeutschen Siedlungsgeschichte verbunden ist. Die besonders robuste Obstsorte (große Resistenz gegenüber Krankheiten) ist süß und saftig-aromatisch im Geschmack und als gelber Schatz der Region, aus dem gerne Mus, Marmelade oder Schnaps hergestellt wird, bekannt. Wer den Weidenberger Spindling ernten möchte, muss aber flexibel sein: Ist der ideale Reifezeitpunkt erreicht, müssen die Pflaumen sofort – also noch an dem einen, bestimmten Tag im Jahr – geerntet und verarbeitet werden. Heute findet sich die Pflaumenart infolge fehlender Nachzuchten immer seltener und wird vom *Landschaftspflegeverband Weidenberg und Umgebung e. V.* mit einer Vielzahl von Initiativen zu schützen versucht.

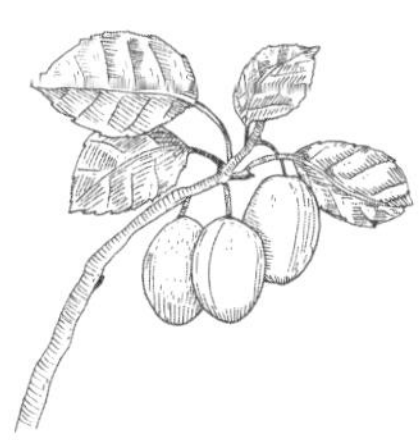

Besonderes: *Urpflame*
Erntezeit: *Anfang bis Mitte August*

süßes

Früher waren große Gastmähler eine einzige Schau, da bedurfte es in der Speisefolge stets eines abrundenden Ganges – mit dem Dessert (abgeleitet vom französischen »desservir«, dt. »abtragen, beschließen«) wurde also ab dem ausgehenden Mittelalter eine festliche Tafel aufgehoben. Und noch heute beschließt man das Essen gerne mit etwas Süßem, dabei fällt die typisch bayerische Nachspeise auch mal etwas üppiger aus …

münchner apfelstrudel
apfelküchërl
bayerische creme
bavesen
bratapfel mit nüssen

Münchner Apfelstrudel

Hauchdünn muss er sein

Ein perfekt ausgezogener Strudelteig ist so dünn, dass man eine Zeitung hindurch lesen kann, so heißt es zumindest. Für die Zubereitung braucht man durchaus etwas Fingerspitzengefühl, denn zieht man zu kräftig, reißt der Teig leicht. Und noch etwas braucht der Strudelteig: Wärme und Feuchtigkeit während seiner Ruhezeit, damit er nicht austrocknet und schön elastisch bleibt. Deshalb ist das Öl im Teig sehr wichtig und auch auf die Mehlsorte kommt es an; am besten eignet sich Weizenmehl der Type 550.
Der berühmteste Apfelstrudel ist natürlich derjenige aus Wien. Von Österreich aus gelangte er nach Oberbayern, wo er in der Münchner Variante durch die Zugabe von saurer Sahne besonders frisch und fruchtig schmeckt. Er steht dem Original in nichts nach! Besonders gerne wird er als Dessert mit Vanillesauce oder Eis und Schlagsahne verdrückt.

1 Das Mehl sieben und in die Mitte eine Mulde drücken. Salz, Ei, Öl und etwa 125 ml lauwarmes Wasser hineingeben und alles miteinander verkneten. Es soll ein elastischer Teig entstehen, der nicht klebt.

2 Den Teig zu einer Kugel formen, mit etwas lauwarmem Wasser bestreichen und mit einer angewärmten Schüssel abdecken. 30 Minuten ruhen lassen.

3 Den Teig halbieren. Ein frisches Geschirrtuch ausbreiten und mit Mehl bestäuben. Eine Teighälfte darauflegen und mit dem Nudelholz in einem Durchmesser von etwa 24 cm ausrollen. Den Teig mit etwas Öl bepinseln und weiter mit den Händen vorsichtig ausziehen, bis er hauchdünn ist.

4 Für die Füllung die Rosinen in Rum einweichen. Die Teigplatte mit der Hälfte der sauren Sahne bestreichen und mit 2 EL Semmelbröseln bestreuen.

5 Die Äpfel waschen, schälen, entkernen und in feine Blättchen schneiden. Mit Zucker und Zimt vermischen und die abgetropften Rosinen sowie die Mandeln unterheben. Die Hälfte der Apfelfüllung auf dem Strudelteig verteilen. Dabei einen schmalen Rand freilassen. Den Strudel mithilfe des Geschirrtuchs von der Längsseite her locker aufrollen. Mit dem zweiten Teigstück und den restlichen Zutaten ebenso verfahren.

6 Den Backofen auf 220 °C (Ober-/Unterhitze) vorheizen und ein Backblech gut einfetten.

7 60 g Butter zerlassen und die Strudel damit bepinseln. Etwa 45–55 Minuten im Ofen backen. Vor dem Servieren 10 Minuten ruhen lassen und mit Puderzucker bestäuben.

HERKUNFT

Oberbayern (München)

ZUBEREITUNGSDETAILS

SCHWIERIG

2 STÜCK

80 MINUTEN PLUS RUHEZEIT

ZUTATEN

FÜR DEN TEIG

300 g Mehl (Type 550), plus etwas mehr zum Arbeiten
1 Prise Salz
1 Ei (Größe M)
3 EL Sonnenblumenöl, plus etwas mehr zum Bepinseln

FÜR DIE FÜLLUNG

150 g Rosinen
5 EL Rum
200 g saure Sahne
4 EL Semmelbrösel
1,5 kg mürbe Äpfel
3 EL Zucker
½ TL gemahlener Zimt
50 g gehackte Mandeln

Butter fürs Blech und zum Bepinseln der Strudel
Puderzucker zum Bestäuben

Apfelkücherl

Apfelküchle, Apfelküchla, Apfelkiachl, Apfelradln, Apfelspalten

Das Dessert aus der Antike

Mit Vanilleeis oder Schlagsahne serviert schmecken die Apfelkücherl besonders fein, als Dessert sind sie zu jeder Jahreszeit beliebt. Aus Rezepten aus dem Alten Rom geht hervor, dass die knuprig ausgebackenen Apfelscheiben schon in der Antike auf den Tisch kamen. Von Italien wanderten die Apfelkücherl schließlich gen Norden über die Alpen bis in die Küchen der bayerischen Klöster – in die Haushalte war es von hier nur noch ein Katzensprung.

1 Für den Teig alle Zutaten zu einer dickflüssigen Masse miteinander verquirlen.

2 Die Äpfel waschen, im Ganzen schälen und die Kerngehäuse ausstechen. Die Früchte quer in dicke Scheiben schneiden und durch den Teig ziehen. Etwas abtropfen lassen, dann im heißen Schmalz goldbraun ausbacken.

3 Zucker und Zimt vermischen und die heißen Apfelscheiben darin wälzen. Sofort servieren.

HERKUNFT

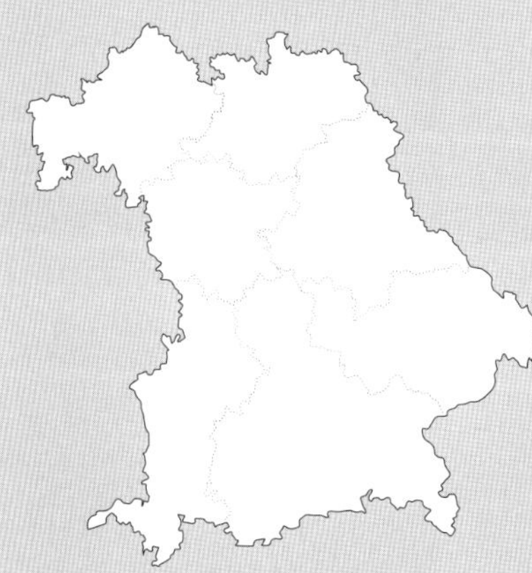

ganz Bayern

ZUBEREITUNGSDETAILS

EINFACH

4 PERSONEN

25 MINUTEN

ZUTATEN

FÜR DEN TEIG

- 250 ml Milch (alternativ dunkles Bier oder Frankenwein)
- 200 g Mehl
- 2 Eier (Größe M)
- 1 Prise Salz
- 1 EL Zucker

AUSSERDEM

- 4 Äpfel
- Butterschmalz
- 75 g Zucker
- 1 TL gemahlener Zimt

Bayerische Creme

Creme Bavaroise, Bayerische Rahmsulze

Von den Wittelsbachern an den französischen Hof

Die Bayerische Creme soll die kulinarische Kreation einer schönen Wittelsbacherin sein. Elisabeth von Bayern, Tochter des Herzogs Stephan, wurde 1385 mit dem französischen König Karl VI. verheiratet und ging als französische Königin Isabeau de Bavière in die Geschichte ein. Sie brachte das Rezept für die üppige Nachspeise mit an den französischen Hof.

Der Dessertklassiker

Die Bayerische Creme ist heute die klassische Dessertcreme, die in allen Kochbüchern – nicht nur in bayerischen – zu finden ist. Zusammen mit frischen Beeren oder als Nocken auf einem Spiegel aus Fruchtsauce ist sie der würdige Abschluss eines feinen Essens. Es können auch Früchte wie Heidelbeeren, Himbeeren oder Mangos püriert und unter die Grundmasse gemischt werden. Sehr fein macht sie sich auch als Mokkacreme mit untergezogenem Kaffeepulver oder mit Likör aromatisiert.

1 Die Gelatine 10 Minuten in kaltem Wasser einweichen.

2 Die Vanilleschote längs aufschneiden, das Mark herauskratzen und beides in der Milch aufkochen.

3 Die Eigelbe mit dem Zucker schaumig schlagen. Die Vanillestange aus der Milch nehmen und die heiße Milch unter Rühren langsam in die Eigelbmasse gießen.

4 Die Gelatine ausdrücken und in der Masse auflösen. Über dem Eiswürfelbad kalt rühren.

5 Die Sahne steif schlagen und unter die gerade gelierende Masse ziehen. Die Creme in kalt ausgespülte Formen gießen und im Kühlschrank mindestens 6 Stunden lang fest werden lassen.

HERKUNFT

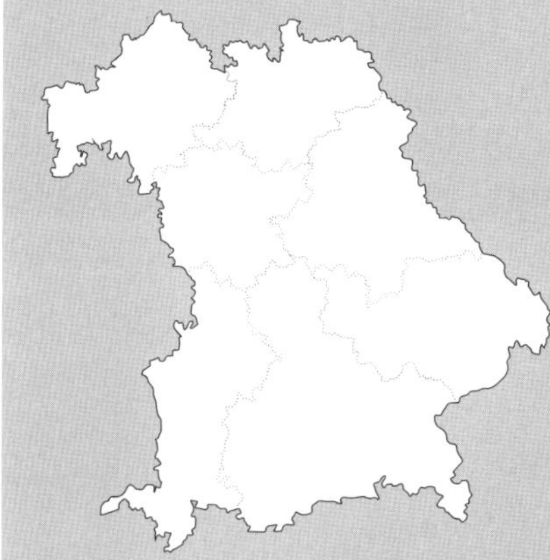

ganz Bayern

ZUBEREITUNGSDETAILS

GLUTENFREI

MITTEL

4 PERSONEN

35 MINUTEN PLUS KÜHLZEIT

ZUTATEN

7 Blatt weiße Gelatine
1 Vanilleschote
500 ml Milch
4 Eigelb (Größe M)
175 g Zucker
500 g Sahne

Eiswürfelbad

Bavesen

Ehhalten-Schmaus, Pavesen, Zwetschgenbavesen

Mittelalterliches Upcycling aus Italien

Im einzigen aus dem 14. Jahrhundert erhaltenen deutschsprachigen Kochbuch, dem *Buoch von guoter spîse*, ist bereits »ein spîse von birn« ähnlich der heutigen Bavesen enthalten. Hierfür werden Weißbrotscheiben mit gedünsteten Äpfeln und Birnen gefüllt und in einen Eierteig getaucht.

Der Name »Bavesen« kommt aus dem Italienischen. Ein Pavese ist ein Bewohner der Stadt Pavia, zugleich bedeutet der Begriff aber auch »der Schild« und die angebratenen Weißbrotscheiben haben durchaus Ähnlichkeit mit einer solchen mittelalterlichen Schutzwaffe, die mittels Spitze in die Erde gesteckt wurde und so einem Schützen zur Deckung diente. Eine Verbindung gibt es möglicherweise auch zu der bekannten »Zuppa pavese«, einer aus Pavia stammenden Fleischbrühe, die mit gebratenen Weißbrotscheiben serviert wird.

Traditionell gab es die Bavesen in Bayern an »Schlenklweil«, so wurden die Tage zwischen Mariä Lichtmess am 2. Februar und Agatha am 5. Februar genannt. Da die Dienstboten an Lichtmess ihren Jahreslohn bekamen und erst an Agatha das neue Arbeitsjahr begann, war ihnen ein paar Tage Freizeit zugesichert; entschieden sie sich zu einem Dienstherrenwechsel wurden sie vom alten mit einem guten Mahl verabschiedet und vom neuen genauso begrüßt.

Verwandtschaft zu Kartäusern und Rittern

In Fett gebackene Brotstücke waren schon im Römischen Reich bekannt. Dabei sind den Bavesen die Kartäuser Klöße oder Arme Ritter sehr ähnlich, verwandt sind sie aber auch mit dem als Auflauf gebackenen Scheiterhaufen (siehe Seite 165). Und ebenso in vielen anderen Ländern gibt es vergleichbare Speisen – kreiert wurden sie alle, um altes Weißbrot zu verwerten.

Die Zwetschgenbavesen können übrigens auch paniert werden, dann werden die Brotscheiben mit Milch beträufelt, durch verschlagenes Ei gezogen, in Semmelbröseln gewälzt und gebraten.

1 Die Weißbrotscheiben dick mit Zwetschgenmus bestreichen. Jeweils zwei Scheiben zusammenklappen und diagonal durchschneiden.

2 Eier, Zucker und Milch verquirlen und die Weißbrotscheiben hineinlegen. Ein paar Minuten durchziehen lassen und dabei mehrmals wenden, damit sie sich vollsaugen.

3 In heißem Schmalz von jeder Seite goldbraun ausbacken. Herausnehmen, in Zucker und Zimt wenden und nochmals im heißen Fett braten, damit der Zucker etwas karamellisiert und sich eine knusprige Kruste bildet.

HERKUNFT

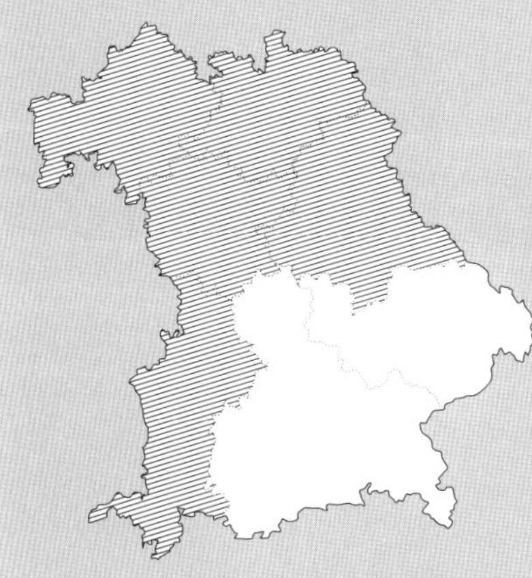

Oberbayern, Niederbayern

ZUBEREITUNGSDETAILS

EINFACH

4 PERSONEN

20 MINUTEN

ZUTATEN

- 8 Scheiben Weißbrot vom Vortag
- 375 g Zwetschgenmus
- 2 Eier (Größe M)
- 2 EL Zucker
- 200 ml Milch
- Butterschmalz zum Ausbacken
- Zucker und Zimt zum Wenden

Bratapfel mit Nüssen

Wärmt nicht nur am Nikolaustag

Seit jeher belohnt der Nikolaus brave Kinder mit Süßigkeiten und kleinen Geschenken. Aus seinem Sack holt er auch Äpfel und Nüsse und verteilt diese auf die am Vorabend des 6. Dezember vor die Tür gestellten Stiefel … So sind Bratäpfel traditionell besonders in der Vorweihnachtszeit eine viel gesehene Nachspeise. Und wenn es in der warmen Stube nach gebratenen Äpfeln und Nüssen duftet, wird es daheim erst so richtig behaglich. Das warme Dessert wärmt nicht nur den Magen, sondern auch die Seele!

1 Die Rosinen mit dem Zwetschgenbrand kurz marinieren. Die Haselnüsse in einer Pfanne ohne Fett rösten.

2 Die Äpfel waschen und das Kerngehäuse ausstechen. Eine ofenfeste Form fetten und die Äpfel hineinsetzen.

3 Rosinen und Haselnüsse mit Marzipan und Zimt vermengen und zu gleichen Teilen in die Äpfel füllen. Jeweils ein Butterflöckchen daraufsetzen und bei 200 °C (Ober-/Unterhitze) etwa 35 Minuten im Ofen backen.

HERKUNFT

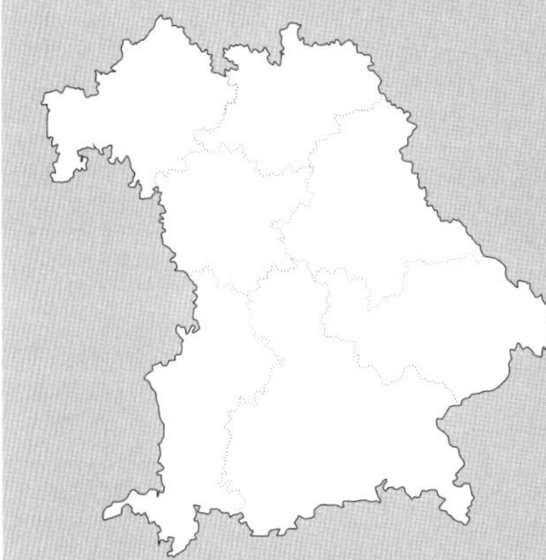

ganz Bayern

ZUBEREITUNGSDETAILS

GLUTENFREI

EINFACH

4 PERSONEN

45 MINUTEN

ZUTATEN

- 2 EL Rosinen
- 1 EL Zwetschgenbrand
- 3 EL gehackte Haselnüsse
- 4 große Äpfel
- Butter zum Backen und für die Form
- 50 g Marzipan
- 1 Msp. gemahlener Zimt

ofenfeste Form

gebäck

Traditionell kommen viele Gerichte nur an bestimmten Tagen im Jahr auf den Tisch und auch das Bäckerhandwerk richtet sich nach diesem tradierten kulinarischen Kalender. So sind viele Teilchen als Faschings-, Oster-, Kirchweih- oder Weihnachtsgebäck bekannt geworden – als seltene Besonderheiten schmecken sie zu diesen Festen auch heute noch am besten.

hollerkücherl
fränkische küchle
auszogne
nonnenfürzchen
hasenöhrl
schneeballen
urrädla
ochsengurgel
blöcher
sebastiansring
wachsstöcke
allerseelenzopf
eierweck
lindauer butschelle
dinkelsbühler schneckennudeln
plätzchen & lebkuchen
chamer kampl

Hollerkücherl

Hollerküchla, Hollerkiachl, Holunderküchlein

Duftende Dolden im Teigmantel

Die Blüte des Holunderstrauchs ab Mai und Juni leitet den Frühsommer ein, dann verströmen die Dolden ihren ganz speziellen Duft und können zu aromatischen Hollerkücherl verarbeitet werden. Damit die Blüten im Teigmantel ihr volles Aroma entfalten können, ist es wichtig, dass sie nicht ausgeschüttelt oder gar gewaschen werden.

Heilig und heilsam

Früher wurde der Holunder als eine ganz besondere Pflanze geschätzt, vor der sogar Männer ihren Hut zogen. Denn der Strauch galt als Beschützer von Haus und Hof, Bewohnern und Vieh. Auch Blitzeinschläge sollte er fernhalten, weshalb stets einer im Garten gepflanzt wurde. Ihn zu fällen, sollte Unheil bringen.
Verehrt wurde der Holunder auch schon von den Kelten und Germanen, denen er als Sitz der Göttin Holda, Beschützerin der Tiere und Pflanzen, galt, zudem verbrannten Letztere sein Holz zusammen mit ihren Toten. Und auch im Christentum ist der Busch fest verankert: Judas soll sich an einem Holunder erhängt und Maria auf ihrer Flucht nach Ägypten unter ihm gerastet haben.
Seit der Antike wird Holunder auch als Heilpflanze geschätzt, später bezeichnete man ihn aufgrund seiner vielfältigen Heileigenschaften gar als »Apotheke des kleinen Mannes«. Die Holunderblüten wirken schweißtreibend sowie immunstärkend und sind als Tee ein altes Hausmittel bei Erkältung und Grippe. Bei Durchfall helfen die getrockneten Beeren des Busches als stopfendes Mittel; sie sind aufgrund ihrer blau-schwarzen Farbe besonders reich an Antioxidantien und wirken darüber hinaus auch schleimlösend.

1 Die Holunderblütendolden auf einem Geschirrtuch ausbreiten, damit sich kleine Insekten entfernen können.

2 Das Ei trennen und das Eiweiß steif schlagen. Das Eigelb mit Mehl, Salz und Bier zu einem glatten Teig verrühren und 10 Minuten quellen lassen. Anschließend den Eischnee unterheben.

3 Das Butterschmalz erhitzen. Die Holunderblütendolden am Stiel anfassen, durch den Teig ziehen und etwas abtropfen lassen. Dann goldgelb ausbacken. Mit Zucker und Zimt bestreuen und sofort servieren.

HERKUNFT

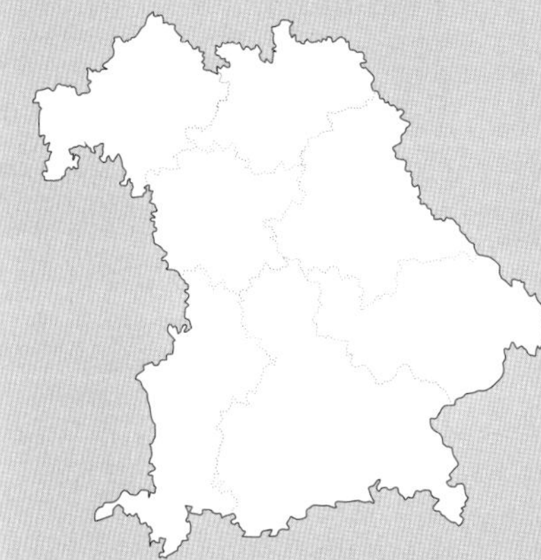

ganz Bayern

ZUBEREITUNGSDETAILS

EINFACH

4 PERSONEN

30 MINUTEN

ZUTATEN

- 15–20 frische Holunderblütendolden
- 1 Ei (Größe M)
- 80 g Mehl
- 1 Prise Salz
- 125 ml helles Bier (alternativ Weißwein oder Milch)
- 500 g Butterschmalz zum Ausbacken
- Zucker und Zimt zum Bestreuen

Fränkische Küchle

Keine Kärwa ohne Küchle

Nach guter alter, fränkischer Tradition beschließen die Küchle den großen Vorabendschmaus anlässlich einer Kirchweih. Es ist aber auch Brauch, sie für Taufen, Trauungen und Konfirmationen zu backen. Außerdem kommen sie an Ostern und im Fasching zum Kaffee auf die Tafel.

Viel Luft mit etwas Teig drum herum

Die Fränkischen Küchle werden auch als »Kissen« bezeichnet, weil ihre eckige, aufgeblasene Form eben an ein dickes, gut aufgeschütteltes Kissen erinnert – der Boden ist flach und die Oberseite bildet eine Blase mit hellem Rand. Diese spezielle Form entsteht, wenn das in der Butter enthaltene Wasser beim Ausbacken schlagartig verdampft und den Teig aufbläht. Solche Küchle werden hauptsächlich in protestantischen Gegenden gebacken, in katholischen sind dagegen eher die runden Knieküchle bzw. Auszognen mit dickem Rand und dünnem »Hütchen« heimisch (siehe Seite 191).
Ganz gleich, ob evangelisch oder katholisch – gegessen werden die Küchle am besten noch warm, aber auf jeden Fall frisch! Denn am nächsten Tag schmecken sie nur noch halb so gut.

1 Mehl und Salz in einer Schüssel mischen, eine Mulde in die Mitte drücken und die Hefe hineinbröckeln. Die Milch leicht erwärmen und 50 ml davon zur Hefe gießen. 1 TL Zucker hinzufügen und mit etwas Mehl vom Rand der Mulde einen Vorteig anrühren. An einem warmen Ort 5–10 Minuten gehen lassen.

2 Die Butter vorsichtig schmelzen und abkühlen lassen. Zusammen mit den restlichen Zutaten zum Mehl geben und alles gut verkneten, bis sich der Teig vom Schüsselrand löst.

3 Den Teig in vier Portionen teilen und abgedeckt gehen lassen, bis er sich verdoppelt hat.

4 Den Teig nochmals kurz durchkneten und auf einer bemehlten Arbeitsfläche 2–3 cm dick ausrollen. Mit einem Teigrädchen etwa 10 cm große Quadrate ausradeln und abgedeckt nochmals 15 Minuten gehen lassen.

5 So viel Butterschmalz erhitzen, dass die Küchle darin schwimmen können. Die Küchle portionsweise ins heiße Fett geben und immer wieder damit begießen, bis sie aufgehen. Wenn die Unterseite braun ist, wenden und goldbraun ausbacken.

6 Auf einem Kuchengitter abkühlen lassen und vor dem Servieren mit Puderzucker bestäuben.

HERKUNFT

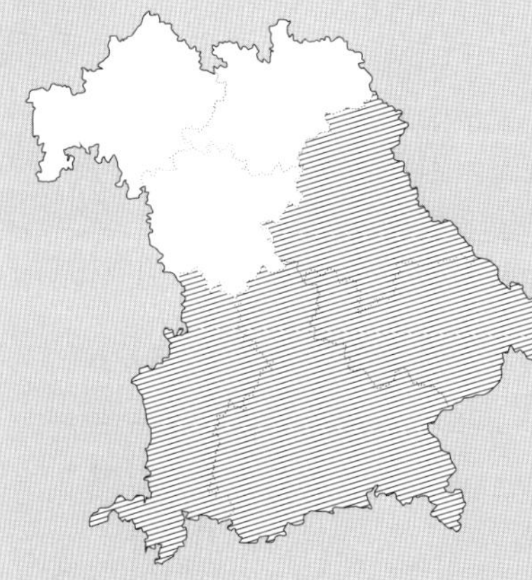

Unterfranken, Mittelfranken, Oberfranken

ZUBEREITUNGSDETAILS

MITTEL

ETWA 25 STÜCK

110 MINUTEN

ZUTATEN

- 1 kg Mehl, plus etwas mehr zum Arbeiten
- 1 TL Salz
- ½ Würfel frische Hefe
- 400 ml Milch
- 90 g Zucker
- 80 g Butter
- 2 Eier (Größe M)
- 2 EL Arrak
- Butterschmalz zum Ausbacken
- Puderzucker zum Bestäuben

Teigrädchen
Kuchengitter

Auszogne

Knieküchle, Knienudeln, Kniekrapfen, Kiechla, Kiegla, Küchla, Kirchweihkrapfen, Kirchweihnudeln, Kirtanudeln, Kärwaküchla

Der Krapfen mit dem Hütchen

Auszogne kommen nur zu besonderen Anlässen auf den Tisch: zur Hochzeit, Kommunion, Taufe oder Kirchweih. Traditionell wird das Festtagsgebäck dann gleich in großen Mengen zubereitet, um auch die ganze Verwandtschaft und die Nachbarn damit zu beglücken.

Das Schmalzgebäck bedeutet reinste Handwerkskunst, denn für die spezielle Herstellungsart, das Übers-Knie-Ziehen, kann man keine zwei linken Hände gebrauchen. Außerdem erfordert es viel Fingerspitzengefühl, um das »Hütchen« in der Mitte – oder den »Spiegel« bzw. das »Fenster«, wie auch immer es in den einzelnen Regionen bezeichnet wird – möglichst dünn und knusprig, den Rand aber besonders weich und fluffig zu bekommen. Der Form wegen auch als »Schüssalasküchla« bezeichnet, sind die Auszognen die typischen Kärwaküchle in hauptsächlich katholischen Gemeinden.

Die Auszognen sollen – gar nicht so streng katholisch – einst sogar ein altes Liebeszaubermittel gewesen sein. Um Männer liebestoll zu machen, wurde der Teig angeblich nicht nur übers Knie gezogen, sondern auch mal über den nackten Allerwertesten einer Frau …

1 Die Butter auf niedriger Temperatur vorsichtig schmelzen. Die Milch lauwarm erhitzen.

2 Das Mehl in eine Schüssel sieben und Butter, Milch und Zucker zufügen. Die Hefe leicht darüberbröckeln. Eier und Rum zugeben und alles auf niedriger Stufe mit den Knethaken des Handrührgeräts vermengen. Dann mit der Hand gut abschlagen, bis sich der Teig vom Schüsselrand löst.

3 Etwa faustgroße Stücke vom Teig abteilen, zu Kugeln formen und zugedeckt 30 Minuten an einem warmen Ort gehen lassen.

4 Die Finger gut einfetten und die Kugeln vorsichtig auseinanderziehen. Ein frisches Geschirrtuch übers Knie legen und den Teig darüber weiter ausziehen. Dabei rundum einen Rand formen. Das Innere, das »Hütchen«, soll sehr dünn und fast durchsichtig werden.

5 So viel Butterschmalz in einem hohen Topf erhitzen, dass die Auszognen darin schwimmen können.

6 Die Teiglinge nacheinander mit der Mulde nach oben ins heiße Fett legen. 1–2 Mal mit Fett übergießen, damit das Hütchen aufgeht. Es muss weiß bleiben! Wenn die Unterseite braun ist, die Küchle vorsichtig umdrehen, sodass kein Fett mehr ins Innere läuft. Die Küchle fertig backen und auf Küchenpapier abtropfen lassen. Vor dem Servieren Zucker darüberstreuen.

HERKUNFT

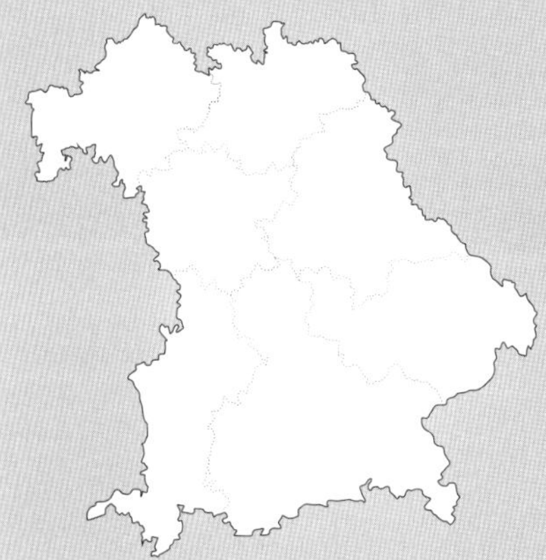

ganz Bayern

ZUBEREITUNGSDETAILS

SCHWIERIG

ETWA 12 STÜCK

120 MINUTEN

ZUTATEN

- 75 g Butter
- 200 ml Milch
- 500 g Mehl
- 50 g Zucker
- ½ Würfel frische Hefe
- 2 Eier (Größe M)
- etwas Rum (nach Belieben)
- Butterschmalz zum Arbeiten und Ausbacken
- (Puder-)Zucker zum Bestreuen

Nonnenfürzchen

Nonnenfürzle

Tradition an Fastnacht

Das Schmalzgebäck aus Brandteig wird traditionell zur Fastnacht gebacken, bekannt sind die Nonnenfürzchen aber schon seit Jahrhunderten. So taucht ihr Name in Küchenamtsrechnungen des österreichischen Stifts Klosterneuburg bereits im 14. Jahrhundert auf. Ursprünglich entstammen sie wohl der schwäbischen Küche, in der Neuzeit haben sich die kleinen Brandteigteilchen sogar bis nach Köln verbreitet, wo die Rheinländer sie heute noch vor allem zur Karnevalszeit verspeisen.

Flatulenzen in der Klosterküche

Folgende Begebenheit soll den Nonnenfürzchen ihren etwas anrüchigen Namen beschert haben: Einst weilte ein Bischof in einem Kloster zu Besuch … Zu diesem besonderen Anlass sollte eine junge Nonne in der Klosterküche Schmalzgebäck zubereiten, doch als die Ordensfrau den Teig ins heiße Fett plumpsen ließ, ertönte ein unschönes Geräusch – es zischte verdächtig, da der Teig wohl etwas zu feucht geraten war. Und das ausgerechnet, als der hohe Gast die Küche besichtigte. Der Bischof nahm es mit Humor und taufte die Teilchen kurzerhand »Nonnenfürzchen«.

1 Die Milch mit Butter und Salz zum Kochen bringen. Das Mehl hinzugeben und kräftig rühren, bis sich der Teig als Klumpen vom Topfboden löst. Dann den Teig noch etwa 2 Minuten von allen Seiten abbrennen.

2 Den Topf vom Herd nehmen und nacheinander die Eier unterrühren. Das Backpulver zusammen mit dem Zucker unter den Teig mengen.

3 So viel Butterschmalz erhitzen, dass die Nonnenfürzchen darin schwimmen können. Mit einem Teelöffel vom Teig kleine Nocken abstechen und im Fett goldgelb ausbacken. Auf Küchenpapier abtropfen lassen und vor dem Servieren in Zucker wälzen.

HERKUNFT

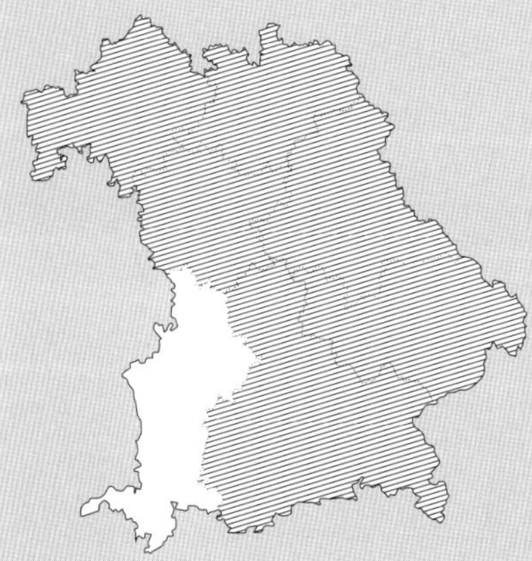

Schwaben

ZUBEREITUNGSDETAILS

MITTEL

4 PERSONEN

40 MINUTEN

ZUTATEN

- 250 ml Milch
- 50 g Butter
- 1 Prise Salz
- 125 g Mehl
- 3 Eier (Größe M)
- 1 Msp. Backpulver
- 1 EL Zucker
- Butterschmalz zum Ausbacken
- Zucker zum Wenden

Hasenöhrl

Geschnittene Hasen, Hasenräderkuchen

Schmalzige Hasenohren zum Fasching

Das Schmalzgebäck wird in Bayern bereits seit dem 16. Jahrhundert zubereitet, allerdings ist es leider etwas in Vergessenheit geraten. In seiner Form erinnert es an Hasenohren, wovon auch der Name rührt, und traditionell aß man die Öhrl zur Faschingszeit. Im Jahreskreis schließt sich unmittelbar an diese die Fastenzeit, in der einst keine tierischen Fette verwendet werden durften, an – mit den Geschnittenen Hasen konnten also die letzten Vorräte davon noch aufgebraucht werden.
Aufgrund ihres hohen Fettgehalts ist das Gebäck sehr kalorienreich, außerdem spendet es viel Energie, das der Körper in der kalten Jahreszeit gut gebrauchen kann. Da der Backofen früher höchstens ein Mal in der Woche geschürt wurde, die Hasenöhrl aber im Topf auf dem Herd ausgebacken werden, waren sie immer schnell zubereitet. So reichte man sie schon immer gerne zum Nachmittagskaffee.

1 Alle Zutaten zu einem glatten, festen Teig kneten. Abgedeckt 30 Minuten im Kühlschrank ruhen lassen.

2 Anschließend den Teig auf einer bemehlten Arbeitsfläche dünn ausrollen und mit dem Teigrädchen Rauten von etwa 8 cm x 3 cm ausradeln. Der Länge nach bis zur Hälfte einschneiden.

3 So viel Butterschmalz erhitzen, dass die Hasenöhrl darin schwimmen können, dann diese portionsweise etwa 5 Minuten goldbraun ausbacken. Nach etwa der Hälfte der Zeit wenden.

4 Abkühlen lassen und vor dem Servieren mit Puderzucker bestäuben.

HERKUNFT

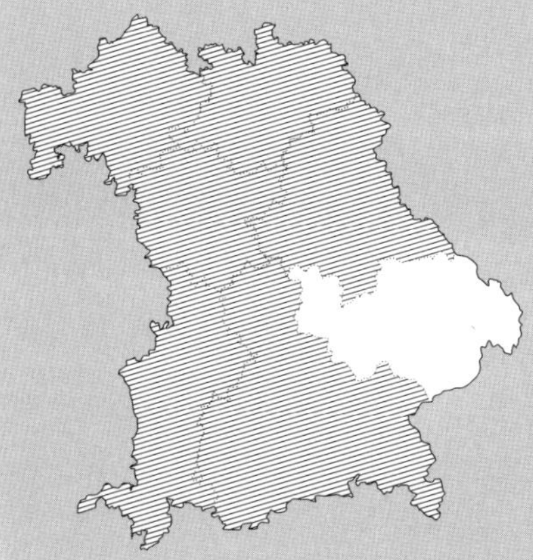

Niederbayern

ZUBEREITUNGSDETAILS

EINFACH

ETWA 40 STÜCK

25 MINUTEN PLUS RUHEZEIT

ZUTATEN

500 g Mehl, plus etwas mehr zum Arbeiten
1 TL Backpulver
100 g Zucker
1 Prise Salz
Abrieb von 1 Bio-Zitrone
2 EL Rum
3 Eier (Größe M)
50 ml Milch
125 g Butter
Butterschmalz zum Ausbacken
Puderzucker zum Bestäuben

Teigrädchen

Schneeballen

Storchennester

Es knuspert im Taubertal

In Rothenburg ob der Tauber, Feuchtwangen und Dinkelsbühl gibt es in so gut wie jeder Bäckerei die knusprigen Schneeballen zu kaufen, im Taubertal haben sie schließlich eine über 400 Jahre alte Tradition: Hier werden sie traditionell zu besonderen Anlässen wie Kirchweihen oder Bauernhochzeiten gereicht. Und in Mittelfranken gibt es sogar Unternehmen, die sich auf die Herstellung des Gebäcks spezialisiert haben – egal, ob mit Schokoladenüberzug, mit Mandeln oder Kokos bestreut oder mit einer Nougat- oder Marzipanfüllung, hier ist für jeden etwas dabei. Touristen kaufen die Schneeballen gerne als Mitbringsel, denn dank der sehr langen Haltbarkeit von bis zu 8 Wochen hat man auch daheim noch etwas von der Spezialität.

Der Name »Schneeballen« kommt natürlich – ganz klar – von der kugeligen Form des Gebäcks und der obenauf gestäubte Puderzucker lässt sich als Schnee interpretieren. Meistens hat das Gebäck einen Durchmesser von 8–10 cm und zum Formen gibt es sogar spezielle Schneeballeneisen. Diese sehen aus wie überdimensionale Zangen mit halbkugeligen Enden, in die der geradelte Teig hineingelegt und dann ins heiße Fett getaucht wird. Die Nester müssen aber nicht unbedingt geradelt werden: Schiebt man die dünnen Teigscheiben im flüssigen Schmalz mit zwei Gabeln zu einer Kugeln zusammen, wird das Gebäck mindestens genauso gut.

1 Butter mit Zucker und Vanillezucker schaumig schlagen. Nacheinander die Eier unterrühren, dabei abwechselnd Mehl, saure Sahne und zum Schluss den Arrak hinzugeben.

2 Wenn alles gut durchgeknetet ist und der Teig fester wird, von Hand weiterkneten.

3 Vom Teig kleine Stücke abstechen, zu Kugeln formen und auf einer bemehlten Arbeitsfläche dünn ausrollen.

4 So viel Butterschmalz in einem hohen Topf erhitzen, dass es darin mindestens 10 cm hoch steht.

5 Die Teigscheiben mit einem Teigrädchen zu parallelen Streifen radeln. Dabei außen herum einen Rand stehen lassen. Nun mit einem Kochlöffelstiel die Streifen abwechselnd aufnehmen (einmal über den Stiel, einmal darunter, wie beim Stopfen) und den Teig ins flüssige Fett gleiten lassen. Mit dem Kochlöffel vorsichtig umrühren, sodass sich eine Kugel bildet.

6 Die hellgold gebackenen Schneeballen mit einem Schaumlöffel herausheben, auf Küchenpapier abtropfen lassen und noch warm dick mit Puderzucker bestäuben.

HERKUNFT

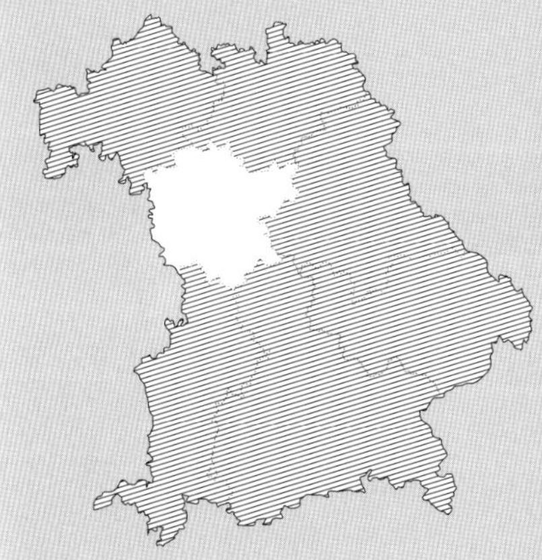

Mittelfranken

ZUBEREITUNGSDETAILS

MITTEL

ETWA 20 STÜCK

60 MINUTEN

ZUTATEN

- 60 g Butter
- 40 g Zucker
- 1 Prise Vanillezucker
- 4–5 Eier (Größe M)
- 500 g Mehl, plus etwas mehr zum Arbeiten
- 50 g saure Sahne
- 1 EL Arrak
- Butterschmalz zum Ausbacken
- Puderzucker zum Bestäuben

Teigrädchen

HERKUNFT

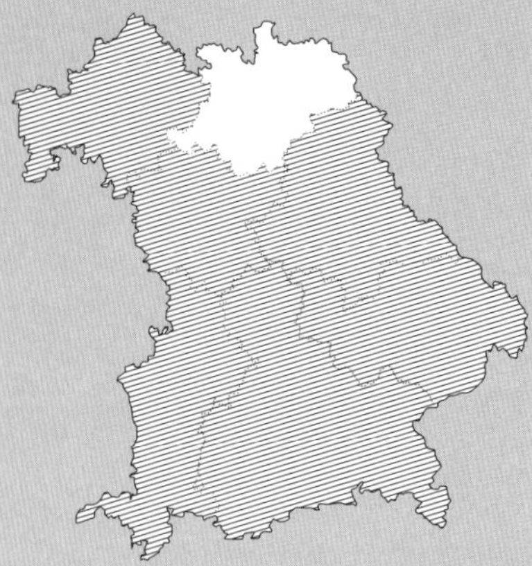

Oberfranken

ZUBEREITUNGSDETAILS

MITTEL

ETWA 15–18 STÜCK

120 MINUTEN

ZUTATEN

- 50 g weiche Butter
- 6 Eigelb (Größe M), plus 1 Ei
- 1 Pck. Vanillezucker
- 350–400 g Mehl
- 150 g Sahne
- 500 g Butterschmalz zum Ausbacken
- Puderzucker zum Bestäuben

Urrädla

Breites Küchle, Braada Küchla

Kein alltägliches Gebäck

Das knusprige Schmalzgebäck gab es früher nur zu besonderen Anlässen wie Hochzeiten, Taufen, Kirchweihen oder zur Kommunion. Dabei war es Brauch, »Bündel« (mit Urrädla und Kuchen gefüllte Tüten) an die Nachbarn zu verteilen. Die Urrädla waren schließlich etwas ganz Besonderes und Teures, da einst je Gebäckstück ein Eigelb in den Teig kam. Wurde jemand mit zwei Urrädla beschenkt, dann war das eine große Ehre!

Gekräuselt, geradelt oder gefädelt

Die Urrädla werden von Region zu Region unterschiedlich geformt: Mancherorts wird der Teigfleck, ähnlich wie bei den Schneeballen, eingeradelt und aufgefädelt. Durchgezogen oder gekräuselt ähnelt das Gebäck wiederum stark den Hasenöhrl. Besonders ist aber, dass der Teig so viele Eigelbe und Sahne enthält.
Etwas aufwendiger ist die Herstellung leider schon, denn die ausgerollten Flecken werden traditionell über eine umgedrehte, mit einem bemehlten Küchentuch bespannte Schüssel ohne abgesetztem Boden gelegt. Es folgen sich abwechselnde Schichten aus Tüchern und Flecken, bis der Teig aufgebraucht ist. Erst wenn alles vorbereitet ist, werden die Flecken nacheinander ins heiße Fett gegeben und ausgebacken.
Am besten schmecken Urrädla natürlich ganz frisch, aber sie lassen sich auch in einer Dose etwa zwei Wochen lang aufbewahren.

1 Butter, Eigelbe, Ei und Vanillezucker schaumig rühren.

2 Das Mehl in eine Schüssel sieben, dann Eimasse und Sahne zugeben. Alles zu einem glatten Teig kneten und 10–15 Minuten ruhen lassen.

3 Den Teig in 15–18 Stücke zu je etwa 50 g teilen. Jedes Teigstück zu einem sehr dünnen, runden Fleck ausrollen. Den Teig etwas antrocknen lassen.

4 Das Butterschmalz auf 180 °C erhitzen (den Stiel eines Holzkochlöffels hineinhalten, wenn kleine Bläschen aufsteigen, hat das Fett die richtige Temperatur).

5 Einen Teigflecken vorsichtig ins heiße Fett legen und nach kurzem Anbacken mit zwei Löffeln zusammenschieben, sodass sich die Oberfläche faltet. Die Unterseite hellgelb backen, dann das Urrädla einmal wenden. Aus dem Fett heben und auf Küchenpapier abtropfen lassen. Vor dem Servieren mit Puderzucker bestäuben.

Ochsengurgel

Absolut vegetarisch!

Ochsengurgeln sind eine traditionell bayerische Spezialität, die ihren Namen von ihrer Ähnlichkeit mit einer echten Rindergurgel haben. Das sehr nahrhafte und fettige Gebäck wurde früher als Beilage zum Mittagessen gereicht, schließlich brachte es wegen seines hohen Energiegehalts nach schwerer körperlicher Arbeit wieder neue Kraft. Heute werden die Ochsengurgeln gerne zum Kaffee serviert.

1 Das Mehl in eine Schüssel füllen. Die Butter in Flöckchen und alle restlichen Zutaten dazugeben und zu einem festen Teig kneten. 10 Minuten ruhen lassen.

2 Den Teig auf einer bemehlten Arbeitsfläche dünn ausrollen und in etwa 30 cm lange und 4 cm breite Streifen schneiden.

3 Das Küchengarn am Stiel des Rolleneisens festknoten. Dann jeweils einen Streifen Teig spiralförmig und leicht überlappend um das Rolleneisen wickeln. Anschließend die Schnur ebenso in Spiralen verlaufend und nicht zu fest um den Teig wickeln, um ihn zu fixieren. Das Ende der Schnur verknoten.

4 Das Butterschmalz in einem großen Topf erhitzen und das Rolleneisen hineintauchen. So lange frittieren, bis der Teig goldbraun ist.

5 Das Eisen aus dem Fett nehmen, auf Küchenpapier ablegen und die Schnur öffnen. Die fertige Ochsengurgel mit einem Messer vom Eisen herunterschieben und vorsichtig in Zucker und Zimt wälzen. Mit den übrigen Teigstreifen genauso verfahren.

HERKUNFT

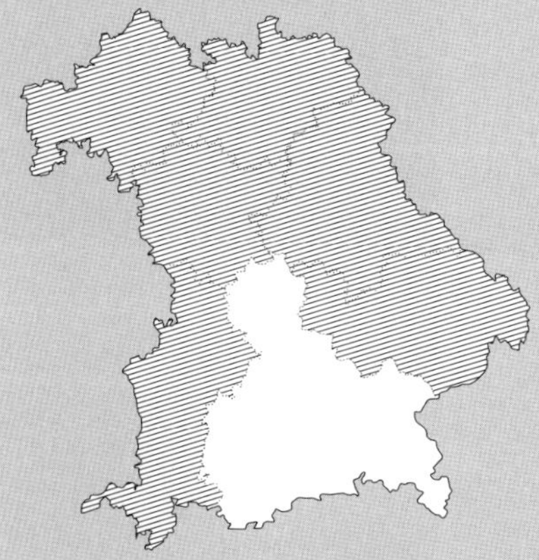

Oberbayern

ZUBEREITUNGSDETAILS

SCHWIERIG

8 STÜCK

120 MINUTEN

ZUTATEN

300 g Mehl, plus etwas mehr zum Arbeiten
150 g Butter
5 EL saure Sahne
4 Eigelb (Größe M)
½ TL gemahlener Zimt
1 EL Zucker
1 Prise Salz
½ TL Abrieb von 1 Bio-Zitrone
Butterschmalz zum Ausbacken
Zucker und Zimt zum Wenden

1 m Küchengarn
Rolleneisen

Blöcher

Blöchla, Blöchle

Baumstämme zum Reinbeißen

»Blöcher«, so heißen in Oberfranken besonders dicke und wertvolle Baumstämme: Vor allem im Frankenwald war die Flößerei ein wichtiges Gewerbe und die Blöchertrift sowie das Mühlenwesen lassen sich dort anhand historischer Akten bis ins 14. und 15. Jahrhundert zurückverfolgen. Die gefällten Baumstämme wurden von den Flößern schwimmend in die regionalen Sägemühlen transportiert und über den Main in den Rhein und bis nach Holland geflößt.

Blöchereisen zur Hochzeit

Blöcher sind aber auch knusprige, röhrenförmige Schmalzgebäckstücke. Weil sie innen hohl sind, braucht man zur Herstellung ein spezielles Blöchereisen. Dieses gehörte im Frankenwald zur Aussteuer der jungen, heiratswilligen Frauen. Vor allem zu besonderen Anlässen wie zur Kärwa kam das Eisen häufig zum Einsatz, dann trafen sich die Frauen nämlich zum gemeinsamen Backen. Meist wurden die röschen Teilchen schon ein paar Tage vor dem Fest zubereitet, denn sie können ohne Probleme 2–3 Wochen lang – am besten in Blechdosen – aufbewahrt werden.
Von den Blöchern beißt man nicht ab, sondern man zerbricht sie und streckt sich dann die zersplitterten Teile in den Mund. Dazu schmeckt eine Tasse Kaffee.

1 Alle Zutaten bis auf das Eiweiß rasch zu einem mürben Teig verkneten.

2 Ganz ähnlich wie bei Blätterteig den Teig mehrfach ausrollen und wieder einschlagen. In Folie wickeln und über Nacht im Kühlschrank ruhen lassen.

3 Am nächsten Tag den Teig dünn ausrollen und in längliche Rechtecke schneiden. Ein Teigstück um das Blöchereisen winden. Dabei die Nahtstellen überlappen lassen und mit Eiweiß bepinseln.

4 In heißem Butterschmalz schwimmend ausbacken, bis sich die Blöcher vom Eisen lösen. Aus dem Fett heben und sofort in Zucker und Zimt wälzen. Abkühlen lassen. Mit den übrigen Teigstücken ebenso verfahren.

HERKUNFT

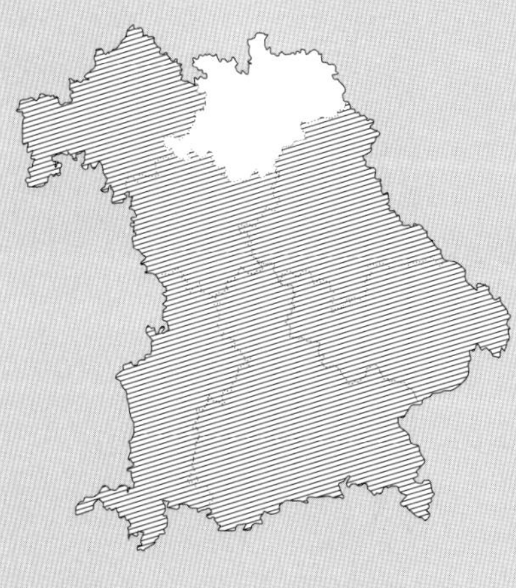

Oberfranken

ZUBEREITUNGSDETAILS

MITTEL

ETWA 20 STÜCK

12 STUNDEN PLUS 140 MINUTEN

ZUTATEN

- 250 g Mehl
- 125 g Butter
- 2 Eier (Größe M), plus 1 Eiweiß zum Bestreichen
- 20 g Zucker
- 1 Prise Salz
- 30 ml Arrak
- 1 Eiweiß (Größe M)
- Butterschmalz zum Ausbacken
- Zucker und Zimt zum Wenden

Blöcher- bzw. Rolleneisen

Sebastiansring

Eierring

Gebackene Ringe zu Ehren des Heiligen

Sebastian gilt als Pestheiliger sowie als Schutzpatron der Gärtner und hat in der alten Gärtner- und Häckerstadt Bamberg eine besondere Stellung inne. Ihm zu Ehren werden hier am 20. Januar die sogenannten »Sebastians-« bzw. »Eierringe« aufgetischt. Als Opfergabe kann man die ovalen Gebildgebäckstücke während der Sebastianskirchweih kaufen und zum Segnen an den Altar bringen. In Oberfranken finden vielerorts noch heute solche »Eierring-Prozessionen« statt.

Die Tortur mit dem Tourieren

Sebastiansringe bestehen aus einem Hefeblätterteig. Damit dieser gelingt, muss man ihm ordentlich »Touren geben«. Das bedeutet, dass zwischen jede Teig- eine Butterschicht eingearbeitet werden muss, die ein Zusammenkleben verhindert. Beim Backen verdampft dann das Wasser in der Butter und der Teig geht blättrig auf. Dafür sind viele Arbeitsschritte nötig und ein guter Blätterteig kann es locker auf 100 Schichten bringen.

1 Die Milch leicht erwärmen, die Hefe darin auflösen und 1 TL Zucker unterrühren. Anschließend 1 EL Mehl zugeben und alles gut verrühren. An einem warmen Ort 30 Minuten gehen lassen.

2 Die Butter zerlassen, mit den restlichen Zutaten zum Vorteig geben und alles zu einem festen Teig verarbeiten. So lange kneten, bis sich der Teig vom Schüsselrand löst.

3 Den Teig abdecken und an einem kühlen Ort 3 Stunden gehen lassen.

4 Den Teig nochmals durchkneten. Die kalte Butter zwischen zwei Lagen Frischhaltefolie mit dem Nudelholz zu einem Rechteck ausrollen. Den Teig ebenfalls rechteckig, gut doppelt so groß wie das Butterstück auswellen.

5 Die Butter aus der Folie nehmen und auf eine Seite des Teigs legen. Den Teig über der Butter zusammenschlagen und die Ränder andrücken. Dann den Teig zu einem länglichen Rechteck ausrollen und zweimal übereinanderklappen, sodass drei Lagen entstehen.

6 Den Teig wieder zu einem länglichen Rechteck ausrollen und erneut zweimal zusammenfalten. Diese Prozedur mehrmals wiederholen. Den Teig dabei ab und zu für 10 Minuten kalt stellen.

7 Den Backofen auf 220 °C (Ober-/Unterhitze) vorheizen.

8 Zum Schluss den Teig in 2 Stränge teilen und wie eine Kordel miteinander verwinden. Zu ovalen Ringen formen, die Enden übereinanderlegen und zusammendrücken. Auf ein mit Wasser bepinseltes Backblech legen und mit verquirltem Eigelb bestreichen. Abschließend etwa 10–15 Minuten im Ofen backen.

HERKUNFT

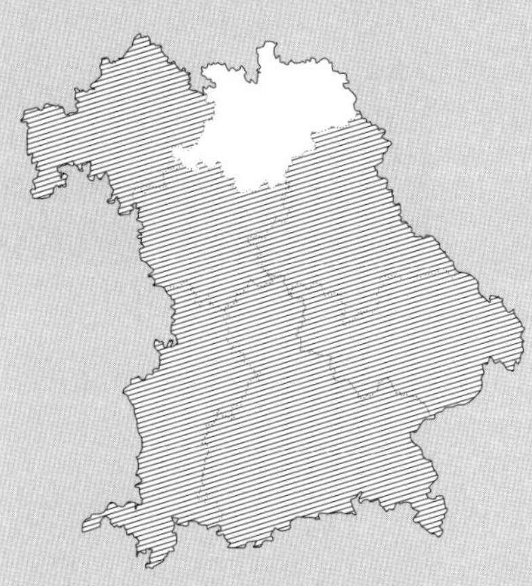

Oberfranken (Bamberg)

ZUBEREITUNGSDETAILS

SCHWIERIG

ETWA 15 STÜCK

90 MINUTEN PLUS RUHEZEIT

ZUTATEN

- 200 ml Milch
- 1 Würfel frische Hefe
- 80 g Zucker
- 500 g Mehl
- 80 g Butter, plus 250 g kalte Butter zum Tourieren
- 2 Eier (Größe M), plus 1 Eigelb zum Bestreichen

Wachsstöcke

Das Ende der dunklen Jahreszeit

Mit Mariä Lichtmess ist der 2. Februar ein wichtiger Tag im Kirchenkalender, denn mit diesem endete früher die Weihnachtszeit – manche räumen sogar heute noch erst Anfang Februar ihren Weihnachtsbaum aus der heimischen Stube. Traditionell wird 40 Tage nach Weihnachten dieses Fest als eines der ältesten Feiern der christlichen Kirche und zugleich als ein wichtiges Marienfest begangen. Ab Lichtmess merkt man auch ganz deutlich, dass die Tage wieder länger werden …

Kerzen aus Wachs und Teig

Schon seit dem 11. Jahrhundert gibt es den Brauch der Kerzensegnung und Lichterprozessionen: An Lichtmess werden die für das nächste Jahr in den Kirchen und Familien benötigten Kerzen geweiht. Um den Bedarf an schwarzen Wetterkerzen, Haus- und Sterbekerzen sowie an reich verzierten Wachsstöcken, die traditionell zu besonderen Gelegenheiten wie Hochzeiten oder Kommunion verschenkt werden, zu decken, werden noch heute sogenannte »Lichtmessmärkte« abgehalten. An diesem Tag finden auch Lichterumzüge der Kinder statt und es gibt besondere Festtagsgebäcke. Als Feiertagsmahlzeit kommen Gebildbrote in Form von Wachsstöcken auf den Tisch.

1 Alle Zutaten Zimmertemperatur annehmen lassen.

2 Die Milch leicht erwärmen und die Hefe mit 1 Prise Zucker darin auflösen.

3 Das Mehl in eine Schüssel geben, in die Mitte eine Mulde drücken und die Milchmischung hineingießen. Kurz vermengen und 10 Minuten gehen lassen.

4 In der Zwischenzeit die Butter schaumig rühren. Den restlichen Zucker, Vanillezucker, Eier, Salz und Rum hinzufügen und alles gut vermischen.

5 Die Butter-Zucker-Mischung zum Mehl geben und zu einem festen Teig kneten. Den Teig in acht Stücke teilen, diese zu gleich langen Strängen formen und jeweils vier zu einem Zopf flechten. Die Enden nach unten einschlagen, sodass sich der Viererzopf nach oben wölbt. Aus den restlichen vier Teilen einen zweiten Zopf flechten. Die Zöpfe abgedeckt an einem warmen Ort 45 Minuten gehen lassen.

6 Den Backofen auf 180 °C (Ober-/Unterhitze) vorheizen.

7 Die Zöpfe etwa 35–40 Minuten im Ofen backen. Nach 10 Minuten Backzeit mit den verquirlten Eigelben bestreichen.

HERKUNFT

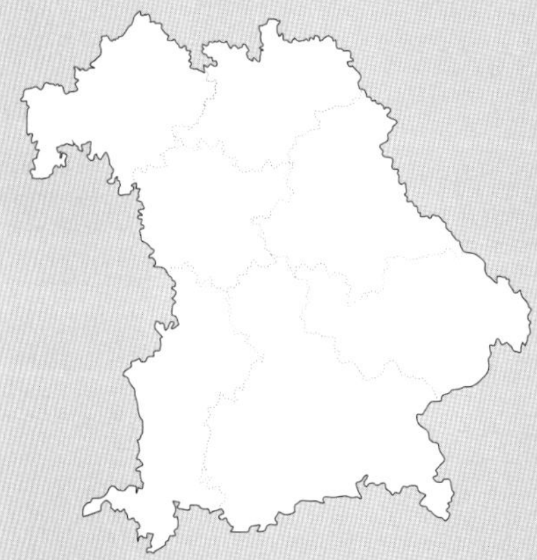

ganz Bayern

ZUBEREITUNGSDETAILS

MITTEL

2 STÜCK

60 MINUTEN PLUS RUHEZEIT

ZUTATEN

- 50 ml Milch
- ¾ Würfel frische Hefe
- 125 g Zucker
- 500 g Mehl
- 125 g weiche Butter
- 1 Pck. Vanillezucker
- 2 Eier (Größe M), plus 2 Eigelb zum Bestreichen
- 1 Prise Salz
- 1 EL Rum

Allerseelenzopf

Seelenwecken, Totenbrot, Seelenspitzen, Seelenzöpfe

HERKUNFT

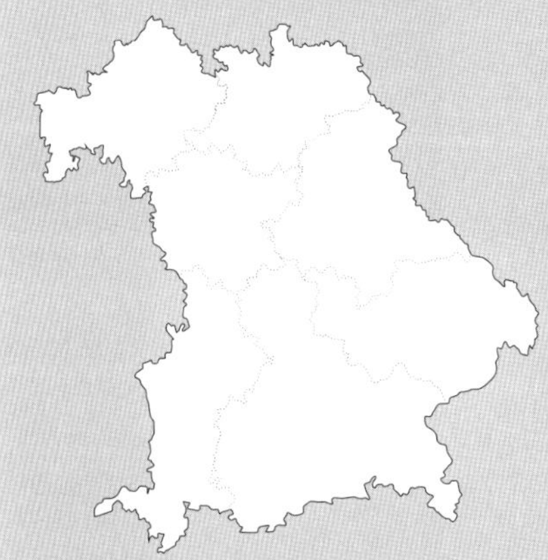

ganz Bayern

ZUBEREITUNGSDETAILS

EINFACH

1 ZOPF

60 MINUTEN PLUS RUHEZEIT

ZUTATEN

- 125 ml Milch
- ½ Würfel frische Hefe
- 200 g Mehl, plus etwas mehr zum Arbeiten
- Abrieb von ½ Bio-Zitrone
- 1 Prise Salz
- 1 TL Zucker
- 50 g Rosinen (nach Belieben)
- Butter fürs Blech
- 1 Eigelb (Größe M) zum Bestreichen

Seelengedenken und Seelenspeise

Nur in fünf Bundesländern, darunter auch Bayern, ist Allerheiligen am 1. November ein offizieller Feiertag. An ihm gedenken die Katholiken ihrer Märtyrer und Heiligen. Am Tag darauf folgt Allerseelen, dann beten katholische Christen für die Seelen aller Verstorbenen. Bei einer feierlichen Prozession über den Friedhof segnet der Priester die geschmückten Gräber und aufgestellte Kerzen sollen an das ewige Leben erinnern. Zum Brauchtum an diesen Gedenktagen gehört auch ein besonderes Gebäck, nämlich der Allerseelenzopf. Die besondere Form des Zopfes hat ihren Ursprung schließlich darin, dass sich Frauen einst als Zeichen der Trauer ihre geflochtenen Haare abschnitten.
Das Backwerk soll aber auch über Zauberkräfte verfügen und böse Geister vertreiben. Und noch ein weiterer Aberglaube haftet dem Gebäck an: Ist der Zopf missraten, so bedeutet das Unheil im nächsten Jahr.

Das Kultgebäck als Opfergabe

Der Zopf ist meistens etwa 30 cm lang, seine drei Stränge sollen an die Heilige Dreifaltigkeit erinnern und die verschlungene Form die Ewigkeit symbolisieren. Mancherorts werden bei den Hefezöpfen aber auch nur die beiden Enden geflochten und in der Mitte verlaufen die Stränge parallel – dann spricht man von der »Seelengeige«. Früher war es Brauch, dass an Allerheiligen der Pate seinen Patenkindern und die Großmutter ihren Enkeln den gebackenen Zopf schenkten: Mit einem »Vergelt's Gott« bedankte man sich und erlöste gleichzeitig eine arme Seele aus dem Fegefeuer. In manchen Gegenden legte man die Zöpfe sogar auf die Gräber, weil es hieß, die Seelen der Verstorbenen würden in der Nacht von Allerheiligen auf Allerseelen zurückkehren und sich an den bereitgestellten Speisen laben. Das heutige Halloween hat seinen Ursprung übrigens auch im Allerheiligen-Feiertag und steht für »all Hallows' eve(ning)« (dt. »Abend vor Allerheiligen«).

1 Die Milch erwärmen und die Hefe darin auflösen. 1 EL Mehl untermischen und 15 Minuten an einem warmen Ort gehen lassen.

2 Den Zitronenabrieb zusammen mit dem restlichen Mehl, Salz und Zucker zur Hefemischung geben und zu einem glatten Teig vermengen. Zum Schluss die Rosinen unterkneten. Den Teig abgedeckt 45 Minuten an einem warmen Ort gehen lassen, bis er sich verdoppelt hat.

3 Den Backofen auf 180 °C (Ober-/Unterhitze) vorheizen.

4 Den Teig in drei Portionen teilen, auf einem bemehlten Brett zu drei Strängen rollen und diese zu einem Zopf flechten. Ein Backblech fetten, den Zopf darauflegen und weitere 30 Minuten gehen lassen.

5 Den Zopf mit Eigelb bestreichen und etwa 40 Minuten im Ofen backen.

Eierweck

Eierweck – ganz ohne Ei

Ganz anders, als der Name es vermuten lässt, werden Eierweck ganz und gar ohne Eier zubereitet. Auch Zucker und Fett enthalten sie nur wenig. Daher haben die bis vor 30 Jahren in Unterfranken weit verbreiteten Gebäckstücke gar nicht mal so viele Kalorien.
Vor allem in den Weindörfern des Maindreiecks wird der Eierweck noch heute mal mit gezacktem, mal mit glattem Rand zum neuen Wein genossen. Er schmeckt allerdings nicht nur im Herbst, sondern ganz generell auch zum Frühstück – in Kaffee oder Milch getunkt. So wurde er früher auch traditionell zu Neujahr gegessen.

1 Das Mehl in eine Schüssel geben, eine Mulde in die Mitte drücken und die Hefe hineinbröckeln. Die Milch leicht erwärmen und mit Zucker und Salz in die Mulde gießen. Etwas verrühren.

2 Die Butter in Flöckchen auf den Mehlrand setzen und alles zu einem geschmeidigen Teig verkneten.

3 Abgedeckt an einem warmen Ort 60 Minuten gehen lassen.

4 Den Teig nochmals gut durchkneten und in etwa faustgroße Stücke schneiden. Jeweils zu Rollen von etwa 20 cm Länge formen. Die Rollen mit einem Kochlöffelstiel in der Mitte der Länge nach eindrücken und eine Hälfte mit der Schere bis zur Mitte mehrfach einschneiden. Die Teigstücke u-förmig biegen und auf ein gefettetes Backblech legen.

5 Den Backofen auf 250 °C (Ober-/Unterhitze) vorheizen.

6 Die restliche Butter schmelzen und die Eierweck damit bestreichen. 10–15 Minuten im Ofen backen und direkt nach dem Herausnehmen mit Wasser besprühen.

HERKUNFT

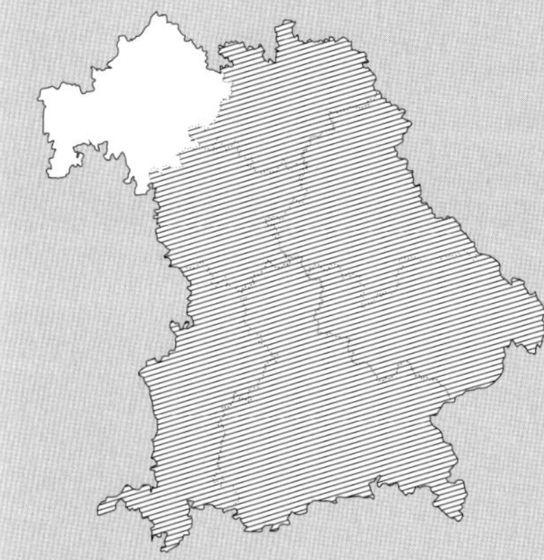

Unterfranken

ZUBEREITUNGSDETAILS

EINFACH

5–7 STÜCK

30 MINUTEN PLUS RUHEZEIT

ZUTATEN

- 500 g Mehl
- ½ Würfel frische Hefe
- 250 ml Milch
- 2 EL Zucker
- 1 Prise Salz
- 70 g Butter, plus 3 EL zum Bestreichen und fürs Blech

Lindauer Butschelle

HERKUNFT

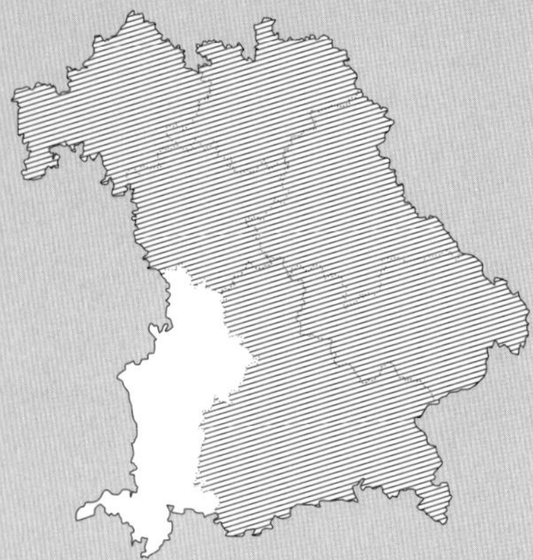

Schwaben (Lindau)

ZUBEREITUNGSDETAILS

EINFACH

4–5 STÜCK

35 MINUTEN PLUS RUHEZEIT

ZUTATEN

- 500 g Mehl
- 1 TL Salz
- 250 ml Milch, plus 2 EL zum Bestreichen
- ½ Würfel frische Hefe
- 60 g Zucker
- 60 g Butter
- 1 Ei (Größe M), plus 1 Eigelb zum Bestreichen
- 200 g Rosinen

Ein Fest für die Schulkinder

Das gibt es in Lindau für die Kinder zum Abschluss des Schuljahres, denn schon seit 1655 findet am letzten Mittwoch vor den Sommerferien das Lindauer Kinderfest statt. Gefeiert wird mit Böllerschüssen und Gottesdienst, außerdem sind die Kinder mit Blumenkränzen geschmückt und tragen -bögen und Fahnen durch die Stadt am Bodensee. Die Geburtsstunde des Festes geht auf die Einführung von Schulpredigten auf der Insel zurück; mit diesen sollte die Bevölkerung einst vom Sinn und Zweck des städtischen Unterrichtswesens überzeugt werden.

Ein kleiner Leckerbissen

Vom lateinischen Wort »buccella« leitet sich der Name »Butschelle« ab und das bedeutet so viel wie »kleiner Bissen«. Den beißt man allerdings aus einem sehr großen Rosinenbrötchen, denn nichts anderes ist eine Butschelle. Eine solche erhält beim Kinderfest jedes Kind zusammen mit einem Schübling, einer schwäbischen geräucherten Wurst, und einem Gutschein für ein Fahrgeschäft.

1 Mehl und Salz mischen und in die Mitte eine Mulde drücken. Die Milch leicht erwärmen und die Hefe darin auflösen. Mit 1 EL Zucker in die Mulde gießen. Abgedeckt 10 Minuten gehen lassen.

2 Die Butter schmelzen und etwas abkühlen lassen. Dann mit restlichem Zucker und Ei zum Mehl geben. Alles zu einem glatten Teig kneten. Abgedeckt an einem warmen Ort 60 Minuten gehen lassen, bis sich der Teig verdoppelt hat.

3 Den Teig nochmals kurz durchkneten und die Rosinen einarbeiten. Etwa 250 g schwere Stücke vom Teig abnehmen und zu Kugeln formen. Auf ein gefettetes Backblech setzen und oben mit einem Messer rautenförmig einschneiden.

4 Die Kugeln mit einem Tuch abdecken und nochmals 15 Minuten gehen lassen. Inzwischen den Backofen auf 180 °C (Ober-/Unterhitze) vorheizen.

5 Eigelb und Milch verquirlen und die Butschellen damit bestreichen. Im Ofen 20–25 Minuten goldgelb backen.

Dinkelsbühler Schneckennudeln

Die Kinder zechen auf Kosten der Stadt

Alljährlich im Juli feiern die Kinder in Dinkelsbühl ein ganz besonderes Fest: die Dinkelsbühler Kinderzeche (erstmals erwähnt im Jahr 1629). Diese geht auf die Legende von einem Kindermädchen (die sogenannte »Kinderlore«) zurück, das im Dreißigjährigen Krieg mithilfe einer Gruppe von Kindern die Plünderung und Zerstörung der Stadt durch die Schweden verhinderte. Das hatten zuvor nicht einmal die Ratsherren zuwege gebracht! Heute ist die Kinderzeche ein zehntägiges Fest mit Umzug und Aufführung eines Festspiels, seit Dezember 2016 ist sie sogar immaterielles Kulturerbe.

Schneckennudeln gehören zum Fest

Ursprünglich wurden die Dinkelsbühler Schneckennudeln ausschließlich während der zwei Festwochen im Juli gebacken. Sie sind als Festtagsgebäck eng mit der Kinderzeche verbunden und werden hier auch warm angeboten. Doch meistens werden sie kalt zu Kaffee und Tee genossen – und das, weil sie so gut sind, das ganze Jahr über.

1 Die Rosinen mit Rum beträufeln und durchziehen lassen.

2 Das Mehl in eine Schüssel geben, eine Mulde in die Mitte drücken und die Hefe hineinbröckeln. Die Milch leicht erwärmen und die Hälfte davon in die Mulde gießen. 1 EL Zucker hinzufügen und alles zu einem Vorteig verrühren. 10 Minuten gehen lassen.

3 Die Butter zerlassen und mit dem restlichen Zucker, Salz, Eiern und Zitronenabrieb zum Vorteig geben.

4 Alles zunächst mit einem Teil der restlichen Milch zu einem glatten Teig verkneten. Ist der Teig zu streng, die Milch ganz oder noch etwas mehr einarbeiten. Abgedeckt an einem warmen Ort etwa 45 Minuten gehen lassen, bis sich der Teig verdoppelt hat.

5 Den Teig nochmals gut durchkneten und zu einem Rechteck von etwa 0,5 cm Dicke ausrollen.

6 Für die Füllung das Butterschmalz zerlassen und den Teig damit bepinseln. Den Zucker daraufstreuen. Die Rosinen abtropfen lassen und ebenfalls auf dem Teig verteilen.

7 Den Backofen auf 180 °C (Ober-/Unterhitze) vorheizen.

8 Den Teig von der langen Seite her aufrollen und in 5–6 cm dicke Scheiben schneiden. Die Schnecken mit der Schnittfläche nach oben in eine gefettete Bratreine oder rechteckige Form setzen. Abgedeckt nochmals 20 Minuten ruhen lassen. Anschließend etwa 45 Minuten im Ofen backen.

HERKUNFT

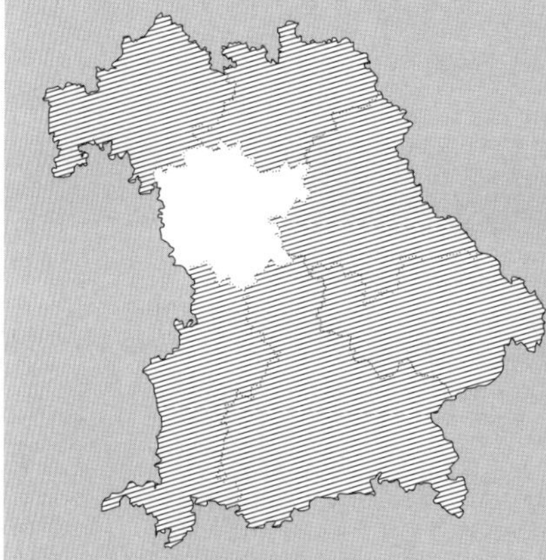

Mittelfranken (Dinkelsbühl)

ZUBEREITUNGSDETAILS

MITTEL

1 FORM

60 MINUTEN PLUS RUHEZEIT

ZUTATEN

FÜR DEN TEIG

- 500 g Mehl
- 1 Würfel frische Hefe
- 175 ml Milch, plus bei Bedarf etwas mehr
- 100 g Zucker
- 100 g Butter, plus etwas mehr für die Form
- 1 Prise Salz
- 2 Eier (Größe M)
- Abrieb von ½ Bio-Zitrone

FÜR DIE FÜLLUNG

- 125 g Rosinen
- Rum zum Marinieren
- 100 g Butterschmalz
- 75 g Zucker

Nürnberger Lebkuchen 7
Dettelbacher Muskazinen 4
Eierzucker 3
Alt-Passauer Goldhauben 2

6 Elisenlebkuchen
1 Coburger Schmätzchen
5 Mürbe Schokoladenbrezeln

HERKUNFT

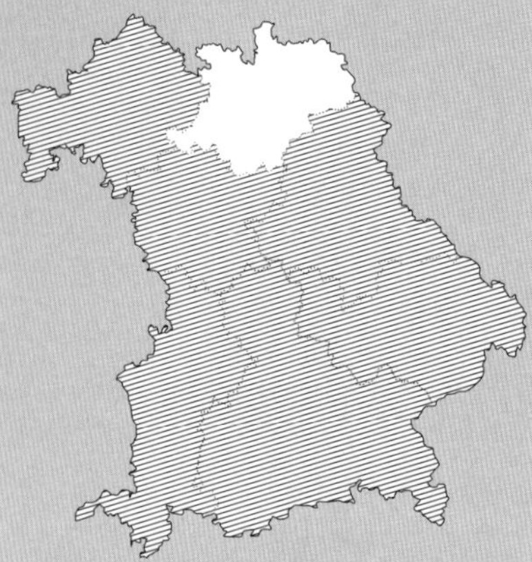

Oberfranken (Coburg), »Schmätchen« geschützt durch Bäckerei Feyler

ZUBEREITUNGSDETAILS

LAKTOSEFREI

EINFACH

50 STÜCK

12 STUNDEN PLUS 40 MINUTEN

ZUTATEN

- 50 g Zitronat
- 50 g Orangeat
- 125 g Honig
- 2 Eier (Größe M)
- 125 g grober, brauner Zucker
- 375 g Mehl, plus etwas mehr zum Arbeiten
- ½ Pck. Backpulver
- 50 g fein gehackte Mandeln
- 50 g fein gehackte Haselnüsse
- 1 TL gemahlener Zimt
- ¼ TL Kakaopulver
- ¼ TL gemahlene Gewürznelken
- ¼ TL gemahlener Kardamom
- ¼ TL gemahlener Macis

1 Coburger Schmätzchen

Coburger Schmätzle

Bussi, bussi!

»Schmätzchen« ist das thüringische Wort für »Küsschen« und die einstige Residenzstadt Coburg liegt ja bekanntlich sehr nahe an der Landesgrenze. So himmlisch und honigsüß wie ein Kuss schmeckt auch das aromatische Feingebäck, doch zart ist es beileibe nicht! Grundlage für die Schmätzchen ist ein sogenannter »Lagerteig«, für den Honig erwärmt, wieder abgekühlt und mit Mehl vermischt wird. Dann ruht der Teig in einem kühlen, dunklen und trockenen Keller – sage und schreibe 4–5 Monate lang, in denen er einen Gärprozess durchläuft, der Aroma und Triebkraft verbessert. Eine besonders edle Variante sind die Goldschmätzchen: Sie sind schokoliert und von Hand mit einem Tupfer echtem Blattgold verziert.
Schmätzchen sind heute das typische Mitbringsel von Touristen, früher wurden sie hauptsächlich zur Weihnachtszeit und um Neujahr vernascht.

Küsschen vom Hoflieferanten

Der Ursprung des Berufsstands der Lebküchner in Coburg reicht viele Jahrhunderte zurück: seit 1643 bildeten sie ihre eigene Zunft. Am 1. Oktober 1892 gründete Bäckermeister Wilhelm Feyler eine Spezial- und Feinbäckerei, schon fünf Jahre später überzeugte er das Coburger Herzoghaus mit seinen Backwaren und Alfred von Sachsen-Coburg und Gotha verlieh ihm die Auszeichnung »Hofbäcker«. 1907 wurde er sogar zum Hoflieferanten ernannt.
Schmätzchen als einfaches, braunes Sirupgebäck gab es zwar schon vorher, doch Wilhelm Feyler verfeinerte die Rezeptur mit Honig und Gewürzen. Er präsentierte seine Backwaren u. a. auf den Weltausstellungen von Paris, Berlin und Brüssel, wo sie auch ausgezeichnet wurden, im Jahr 1904 ließ er seine Coburger Schmätzchen dann als eingetragenes Warenzeichen schützen.

1 Zitronat und Orangeat möglichst fein hacken.

2 Den Honig vorsichtig schmelzen und mit Eiern und Zucker schaumig rühren.

3 Mehl und Backpulver mischen und über die Eiermasse sieben. Zitronat, Orangeat, Mandeln, Haselnüsse und Gewürze hinzugeben und gründlich vermengen. Den Teig über Nacht an einem kühlen Ort ruhen lassen.

4 Am nächsten Tag den Teig auf einer bemehlten Arbeitsfläche etwa 0,75 cm dick ausrollen und den Backofen auf 180 °C (Ober-/Unterhitze) vorheizen.

5 Aus dem Teig Kreise von etwa 3 cm Durchmesser ausstechen, auf ein mit Backpapier ausgelegtes Blech setzen und 10 Minuten im Ofen backen, bis sie etwas aufgegangen sind.

6 Die Schmätzchen abkühlen lassen und in einer Blechdose aufbewahren.

2 Alt-Passauer Goldhauben

Aufwendige Pralinenkreation

Die ersten essbaren Goldhauben fertigte der Passauer Wachszieher-, Lebzelter- und Konditormeister Paul Simon, inzwischen produziert seine Familie die Trüffel in der vierten Generation. Viele Arbeitsschritte sind nötig, um die raffinierte Komposition aus Nuss- und Marillen- bzw. Aprikosentrüffel herzustellen – ein echtes Kunsthandwerk!

Prächtiger Kopfputz der reichen Bürgerinnen

Seit Ende des 18. Jahrhunderts stellten die Passauer Bürgerfrauen ihren Reichtum und das Ansehen ihrer Familien mit ihren hochwertigen Kopfbedeckungen zur Schau. Einst von Hutmacherinnen gefertigt sticken sich die Frauen die Goldhauben heute selbst. Dabei stecken in einer etwa 300–400 Arbeitsstunden, schließlich müssen kunstvolle Ornamente auf ein gewebtes Goldband aufgetragen und dieses dann geformt werden.

1 Für die Nusstrüffel Nuss-Nougat-Masse und Butter bei Zimmertemperatur weich werden lassen und zusammen schaumig schlagen.

2 Die Vollmilchkuvertüre zerkleinern, im Wasserbad schmelzen und abkühlen lassen. Dann unter die Nougat-Butter-Mischung rühren und 30 Minuten im Kühlschrank kalt stellen. Anschließend aufschlagen, bis eine luftige Masse entsteht.

3 Die Nusstrüffel in einen Spritzbeutel mit kleiner Lochtülle füllen. Ein Brett mit Backpapier belegen und walnussgroße Tupfen daraufspritzen.

4 Die Mandelblättchen in einer beschichteten Pfanne ohne Fett hellbraun rösten und abkühlen lassen. Dann je Praline ein Mandelblättchen seitlich in die Masse stecken. Im Kühlschrank fest werden lassen.

5 Für die Marillentrüffel die Aprikosen in feine Würfel schneiden und mit dem Marillengeist übergießen. Zugedeckt 1 Stunde ziehen lassen.

6 Die weiße Kuvertüre zerkleinern, im Wasserbad schmelzen und etwas abkühlen lassen.

7 Die eingeweichten Aprikosen mit dem Marillengeist pürieren und die flüssige Kuvertüre unterrühren. 15 Minuten im Kühlschrank kalt stellen. Danach die Masse in einen Spritzbeutel mit kleiner Lochtülle füllen und je einen haselnussgroßen Tupfen auf die Nougattrüffel spritzen. Die Pralinen im Kühlschrank fest werden lassen.

8 Zum Verzieren die Zartbitterkuvertüre zerkleinern, im Wasserbad schmelzen und etwas abkühlen lassen. Die Pralinen mit einer Pralinengabel in die Kuvertüre tauchen, abtropfen lassen und auf ein Pralinengitter setzen. Fest werden lassen.

9 Mit einer Pinzette kleine Stückchen vom Blattgold abzupfen und die Pralinen damit verzieren.

HERKUNFT

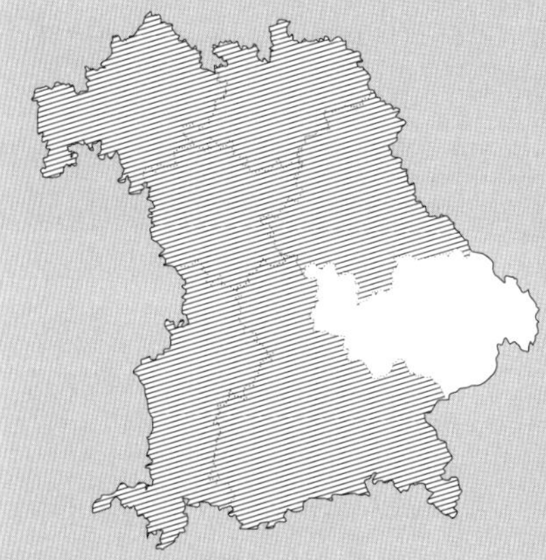

Niederbayern (Passau)

ZUBEREITUNGSDETAILS

GLUTENFREI

SCHWIERIG

35–40 STÜCK

90 MINUTEN PLUS KÜHLZEIT

ZUTATEN

FÜR DIE NUSSTRÜFFEL

200 g Nuss-Nougat-Masse
100 g Butter
100 g Vollmilchkuvertüre

FÜR DIE MARILLENTRÜFFEL

75 g getrocknete Aprikosen
35 ml Marillengeist
150 g weiße Kuvertüre

ZUM VERZIEREN

Mandelblättchen
150 g Zartbitterkuvertüre
essbares Blattgold

Spritzbeutel mit kleiner und großer Lochtülle
Pralinengabel
Pralinengitter
Pinzette

HERKUNFT

Unterfranken, Mittelfranken, Oberfranken

ZUBEREITUNGSDETAILS

LAKTOSEFREI

EINFACH

ETWA 100 STÜCK

12 STUNDEN PLUS 50 MINUTEN

ZUTATEN

500 g Puderzucker
5 Eier (Größe M)
500 g Mehl, plus etwas mehr zum Arbeiten
1 Msp. Hirschhornsalz
1 EL Kirschwasser
1 TL gemahlener Anis
Arrak bei Bedarf zum Bepinseln

Holzmodel

3 Eierzucker

Nembercher Springerle, Reiterle, Anisbrot, Bayerisches Bauernmarzipan, Würzburger Eiermarzipan, Bamberger Marz

Mit Modeln bedruckt

Eierzucker sind ein traditionelles Bildgebäck, das bereits seit Jahrhunderten mit Modeln verziert wurde. Die zunächst aus Ton geformten, seit dem 16. Jahrhundert aus Holz geschnitzten Formen werden in den rohen Teig gedrückt und verschönern die Plätzchen mit figürlichen Motiven wie Blumen, Herzen, Vögeln, Hähnen, Engeln und teils ganzen Bildergeschichten.
Wichtig ist, dass die Oberseite beim Backen fast weiß bleibt, denn dann sieht der Eierzucker wie echtes Marzipan aus, das sich früher nicht jeder leisten konnte – daher rührt auch die alternative Bezeichnung als »Bauernmarzipan«. Außerdem müssen die Eierzucker beim Backen auf etwa doppelte Höhe aufgehen und unten sogenannte »Füßchen« bilden. Frisch gebacken sind die Eierzucker sehr hart, gelagert werden sie am besten in Blechdosen, in die man für 1–2 Tage einen Apfelschnitz mit hineingibt. Das macht sie weicher.

Ein Muss auf dem Weihnachtsteller

In Franken werden die Eierzucker auch »Springerle« genannt – nach dem beliebten Motiv eines Reiters. Springerle dienen, bunt bemalt, auch als Schmuck für den Weihnachtsbaum und gehören in Süddeutschland zu den beliebtesten Gebäcken in der Adventszeit. Sie dürfen auf keinem Weihnachtsteller fehlen.

1 Den Puderzucker über die Eier sieben und mit dem Handrührgerät mindestens 10 Minuten verquirlen, bis eine schaumige Masse entstanden ist.

2 Das Mehl über den Eierschaum sieben. Das Hirschhornsalz im Kirschwasser auflösen und mit dem Anis hinzugeben. Alles zu einem festen Teig kneten.

3 Den Teig auf einer bemehlten Arbeitsfläche knapp 1 cm dick ausrollen und leicht mit Mehl bestäuben. Den Model in den Teig drücken und die Eierzucker ausstechen. Ein Blech mit Backpapier belegen und die Eierzucker darauf an einem kühlen Ort über Nacht antrocknen lassen.

4 Am nächsten Tag den Backofen auf 150 °C (Ober-/Unterhitze) vorheizen.

5 Die Unterseite der Eierzucker muss nach der Ruhezeit noch leicht feucht sein, sonst platzt sie beim Backen oben auf. Wenn die Eierzucker bereits trocken sind, unten mit Arrak oder Wasser bepinseln und bei leicht geöffneter Ofentür etwa 15 Minuten sehr hell backen. Nach Belieben erst ein paar Eierzucker zur Probe und dann nach und nach die restlichen backen.

4 Dettelbacher Muskazinen

Muskatzinen

Krawatten zum Knabbern

Beim Backen bilden sich, ganz ähnlich wie beim Eierzucker (siehe links), an der Unterseite charakteristische »Füßchen« aus. So entsteht der Eindruck, es wären zwei Kekse aufeinandergesetzt worden. Die spezielle Form der Plätzchen soll schließlich auf die Vorliebe ihres Erfinders Urban Degen für besonders gefältelte Krawatten bzw. Fliegen zurückgehen. Der ehrbare Meister aus der Zunft der Zuckerbäcker der Stadt Dettelbach soll die typische Holzmodel sogar selbst geschnitzt haben.
Das genaue Rezept für die Muskazinen bleibt bis heute ein Geheimnis, das nur innerhalb der einheimischen Konditoren weitergegeben wird. Gemäß ihres Namens lässt sich aber auf eine hohe Dosis Muskat schließen, dementsprechend sind die Muskazinen auch leicht scharf im Geschmack. Die Patentrechte liegen heute bei der Familie Dauenhauer vom Dettelbacher Café Kehl, doch auch in der Konditorei Achtmann werden Muskazinen bereits in der fünften Generation hergestellt.

Muskat aus dem Morgenland

Eine andere Geschichte erzählt von einem Ritter aus dem Morgenland, dem der Genuss von reichlich Muskat die üblen Nachwirkungen von übermäßigem Alkoholkonsum gedämpft haben soll. Ein Wallfahrer soll dies dem Dettelbacher Konditor weitergetragen haben, der daraufhin die Muskazinen kreierte. Besonders beliebt sind sie auch heute noch nach dem Besuch der Dettelbacher Wallfahrtskirche »Maria im Sand«.

1 Zitronat und Orangeat möglichst fein hacken.

2 Eier und Zucker schaumig schlagen, bis sich der Zucker aufgelöst hat.

3 Zitronat, Orangeat, Nüsse und Gewürze unter die Eier-Zucker-Mischung heben. Anschließend Mehl und Backpulver unterrühren.

4 Den Teig zu einer langen Rolle formen und etwa 5 cm lange Stücke abschneiden. Mit dem Model zu Muskazinen formen. (Ohne Model erhalten die Plätzchen ihre besondere Form, indem man sie rechts und links mit einer Gabel ein- und dann in der Mitte leicht zusammendrückt.)

5 Die Muskazinen auf einem mit Backpapier ausgelegten Blech an einem kühlen Ort über Nacht antrocknen lassen.

6 Am nächsten Tag bei 200 °C (Ober-/Unterhitze) etwa 8 Minuten backen.

HERKUNFT

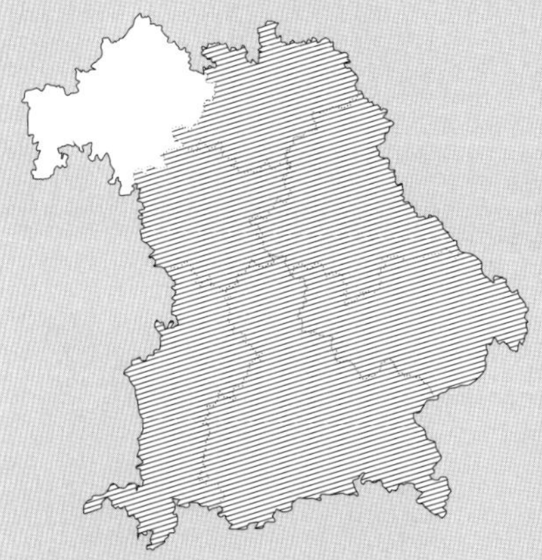

Unterfranken
»Muskatzinen« geschützt durch Café Kehl

ZUBEREITUNGSDETAILS

- LAKTOSEFREI
- MITTEL
- ETWA 30 STÜCK
- 12 STUNDEN PLUS 30 MINUTEN

ZUTATEN

- 30 g Orangeat
- 30 g Zitronat
- 2 Eier (Größe M)
- 200 g Zucker
- 100 g gemahlene Haselnüsse
- 1 TL frisch geriebene Muskatnuss
- 1 TL gemahlener Zimt
- ½ TL gemahlener Kardamom
- ½ TL gemahlene Gewürznelken
- 250 g Mehl
- 1 gehäufter TL Backpulver

Holzmodel für Muskazinen (nach Belieben)

5 Mürbe Schokoladenbrezeln

Der Brezenheilige

Als »Wastl« oder »Basti« abgekürzt ist Sebastian in Bayern ein weit verbreiteter Vorname, der auf den gleichnamigen Schutzheiligen der Pestkranken bzw. Patron der Schützen und Brezenheiligen zurückgeht. Seiner gedacht wird am 20. Januar, dann werden vielerorts Märkte abgehalten, auf denen die Brezeln im Mittelpunkt stehen. Besonders schön: Die Sebastianibrezeln werden zum Verkauf an Brezelnbäumen aufgehängt, die den Holzgestellen zum Trocknen von Heu ähneln. Natürlich werden sie auch gerne als Mitbringsel mit nach Hause genommen, wo die Reste dann in eine Suppe eingelegt werden. Nicht nur als Laugenbrezel, sondern auch in der süßen Variante schmeckt die Brezel; sie wird ebenfalls gerne für den Sebastianitag gebacken.

Die Brezel als Eheorakel

Manch junge Brautleute, die sich auf Sebastiani-Wallfahrt begeben, pflegen einen alten Brauch: Wer beim Brezelnhakeln den größeren Teil in der Hand behält, hat demnach später in der Ehe das Sagen. Vielleicht haben ja auch schon mal die mürben Schokoladenbrezeln zur Schau in die Zukunft gedient.

1 Butter und Zucker schaumig rühren.

2 Das Kakaopulver in 5 EL heißem Wasser auflösen und dazugeben.

3 Mehl und Eiweiß hinzufügen und alles rasch vermengen. 30 Minuten im Kühlschrank kalt stellen.

4 Kleine Teigstücke abnehmen, zu dünnen Strängen rollen und zu Brezeln formen.

5 Den Backofen auf 200 °C (Ober-/Unterhitze) vorheizen.

6 Die Brezeln auf ein mit Backpapier ausgelegtes Blech setzen. Das Eiweiß locker verschlagen und die Brezeln damit bepinseln. Zum Schluss mit Hagelzucker bestreuen und etwa 10 Minuten im Ofen backen.

HERKUNFT

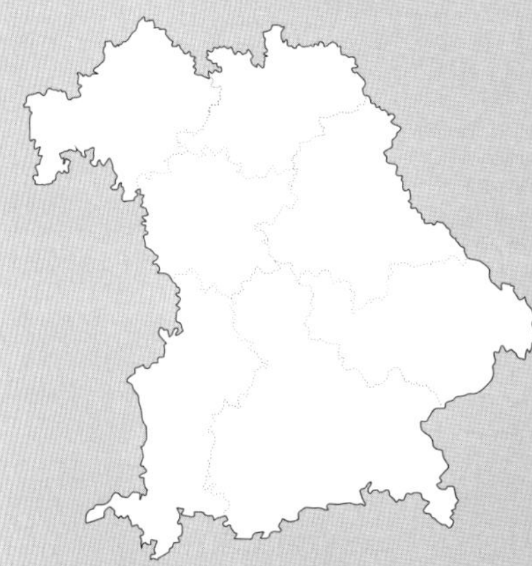

ganz Bayern

ZUBEREITUNGSDETAILS

EINFACH

30 STÜCK

30 MINUTEN PLUS KÜHLZEIT

ZUTATEN

- 120 g Butter
- 50 g Zucker
- 20 g Kakaopulver
- 180 g Mehl
- 1 Eiweiß (Größe M)

AUSSERDEM

- 1 Eiweiß (Größe M)
- Hagelzucker

HERKUNFT

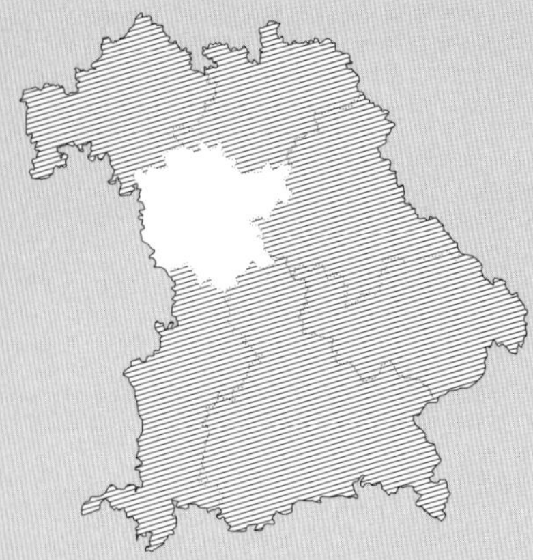

Mittelfranken

ZUBEREITUNGSDETAILS

MITTEL

ETWA 40 STÜCK

12 STUNDEN PLUS 35 MINUTEN

ZUTATEN

- 4 Eier (Größe M)
- 150 g Puderzucker
- 2 EL Honig
- 120 g Zitronat
- 120 g Orangeat
- Abrieb von 1 Bio-Zitrone
- Abrieb von 1 Bio-Orange
- 1 EL gemahlener Zimt
- ½ TL gemahlene Gewürznelken
- ½ TL frisch geriebene Muskatnuss
- ½ TL gemahlener Macis
- ½ TL gemahlener Kardamom
- ½ TL gemahlener Ingwer
- ½ TL gemahlener Piment
- 1 Prise Salz
- 175 g gemahlene Mandeln
- 175 g gemahlene Haselnüsse
- Backoblaten (9 cm ø)

6 Elisenlebkuchen

Die Krönung der Lebküchnerei

Elisenlebkuchen sind die allerfeinsten unter den Nürnberger Lebkuchen, denn sie sind größer und ihre Zutaten sind von ganz besonderer Qualität. Zudem müssen sie mindestens 25 % Mandeln und/oder Haselnüsse und/oder Walnüsse enthalten, andere Ölsamen sowie die Zugabe von Fett sind nicht erlaubt.
Um die Entstehung der Elisenlebkuchen rankt sich eine Legende: Als im Jahr 1720 die Tochter eines Lebküchners erkrankte, kreierte der Vater einen Lebkuchen aus Haselnüssen, Bienenhonig und besten Gewürzen. Elisabeth aß davon, wurde wieder gesund und der Lebkuchen nach ihr benannt. Wahrscheinlich geht die Bezeichnung »Elisenlebkuchen« aber eher auf die Heilige Elisabeth, Schutzpatronin der Bäcker und Lebzeltner, zurück.

Die Nürnberger Pfeffersäcke

Lebkuchen sind reich an exotischen Gewürzen, welche den Speisen ein exquisites Aroma verleihen und mitunter entzündungshemmend wirken. Daher können sie der kranken Elisabeth tatsächlich geholfen haben. Die sehr kostbaren Gewürze wurden im Mittelalter in und um Nürnberg, das Knotenpunkt von Handelsrouten war, rege verkauft, und die hiesigen Kaufleute gelangten zu unerhörtem Reichtum, weshalb man sie fortan – eher abfällig – auch »Pfeffersäcke« nannte. Übrigens war im Mittelalter durchaus auch Pfeffer eine Zutat in Lebkuchen, man denke nur an Pfefferkuchen!
Nürnberg war außerdem bekannt für sein Zeidlerwesen, der Reichswald galt als »des Heiligen Römischen Reiches Bienengarten«. Und auch Honig wirkt antibiotisch, so macht es Sinn, dass Elisabeths Vater diesen unter den Lebkuchenteig mischte.

1 Die Eier mit Puderzucker und Honig schaumig rühren. Zitronat und Orangeat fein wiegen und zur Eiermasse geben.

2 Zitronen- und Orangenabrieb, Gewürze, gemahlene Mandeln und Haselnüsse zufügen und alles vermengen.

3 Ein Backblech mit Backpapier auslegen und die Oblaten darauf verteilen. Mit zwei Esslöffeln den Lebkuchenteig darauf verstreichen und über Nacht antrocknen lassen.

4 Am nächsten Tag bei 150 °C (Ober-/Unterhitze) etwa 20 Minuten backen.

5 Die Kuvertüre im Wasserbad schmelzen und die Hälfte der Elisenlebkuchen damit bestreichen.

6 Den Puderzucker sieben, mit Arrak und Zitronensaft glatt rühren und die restlichen Elisenlebkuchen mit dem Zuckerguss überziehen.

Für die Glasuren benötigt man:
100 g Zartbitterkuvertüre
100 g Puderzucker
1 TL Arrak
1 TL Zitronensaft

7 Nürnberger Lebkuchen

Ein »Muss« auf dem Christkindlesmarkt

Ein Besuch der Nürnberger Budenstadt ohne Lebkuchen, das geht gar nicht! Dann noch ein Becher mit heißem Glühwein in der Hand – und das Weihnachtsfeeling ist perfekt. Nürnberger Lebkuchen sind nicht nur eine köstliche Spezialität, sondern wegen der enthaltenen Nüsse und kandierten Früchte auch eine sehr gehaltvolle Winternahrung.

Über 600 Jahre traditionelle Lebküchnerei

Die Bezeichnung »Lebkuchen« (abgeleitet vom altdeutschen »lebbe«, im übertragenen Sinne »süßer Kuchen«) ist erstmals gegen Ende des 14. Jahrhunderts erwähnt und aus dem 17. Jahrhundert stammt eine Art »Reinheitsgebot« für Lebkuchen, das regelte, welche Zutaten in die süßen Kuchen gehörten bzw. welche bei der Herstellung nicht erlaubt waren. Von den Bäckern in der Noris kreiert hatten diese alle wichtigen Zutaten für das Gebäck wie exotische Gewürze, Honig und Mandeln aufgrund der weitreichenden Handelsbeziehungen der Stadt zur Hand.
Als Unterlage für den Teig dienen immer Oblaten, mal runde, mal eckige. Darüber hinaus dürfen sich nur Lebkuchen – ganz gleich welcher Art – die innerhalb der Stadtgrenzen hergestellt wurden, »Nürnberger« aufs Etikett schreiben. Ein ganz besonderes Ereignis in Zusammenhang mit den Lebkuchen trug sich schließlich im späten Mittelalter zu: Als Kaiser Friedrich III. im Jahr 1487 den Reichstag in Nürnberg abhielt, lud er sämtliche Kinder der Stadt auf die Kaiserburg ein und beschenkte sie mit den süßen Kuchen. Rund 4.000 Stück waren eigens hierfür gebacken und verziert worden – geschmückt waren sie mit einem Bildnis des Kaisers, »Kaiserlein« genannt.

1 Die Eier mit Zucker und Honig schaumig schlagen. Dann unter ständigem Rühren nach und nach alle anderen Zutaten untermengen.

2 Ein Backblech mit Backpapier auslegen und die Oblaten darauf verteilen. Mit zwei Esslöffeln den Lebkuchenteig darauf verstreichen und über Nacht antrocknen lassen.

3 Die Lebkuchen am nächsten Tag bei 150 °C (Ober-/Unterhitze) etwa 20 Minuten im Ofen backen.

4 Die Kuvertüre im Wasserbad schmelzen und die Hälfte der erkalteten Lebkuchen damit bestreichen.

5 Den Puderzucker sieben, mit Arrak und Zitronensaft glatt rühren und die restlichen Lebkuchen mit dem Zuckerguss überziehen.

Für die Glasuren benötigt man:
100 g Zartbitterkuvertüre
100 g Puderzucker
1 TL Arrak
1 TL Zitronensaft

HERKUNFT

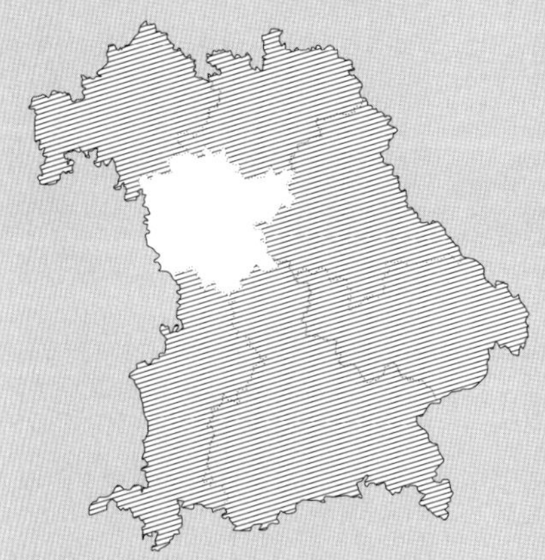

Mittelfranken (Nürnberg)

ZUBEREITUNGSDETAILS

MITTEL

ETWA 40 STÜCK

12 STUNDEN PLUS 35 MINUTEN

ZUTATEN

- 4 Eier (Größe M)
- 200 g Zucker
- 50 g Honig
- 70 g Zitronat
- 70 g Orangeat
- 70 g gehackte Mandeln
- 250 g Mehl
- 1 TL gemahlener Zimt
- 1 Msp. gemahlene Gewürznelke
- 1 Msp. gemahlener Piment
- 1 Msp. gemahlener Koriander
- 1 Msp. gemahlener Macis
- 1 Msp. gemahlener Kardamom
- 1 Msp. frisch geriebener Muskatnuss
- 1 Msp. gemahlener Fenchel
- 1 Msp. gemahlener Anis
- 2 g Hirschhornsalz
- Backoblaten (7 cm ø)

CHAM
CHAM
CHAM
CHAM

Chamer Kampl

Ein Honigkuchen mit fünf Zacken

Der Chamer Kampl ist ein ganz besonderer Lebkuchen, denn seine spezielle Form hat er vom fünfzackigen Kamm, der auf dem Stadtwappen zwischen Burgmauern zu sehen ist. Wie aber kommt ausgerechnet ein Kamm dorthin? Der Name der Stadt Cham ist keltischen Ursprungs und bedeutet so viel wie »gebogen«, »gekrümmt« oder »an der Kurve«. Das Flüsschen Chamb schlängelt sich bei Cham/Altenstadt zum Regen hin und von dort war es nur ein Katzensprung zur ehemaligen Königsburg Camma. Deren Name wurde dann zu »Kamm« gedeutet.

Der alte Brauch lebt fort

Schon im Mittelalter spielten diese Lebkuchen eine besondere Rolle, denn in Cham war es Brauch, am Neujahrstag einen großen, kammförmigen Lebkuchen auf einem von Pferden gezogenen Wagen nach Nürnberg zu transportieren – als Symbol für die Verbundenheit beider Städte.
Im Kleinen lebte dieser Brauch bis nach dem Ersten Weltkrieg fort: Am Neujahrstag aß man den speziellen Honigkuchen und trank einen guten Met dazu. Der alten Tradition folgend werden auch heute noch Chamer Kampl nur zwischen Weihnachten und Neujahr gebacken. Es gibt ihn dann zum Kaffee oder einfach so als Süßigkeit. Touristen erstehen ihn natürlich gerne als süßes Andenken.

1 Honig und Zucker miteinander verrühren und aufkochen. Vom Herd nehmen und den Schaum abschöpfen.

2 Mandeln, Zitronat und Orangeat fein hacken.

3 Den Zitronenabrieb zusammen mit Mandeln, Zitronat, Orangeat und den Gewürzen vermischen.

4 Die heiße Honigmasse darübergießen und alles gut vermengen. Etwas abkühlen lassen.

5 Das Mehl mit der Pottasche mischen, über die Masse sieben und alles verrühren. Den Teig so lange schlagen, bis er kalt ist.

6 Auf einer bemehlten Arbeitsfläche den Teig etwa 0,5 cm dick ausrollen. Lebkuchen in Kammform mit fünf Zacken ausschneiden und auf ein mit Backpapier ausgelegtes Blech setzen. Über Nacht an einem kühlen Ort ruhen lassen.

7 Am nächsten Tag die Lebkuchen bei 180 °C (Ober-/Unterhitze) 15–20 Minuten im Ofen backen. Noch warm vom Blech nehmen und auf einem Kuchengitter auskühlen lassen.

8 Für die Glasur den Puderzucker in eine Schüssel sieben und die Eiweiße dazugeben. Etwa 2 Minuten lang kräftig mit dem Handrührgerät schlagen, bis eine zähe Masse entstanden ist. Zum Schluss den Zitronensaft unterrühren. Die Glasur in einen Spritzbeutel füllen und die Lebkuchen damit verzieren.

HERKUNFT

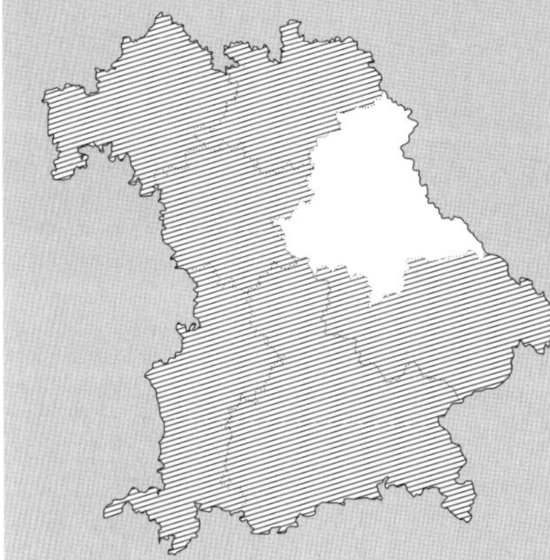

Oberpfalz (Cham)

ZUBEREITUNGSDETAILS

LAKTOSEFREI

MITTEL

ETWA 8–10 STÜCK

12 STUNDEN PLUS 60 MINUTEN

ZUTATEN

- 500 g Honig
- 250 g Zucker
- 250 g ungeschälte Mandeln
- 70 g Zitronat
- 70 g Orangeat
- Abrieb von 1 Bio-Zitrone
- 2 EL gemahlener Zimt
- 1 Msp. gemahlene Gewürznelken
- 1 Msp. frisch geriebene Muskatnuss
- 500 g Mehl, plus etwas mehr zum Arbeiten
- 1 TL Pottasche

FÜR DIE GLASUR

- 350 g Puderzucker
- 2 Eiweiß (Größe M)
- 2 Spritzer Zitronensaft

Kuchengitter

kuchen

Schon seit Mitte des 16. Jahrhunderts finden Kuchen und Torten in zeitgenössischen bayerischen Kochbüchern ihren Platz und spätestens ab dem 17. Jahrhundert wurden beim Backen verschiedene Formen aus Kupfer verwendet. Heute wird das Backwerk gerne mal nachmittags zu Kaffee oder Tee aufgetragen, eigentlich ist es aber ein Festtagsgebäck, das schon immer vorwiegend zu besonderen Anlässen auf den Tisch kam …

Süßer Blootz

Fränkischer Blootz/Blaatz oder Fränkischer Hitzblootz/Hitzplaatz/Hitzaplaatz

Schnell und einfach

Der Blootz ist ein dünn ausgerollter Teigfladen, den es in einer süßen und pikanten Version (siehe Seite 83) gibt. Während der salzige Blootz sehr gerne auch als Zwiebelblootz (siehe Seite 87) zubereitet wird, schmeckt der süße Kuchen mit Obst belegt. Je nach Saison werden Zwetschgen, Äpfel oder Kirschen verwendet, zudem lässt sich der Belag mit Streuseln oder Rahmguss verfeinern.

1 Das Mehl in eine Schüssel sieben und eine Mulde in die Mitte drücken. Die Milch leicht erwärmen und die Hefe darin auflösen. In die Mulde gießen und mit etwas Mehl vom Rand und 1 Prise Zucker zu einem Vorteig verrühren. Abgedeckt an einem warmen Ort 30 Minuten gehen lassen.

2 Restlichen Zucker und Salz mischen und zum Vorteig geben. Die Eier hineinschlagen und die Butter in Flöckchen zugeben. Alles zu einem glatten Teig verkneten. Abgedeckt an einem warmen Ort nochmals 60 Minuten gehen lassen.

3 Nochmals kurz durchkneten und auf einem gefetteten Backblech ausrollen.

4 Den Backofen auf 180 °C (Ober-/Unterhitze) vorheizen.

5 Für den Belag die Kirschen waschen, abtropfen lassen und entsteinen.

6 Die restlichen Zutaten miteinander verrühren und die Masse gleichmäßig auf dem Teig verstreichen.

7 Zum Schluss die Kirschen darauf verteilen und 30–40 Minuten im Ofen backen, bis der Quark goldgelb ist.

8 Nach dem Erkalten mit Puderzucker bestäuben.

HERKUNFT

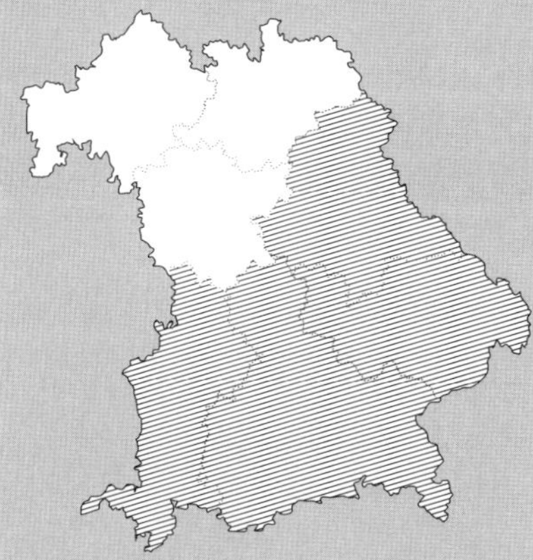

Unterfranken, Mittelfranken, Oberfranken

ZUBEREITUNGSDETAILS

MITTEL

1 BLECH

60 MINUTEN PLUS RUHEZEIT

ZUTATEN

FÜR DEN TEIG

- 500 g Mehl
- 250 ml Milch
- 1 Würfel frische Hefe
- 60 g Zucker
- 1 Prise Salz
- 2 Eier (Größe M)
- 50 g Butter, plus etwas mehr fürs Blech

FÜR DEN BELAG

- 1 kg Süßkirschen
- 500 g Quark
- 100 g saure Sahne
- 100 g Zucker
- 50 ml Sonnenblumenöl
- 1 Pck. Vanillezucker
- 1 Pck. Vanillepuddingpulver
- 2 Eier (Größe M)
- 175 ml Milch
- Puderzucker zum Bestäuben

Braada Kung

Konfirmationskung, Blechkung

Dank an den »Duud«

Bei besonderen Anlässen wurden früher auf dem Land die ganze Verwandtschaft und auch die Nachbarschaft mit Kuchen versorgt. Weil bei diesen Gelegenheiten viele Personen zusammenkamen, backte man besonders große runde Blechkuchen mit einem Durchmesser von 80–100 cm.
Vor allem in den Dörfern in Oberfranken und besonders in der Frankenwaldregion kamen die großen Kuchen traditionell zur Konfirmation auf die Tafel. »Einen Bescheid«, oder auf Fränkisch »Bschaad«, bzw. »einen Patendank austragen«, so hieß das – um dem »Duud«, also dem Paten, oder der »Duudla«, der Patin, für die Begleitung während der Patenzeit zu danken. So warf sich der Konfirmand in Schale und überreichte Kuchen nebst einem gerahmten und schön verzierten Dankesspruch.

Unendliche Vielfalt beim »Obendrauf«

Ob der Kuchenmenge, die für so einen »Bschaad« benötigt wurde, reichte der heimische Ofen oft nicht aus und so belegte man die Kuchen und brachte sie zum Backen einfach zum örtlichen Bäcker.
Auf die Teigunterlage kommt schließlich alles, was gerade Saison hat oder in der Küche vorrätig ist: Streusel, Nüsse und Mandeln, Quark, Rosinen, verschiedenes Obst mit Guss überzogen oder reine Obstbeläge wie Johannisbeeren, Zwetschgen, Schwarz- und Stachelbeeren.

1 Das Mehl in eine Schüssel sieben und eine Mulde in die Mitte drücken. Die Milch leicht erwärmen und die Hefe darin auflösen. In die Mulde gießen und mit etwas Mehl vom Rand und 1 Prise Zucker zu einem Vorteig verrühren. Abgedeckt an einem warmen Ort 30 Minuten gehen lassen.

2 Restlichen Zucker und Salz mischen und zum Vorteig geben. Die Butter in Flöckchen zugeben. Alles zu einem glatten Teig verkneten. Abgedeckt an einem warmen Ort nochmals 60 Minuten gehen lassen.

3 Den Teig kurz durchkneten und auf einem großen runden, eingefetteten Blech etwa 3 cm dick ausrollen.

4 Den Backofen auf 180 °C (Ober-/Unterhitze) vorheizen.

5 Den gewünschten Belag zubereiten (siehe nächste Seite).

6 Für die Streusel Butter, Zucker und Mehl vermengen, mit den Händen auf den Teig streuen und etwa 30 Minuten im Ofen backen.

HERKUNFT

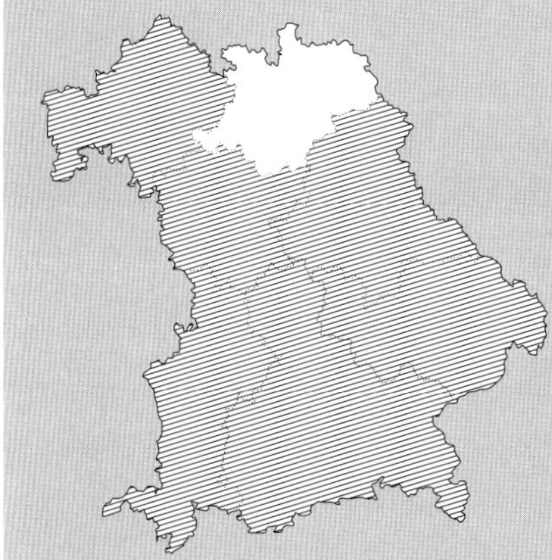

Oberfranken

ZUBEREITUNGSDETAILS

MITTEL

1 GROSSES RUNDES BLECH

60 MINUTEN PLUS RUHEZEIT (JE NACH BELAG)

ZUTATEN

FÜR DEN TEIG

750 g Mehl
400 ml Milch
1 Würfel frische Hefe
150 g Zucker
½ TL Salz
200 g Butter, plus etwas mehr fürs Blech

FÜR DEN STREUSELBELAG

350 g Butter
350 g Zucker
450 g Mehl

großes rundes Blech (50 cm ø)

Butter-Mandel-Belag

250 g Butter
150 g Zucker
150 g gehobelte Mandeln

Die Butter in Flöckchen auf dem Teig verteilen. Zucker und Mandelblättchen darüberstreuen und etwa 30 Minuten backen.

Apfelkuchen mit Rahmguss

3 kg Äpfel
150 g Rosinen
6 Eier (Größe M)
150 g Zucker
250 g saure Sahne
2 EL Arrak

1 Die Äpfel waschen, schälen, entkernen und in dünne Spalten schneiden. Schuppenförmig auf dem Teig anordnen. Die Rosinen kurz mit heißem Wasser überbrühen, abtropfen lassen und darüberstreuen. Etwa 20 Minuten im Ofen backen.

2 Die Eier trennen. Die Eigelbe mit Zucker, saurer Sahne und Arrak verrühren.

3 Die Eiweiße steif schlagen und unter die Eigelbmasse ziehen. Den Guss auf dem gebackenen Kuchen verteilen und diesen weitere 20 Minuten im Ofen fertig backen.

Käsekuchen

7 Eier (Größe M)
Abrieb von 1 Bio-Zitrone
100 g Butter
180 g Zucker
1500 g Quark
5 EL Grieß
200 g Sahne
200 g Rosinen

1 Die Eier trennen. Die Eigelbe mit Zitronenabrieb, Butter, Zucker, Quark, Grieß und Sahne verrühren.

2 Die Rosinen mit heißem Wasser überbrühen und abtropfen lassen. Dann unter die Eigelbmasse mischen.

3 Die Eiweiße steif schlagen, unterheben und die Masse sofort auf dem Teig verteilen. Abschließend etwa 35–40 Minuten im Ofen backen.

Bienenstich

200 g Butter
150 g Zucker
350 g Sahne
350 g Mandelstifte

Die Butter vorsichtig schmelzen und den Zucker darin auflösen. Die Sahne hinzufügen und alles aufkochen. Die Mandeln zugeben und die Mischung abkühlen lassen. Gleichmäßig auf dem Teig verteilen und diesen 30 Minuten im Ofen backen.

Memminger Mau

Der Mau in der Tonne

»Mau« heißt im Memminger Dialekt »Mond« – ganz klar! Die Geschichte vom Memminger Mau dagegen lässt die Bürger der Stadt nicht gerade im besten Licht erscheinen: In einer durchzechten Nacht sollen einst ein paar Einwohner bei klarem Himmel und im hellen Schein des Vollmondes heimwärts gewankt sein. Als sie an einem Wasserzuber vorbeikamen, erblickten sie darin den Mond. Ob der Spiegelung kamen die Trunkenbolde auf die glorreiche Idee, den Erdtrabanten herausfischen zu wollen, denn dann hätte man sich ja sein Leuchten jederzeit zunutze machen können. Also wurde der Stadtfischer geholt, um sein Netz auszuwerfen. Gemeinsam versuchten die Memminger, den Mond herauszuholen, doch er wollte und wollte ihnen nicht ins Netz gehen …
Die Memminger seien nicht ganz so helle, das könnte man zumindest auch bei einer anderen Geschichte meinen: Eine Memminger Magd soll eines Nachts in Lindau unterwegs gewesen sein, als sie den Mond am Himmel scheinen sah und sich verdutzt fragte: »Ja, dr Memminger Mau, scheint dr z'Lindau au?«

Ein süßes Mondgesicht

Die alten Anekdoten wurden in Kuchenform von Generation zu Generation weitergetragen. Man hatte dem Mau also ein essbares Denkmal gesetzt! Zum Backen wurde früher eine als Mond gestaltete, kupferne Form verwendet und zur Verzierung des Kuchens bestäubte man einst nur den Rand mit Puderzucker, damit im Inneren das Mondgesicht erkennbar blieb. Doch auch ohne die spezielle Form lässt sich der Kuchen heute noch backen. Dann verziert man ihn einfach mit einem aufgemalten Gesicht aus Zuckerguss – Mau ist Mau! Gebacken wird der Mau traditionell zum Memminger Kinderfest und Fischertag Ende Juli. Letzterer hat eine lange Tradition inne: Seit 1465 fischen die Memminger alljährlich den Stadtbach leer, um ihn sauber zu halten.

1 Die Rosinen mit Rum beträufeln und ziehen lassen.

2 Die Milch leicht erwärmen und die Hefe darin auflösen. 2–3 EL Mehl hinzugeben und einen Vorteig anrühren. 30 Minuten an einem warmen Ort gehen lassen.

3 Die Butter schmelzen und etwas abkühlen lassen. Zusammen mit Zitronenabrieb, restlichem Mehl, Zucker, Salz und Eiern zum Vorteig geben. Den Teig so lange schlagen, bis er Blasen wirft. Die Rosinen in einem Sieb abtropfen und zum Schluss unterrühren.

4 Eine Springform fetten und den Teig darin 45–60 Minuten gehen lassen. In der Zwischenzeit den Backofen auf 180 °C (Ober-/Unterhitze) vorheizen.

5 Den Kuchen 50–60 Minuten im Ofen backen und auskühlen lassen.

6 Für den Guss den Puderzucker sieben und mit dem Rum glatt rühren. Den Kuchen mit dem Zuckerguss als Mondgesicht dekorieren.

HERKUNFT

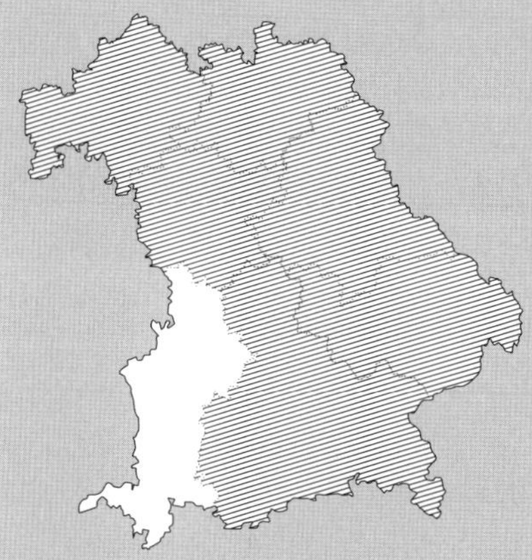

Schwaben (Memmingen)

ZUBEREITUNGSDETAILS

MITTEL

1 KUCHEN

90 MINUTEN PLUS RUHEZEIT

ZUTATEN

FÜR DEN TEIG

- 180 g Rosinen
- 100 ml Rum
- 250 ml Milch
- 1 Würfel frische Hefe
- 500 g Mehl
- 200 g Butter, plus etwas mehr für die Form
- Abrieb von 1 Bio-Zitrone
- 100 g Zucker
- 1 Prise Salz
- 4 Eier (Größe M)

FÜR DEN ZUCKERGUSS

- 150 g Puderzucker
- 1 EL Rum

Springform (26 cm ø)

Prinzregententorte

Was die Sachertorte für Wien, …

… das ist die Prinzregententorte für München. Acht dünne Biskuitböden – sinnbildlich für die einst acht bayerischen Regierungsbezirke (vor dem Zweiten Weltkrieg gehörte die Pfalz noch zu Bayern!) – sollte sie haben, jeweils bestrichen mit Schokoladencreme und mit -guss überzogen. Wer genau damals die dem bayerischen Prinzregenten Luitpold gewidmete Torte kreiert hat, ist nicht eindeutig geklärt, denn zwei Konditoren ringen um die Ehre der Urheberschaft: Johann Rottenhöfer und Heinrich Georg Erbshäuser. Etwas wahrscheinlicher ist, dass die Torte doch auf Letzteren zurückgeht, so war dieser nämlich 1890 zum königlich-bayerischen Hoflieferanten ernannt worden.

Die gute alte Prinzregentenzeit

Luitpold war von 1886 bis zu seinem Tod 1912 Prinzregent des Königreichs Bayern. Er hatte die Herrschaft übernommen, nachdem sein Neffe, König Ludwig II. – der berühmte Märchenkönig – entmündigt worden war. Unter seiner Regentschaft erlangte vor allem die Hauptstadt München, insbesondere der Stadtteil Schwabing, eine kulturelle Blütezeit.

1 Für den Teig die Eier nacheinander mit dem Zucker schaumig rühren, bis sich der Zucker aufgelöst hat und eine dicke gelbliche Creme entstanden ist. Das Mehl darübersieben und vorsichtig unterziehen.

2 Den Backofen auf 175 °C (Ober-/Unterhitze) vorheizen.

3 Aus dem Teig nacheinander 7–8 dünne Tortenböden backen. Dazu eine Backform gut einfetten und nur wenige Esslöffel der Masse darin glatt streichen. Anschließend im Ofen etwa 8 Minuten hellgelb backen. Vorsichtig aus der Form lösen und auf einem Gitter abkühlen lassen. So weiter verfahren, bis der Teig aufgebraucht ist.

4 Für die Creme aus Zucker und 100 ml Wasser einen dickeren Läuterzucker herstellen. Dafür Zucker und Wasser erhitzen und 10 Minuten sprudelnd kochen lassen.

5 Die Schokolade reiben und in den kochenden Läuterzucker geben. Den Topf vom Herd ziehen und die Schokolade kalt rühren. Die Butter schaumig schlagen und die Schokoladenmasse löffelweise untermischen.

6 Die Tortenböden jeweils mit der Schokoladenmasse bestreichen und aufeinandersetzen. Die oberste Schicht nicht bestreichen und mit Backpapier abdecken. Ein Brett oder einen Teller zum Beschweren obenauf legen und die Torte ein paar Stunden gekühlt ruhen lassen.

7 Die Marmelade durch ein Sieb streichen und den obersten Tortenboden damit bedecken. Etwas antrocknen lassen.

8 Die Kuvertüre im Wasserbad schmelzen. Aus dem Zucker und 125 ml Wasser innerhalb von 5 Minuten einen dünnen Läuterzucker herstellen und unter die Kuvertüre ziehen. Die Torte rundum mit der Glasur überziehen und kalt stellen.

HERKUNFT

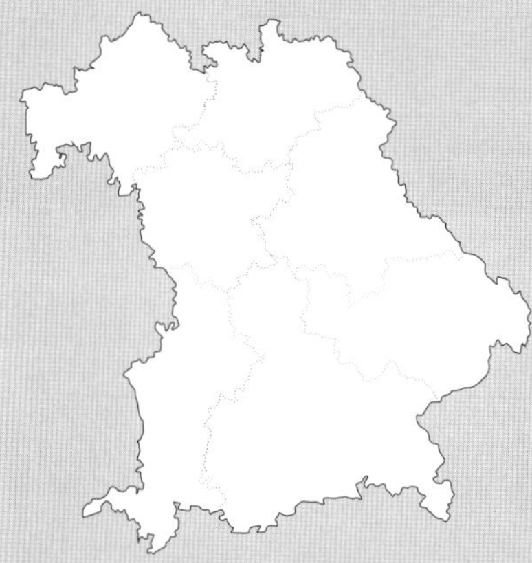

ganz Bayern, ursprünglich München

ZUBEREITUNGSDETAILS

SCHWIERIG

1 TORTE

120 MINUTEN PLUS KÜHLZEIT

ZUTATEN

FÜR DEN TEIG

- 8 Eier (Größe M)
- 250 g Zucker
- 250 g Mehl
- Butter für die Form

FÜR DIE CREME

- 250 g Zucker
- 500 g Halbbitterschokolade
- 180 g weiche Butter

FÜR DIE GLASUR

- 100 g Aprikosenmarmelade
- 90 g Zartbitterkuvertüre
- 175 g Zucker

Springform (28 cm ø)

Straubinger Agnes-Bernauer-Torte

Liebe und Leid in Straubing

Die Geschichte von Agnes Bernauer liegt fast 600 Jahre zurück, doch erst vor 80 Jahren kreierte die Straubinger Konditorenfamilie Krönner eine Torte zu Ehren der »unglücklichen Herzogin«. Sie war einst die nicht standesgemäße Liebschaft oder sogar heimliche Ehefrau – man weiß es nicht genau – von Herzog Albrecht III. gewesen. Der Wittelsbacher musste nach der Heimkehr von einer Reise erfahren, dass die Bernauerin während seiner Abwesenheit auf Betreiben seines Vaters in einem Schauprozess getötet worden war. Man hatte sie 1435 in Straubing in der Donau ertränkt.
Dort, wo das blonde Haupt der Hingerichteten das Ufer berührte, wurde später als Sühnestätte die Agnes-Bernauer-Kapelle erbaut. Und im Straubinger Herzogsschloss finden heute alle vier Jahre die Agnes-Bernauer-Festspiele statt, die vom Glück und Unglück der Baderstochter handeln.

1 Für den Teig die Eiweiße steif schlagen. Zucker, Puder- und Vanillezucker unterrühren. Anschließend Mehl, Mandeln, Kakaopulver und Zimt vorsichtig unterheben.

2 Den Backofen auf 170 °C (Ober-/Unterhitze) vorheizen.

2 Eine Springform mit Backpapier auslegen, ⅕ der Teigmasse darin glatt streichen und 20 Minuten im Ofen backen. Den Boden vorsichtig herausnehmen und auf einem Kuchengitter abkühlen lassen. Vier weitere Böden backen, dabei jeweils ein frisches Backpapier verwenden.

3 Für die Füllung die Butter schaumig rühren. Abwechselnd Puderzucker darübersieben und Eigelbe untermischen. Das Kaffeepulver mit 2 EL Wasser an- und gut verrühren. Dann unter die Butter-Ei-Mischung mengen.

4 Die Böden jeweils mit der Kaffee-Buttercreme bestreichen und aufeinandersetzen. Rundum ebenfalls mit der Buttercreme ummanteln, mit Mandelblättchen bestreuen und mit Puderzucker bestäuben.

HERKUNFT

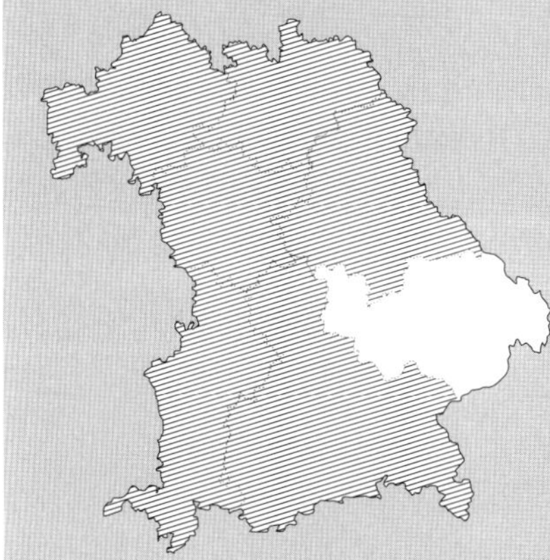

Niederbayern (Straubing)

ZUBEREITUNGSDETAILS

SCHWIERIG

1 TORTE

150 MINUTEN

ZUTATEN

FÜR DEN TEIG

- 7 Eiweiß (Größe M)
- 220 g Zucker
- 70 g Puderzucker
- 1 Pck. Vanillezucker
- 40 g Mehl
- 200 g gemahlene Mandeln
- 1 Prise Kakaopulver
- 1 Prise gemahlener Zimt

FÜR DIE FÜLLUNG

- 250 g weiche Butter
- 160 g Puderzucker
- 4 Eigelb
- 4 EL lösliches Kaffeepulver

FÜR DIE DEKORATION

- Mandelblättchen
- Puderzucker

Springform (26 cm ø)
Kuchengitter

Rieser Bauerntorte

Eine Frage der Religion

Dieser Torte ist anzusehen, ob die Bäckerin katholisch oder evangelisch ist: Die Verzierung des Deckels verrät es. Ist dieser nämlich geschlossen und nur mit ausgeschnittenen Mustern – das können Blumen, Ranken oder Ähren sein – verziert, dann ist die Bauerntorte quasi evangelischer Konfession. Ist sie dagegen katholisch, dann ist das am rautenförmig aufgelegten Gittermuster zu erkennen. Das Nördlinger Ries war nämlich im 16. Jahrhundert konfessionell gespalten … Doch ganz gleich, ob evangelisch oder katholisch, diese große, flache Torte ist ein echter Hingucker und köstlich obendrein!

1 Für den Teig das Mehl mit dem Salz in einer Schüssel mischen, in die Mitte eine Mulde drücken und die Hefe hineinbröckeln. Die Milch leicht erwärmen, zur Hefe gießen und mit dem Zucker und etwas Mehl vom Rand der Mulde verrühren. 10 Minuten gehen lassen.

2 Die Butter schmelzen und abkühlen lassen. Zusammen mit dem Ei unter den Vorteig rühren und alles gut durchkneten. Abgedeckt an einem warmen Ort 60 Minuten gehen lassen.

3 Für die Füllung Orangeat und Zitronat fein würfeln und zusammen mit den restlichen Zutaten vermengen.

4 Den Teig nochmals kurz kneten und ein Viertel abteilen. Das große Stück auf einem gefetteten Backblech rund ausrollen.

5 Die Füllung auf dem Teig verstreichen, dabei den Rand freilassen. Das Ei verquirlen und den Rand damit bepinseln.

6 Den Backofen auf 175 °C (Ober-/Unterhitze) vorheizen.

7 Das kleinere Teigstück auf einer bemehlten Arbeitsfläche ausrollen und mit einem Teigrädchen in 1 cm breite Streifen schneiden. Die Streifen als Deckel rautenförmig auf die Füllung legen. Die Teigränder gut andrücken. Zum Schluss die Streifen mit Ei bepinseln.

8 Die Torte etwa 30 Minuten im Ofen backen. Vor dem Anschneiden abkühlen lassen.

Alternativ für den Boden nur etwas mehr als die Hälfte des Teigs verwenden und den Rest für einen Deckel dünn ausrollen und auflegen. Zur Verzierung und damit beim Backen Luft entweichen kann, den Deckel mit einer Gabel einstechen oder Muster ausschneiden. Dann den Deckel mit Ei bepinseln.

HERKUNFT

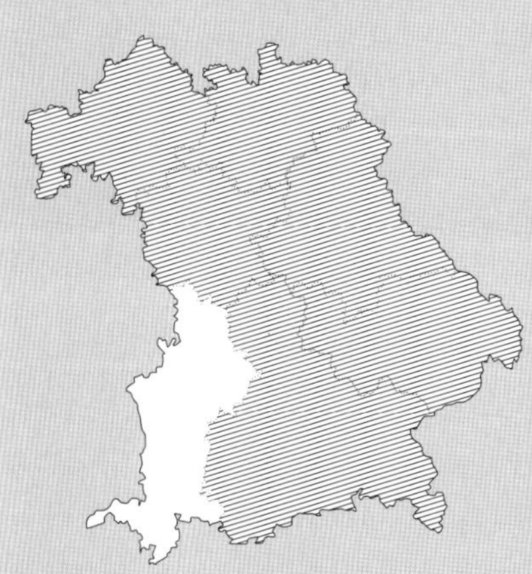

Schwaben

ZUBEREITUNGSDETAILS

MITTEL

1 TORTE

60 MINUTEN PLUS RUHEZEIT

ZUTATEN

FÜR DEN TEIG

- 500 g Mehl, plus etwas mehr zum Arbeiten
- ½ TL Salz
- 1 Würfel frische Hefe
- 150 ml Milch
- 50 g Zucker
- 100 g Butter, plus etwas mehr fürs Blech
- 1 Ei (Größe M)

FÜR DIE FÜLLUNG

- 40 g Orangeat
- 40 g Zitronat
- 1,5 kg Apfelmus
- 3 EL Zucker
- 150 g Semmelbrösel
- 150 g gemahlene Walnüsse
- ½ TL Lebkuchengewürz
- 1 Ei (Größe M) zum Bestreichen

Teigrädchen

Augsburger Zwetschgendatschi

Saftiges aus Datschiburg

Der Zwetschgendatschi ist eine typisch Augsburger Spezialität und es heißt, die Augsburger hätten diesen Blechkuchen überhaupt erst erfunden. So werden die Einwohner dort auch gerne im Scherz als »Datschiburger« bezeichnet. Der Name »Datschi« kommt höchstwahrscheinlich von der flachen Form, die auf das süddeutsche Verb »detschen« bzw. »datschen« für »flach drücken« zurückgeht.

Einen Zwetschgendatschi gibt es nur im Spätsommer, wenn spät gereifte Zwetschgen auf dem Markt sind. Sie sind für diesen Kuchen besonders geeignet, weil sie keinen Saft ziehen und der Teig so nicht durchweicht. Wichtig, wenn man einen originalen Augsburger Datschi zubereiten will, ist das Aufschichten der geschnittenen Früchte: Sie müssen möglichst aufrecht auf dem Teig sitzen. Dann nämlich erinnern sie an die Zapfen der Zirbelnuss auf dem Augsburger Stadtwappen.
Ursprünglich wurde der Zwetschgendatschi übrigens mit Mürbeteig zubereitet.

1 Das Mehl in eine Schüssel sieben und in die Mitte eine Mulde drücken. Die Hefe hineinbröckeln. Die Milch leicht erwärmen und zusammen mit dem Zucker dazugeben. Mit etwas Mehl vom Rand der Mulde zu einem Vorteig verrühren und 30 Minuten gehen lassen.

2 In der Zwischenzeit die Zwetschgen waschen, halbieren und entsteinen.

3 Butter, Salz und Eier zum Vorteig geben und alles gut verkneten. Ein Backblech einfetten und den Teig darauf ausrollen.

4 Den Backofen auf 180 °C (Ober-/Unterhitze) vorheizen.

5 Die Früchte mit dem Fruchtfleisch nach oben eng nebeneinander auf den Teig setzen, sodass die Spitzen hochstehen. Dann Zucker und Zimt mischen und die Zwetschgen damit bestreuen.

6 Den Zwetschgendatschi etwa 40 Minuten im Ofen backen.

HERKUNFT

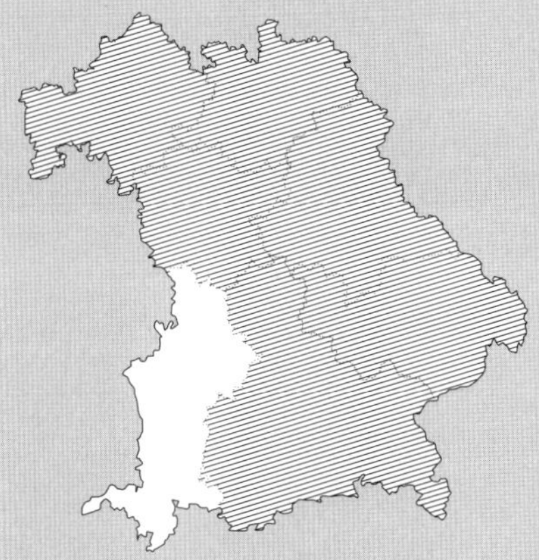

Schwaben (Augsburg)

ZUBEREITUNGSDETAILS

MITTEL

1 BLECH

60 MINUTEN PLUS RUHEZEIT

ZUTATEN

- 500 g Mehl
- ¾ Würfel frische Hefe
- 125 ml Milch
- 3 EL Zucker
- 1,5 kg frische Zwetschgen
- 100 g Butter, plus etwas mehr fürs Blech
- ½ TL Salz
- 2 Eier (Größe M)

ZUM BESTREUEN

- 5 EL Zucker
- 1 TL gemahlener Zimt

Zwetschgenschmie

Osterkuchen, Kirwakuchen

Die Schmiere macht's!

In Oberpfälzer Ortschaften wird zur Kirchweih gerne ein Zwetschgenschmie aufgetischt. Dank des eingekochten, haltbaren Zwetschgenmuses lässt er sich aber auch außerhalb der Zwetschgensaison zu den Osterfeiertagen oder ganz einfach für einen Nachmittagskaffee backen. Der Kuchen bedarf schließlich nicht viel Aufwand, seinen Namen hat er wohl von dem zähen Mus, der »Zwetschgenschmiere«.
Es gibt auch noch andere »Schmierkuchen«, je nach Belag z. B. mit einer Masse aus Grießbrei, Quark, Mohn oder Apfel. Die Kuchen werden traditionell in flachen, runden Formen gebacken.

1 Für das Mus die Zwetschgen waschen, halbieren und entsteinen. Die Früchte klein schneiden und ohne Wasser unter ständigem Rühren weich kochen.

2 Durch ein Sieb streichen und den Zucker unter das Mark mischen. Unter ständigem Rühren so lange einkochen, bis ein dickes, zähes Mus entstanden ist. Noch heiß in Einmachgläser füllen.

3 Für den Teig die Milch leicht erwärmen und die Hefe darin auflösen.

4 Zucker, Salz und Eigelbe zum Mehl geben. Die Butter in Flöckchen daraufsetzen.

5 Die Milch-Hefe-Mischung zugießen und alles so lange zu einem glatten Teig verkneten, bis dieser Blasen wirft.

6 Den Teig 45 Minuten an einem warmen Ort gehen lassen und den Backofen auf 180 °C (Ober-/Unterhitze) vorheizen.

7 Den Teig nochmals gut durchkneten, die gefettete Obstbodenform damit auskleiden und einen kleinen Rand hochziehen. Dick mit dem zuvor gekochten Zwetschgenmus bestreichen und 25–30 Minuten im Ofen backen.

HERKUNFT

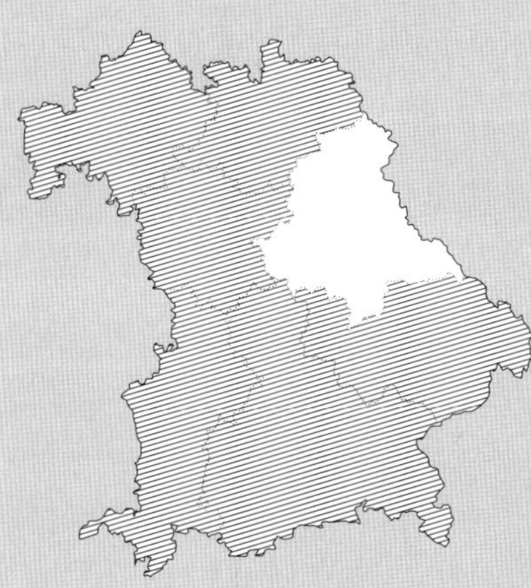

Oberpfalz

ZUBEREITUNGSDETAILS

EINFACH

1 KUCHEN

120 MINUTEN PLUS RUHEZEIT

ZUTATEN

FÜR DAS ZWETSCHGENMUS

3 kg Zwetschgen
500 g Zucker

FÜR DEN TEIG

120 ml Milch
¼ Würfel frische Hefe
3 EL Zucker
1 Prise Salz
2 Eigelb (Größe M)
200 g Mehl
80 g Butter, plus etwas mehr für die Form

Einmachgläser
Obstbodenform (28 cm ø)

alter fränkischer satz
bayerischer bodensee-landwein
bayerischer heidelbeerwein
frankenwein
landwein main
most
nürnberger glühwein
regensburger landwein
rhöner fruchtwein
silvaner

wein

Mit knapp 6.300 ha Rebfläche ist Bayern drittgrößtes Weinanbaugebiet Deutschlands, davon entfallen gut 98 % der bayerischen Anbauflächen auf die fränkischen Regierungsbezirke, vornehmlich auf das Gebiet zwischen Aschaffenburg, Schweinfurt und Würzburg. Hier prägen steile Hänge und Terrassenanlagen das Landschaftsbild. Bayernweit wird in rund 3.700 Betrieben Wein gekeltert, d. h. das Lesegut wird gequetscht und die hieraus entstandene Maische abgepresst, sodass der Saft gären kann. Anschließend reift der Wein – je nach Art unterschiedlich lange – in meist großen Holzfässern.

wein

ALTER FRÄNKISCHER SATZ

Obwohl seit 1900 Wein monoklonal, also im reinen Satz angebaut wird (meist stammen die Pflanzen von einem Urstock ab und sind genetisch völlig identisch), hat sich in Unterfranken der gemischte, Witterungsunbilden ausgleichende Satz erhalten. In einer ausgewählten Mischung angelegt sind die bis zu 160 Jahre alten, urtümlich fränkischen Weinberge gegenüber Frost, Staunässe und Schädlinge besonders resistent, die Pflanzung im bunten Durcheinander gewährleistet zudem den fruchtbaren Austausch über Wurzeln und Bodenpilze. Je nach Rebsortenzusammenstellung, Witterungs- und Wachstumsbedingungen sowie Reifegrad der Früchte bei der gemeinsamen Lese variieren nach dem Keltern auch Farbe und Geschmack des Weins. Der Alte fränkische Satz besteht schließlich aus einer Vielzahl an historischen (Adel- und Vogelfränkisch, Kleinberger, Heunisch, Hartblau, Süßrot) und alten (u. a. Weißer Elbling, Silvaner-Varietäten, Gewürztraminer, Riesling, Weißer Burgunder, Spätburgunder) Rebsorten.

Herkunft: *Unterfranken*
Geschmack: *je nach Reifegrad*

BAYERISCHER BODENSEE-LANDWEIN

Mit den Rebflächen am nordöstlichen Ufer des Bodensees auf den ehemaligen Seeterrassen und der Hügellandschaft des Westallgäus zeichnet sich der bayerische Teil des Weinanbaugebiets insbesondere durch seine klimatischen Bedingungen aus. Dabei fungiert der Bodensee als riesiger Wärmespeicher, zusätzlich findet ein permanenter Wärmeaustausch zwischen Tag (Seewind) und Nacht (Landwind) statt und alpiner Föhn führt zur schnellen Abtrocknung der Reben bei durchschnittlich hoher Niederschlagsmenge. Es heißt, Karl III. (Urenkel von Karl dem Großen) habe 884 in Bodman erstmalig den Spätburgunder, die gegenwärtig bedeutendste Rebsorte am Bodensee, ausgepflanzt. Heute werden in der Region eine Vielzahl an Weinspezialitäten erzeugt, darunter zart-feinfruchtige Rotweine, angenehm frische Roséweine und zart-saure Weißweine.

Herkunft: *Bodensee*
Geschmack: *je nach Sorte zart-feinfruchtig, frisch oder zart-sauer*

BAYERISCHER HEIDELBEERWEIN

Aus Heidelbeeren (dial. »Ha(o)iwal«, »Hoabal« oder »Schwarzbial«) gewonnen zeichnet sich der im Farbton kräftig dunkle Wein durch einen hohen Fruchtgehalt sowie ein harmonisches Süße-Säure-Verhältnis aus und ist aufgrund der enthaltenen Milchsäure (keine Weinsäure!) als besonders bekömmlich mit einer positiven Wirkung auf den Magen-Darm-Trakt einzustufen. Dabei geht die bayerische Heidelbeerweinkelterei auf den Regenstaufer Apotheker Dr. Adolf Pfannenstiel zurück, der 1876 erstmals Wein aus Heidelbeeren ansetzte und anschließend – vielfach prämiert und auch von Literatenseite hochgeschätzt (»Und der Heidelbeerwein machte mir so wunderlich warm!«, Ludwig Ganghofer) – mit seiner Marke »D'Schwarzbeern Resl« sogar auf der Weltausstellung in Chicago (1893) vertreten gewesen sein soll. Heidelbeerwein ist heute gar nicht so untypisch, wird er doch nicht selten auf Weihnachtsmärkten als Glühwein ausgeschenkt.

Herkunft: *ganz Bayern*
Geschmack: *kräftig-fruchtig*

FRANKENWEIN

Mit dem Messwein im Reisegepäck sollen drei irische Wandermönche (Kilian, Kolonat und Totnan) zwischen 600 und 700 n. Chr. den alkoholhaltigen Traubensaft eingeführt haben, als Begründerinnen des eigenständigen fränkischen Weinbaus gelten die Äbtissinnen Thekla und Adelheid. Das erste schriftliche Zeugnis für Weinbau in Franken stellt schließlich eine Schenkungsurkunde aus dem Jahr 777 dar, welche das Königsgut Hammelburg mit acht Weinbergen (heute: Schloss Saaleck) an das Kloster Fulda überschrieb. Heute werden in der von den Mittelgebirgen Spessart, Odenwald, Rhön, Hassberge sowie Steigerwald eingefassten und vom Main durchzogenen Landschaft Rot-, Rosé- und Weißweine, aber auch Federweißer und Likörweine gekeltert, wobei Frankenwein traditionell in die Bocksbeutelflasche abgefüllt wird (Würzburger Beschluss von 1728). Seit 1989 ist der Bocksbeutel für fränkische Qualitäts- und Prädikatsweine urheberrechtlich geschützt.

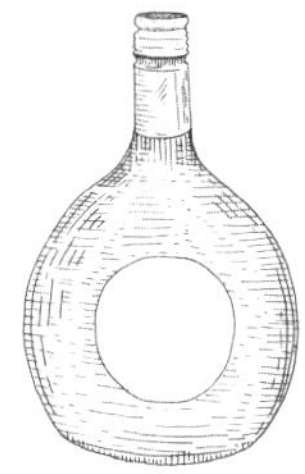

Herkunft: *Franken*
Geschmack: *je nach Sorte*

LANDWEIN MAIN

Seit 2006 gemäß der Verordnungen für Weinbauerzeugnisse als geschützte geografische Angabe eingetragen sind die typisch feinfruchtigen Aromen der mainfränkischen Rot- und Weißweine (je nach Lagerung mit Vanille- oder Röstbouquet) auf die vorherrschenden geologischen Gegebenheiten und klimatischen Bedingungen im Landweingebiet Main zurückzuführen: Die Formung der Steillagen an den sogenannten »Prallhängen« rührt vom mäanderartigen Verlauf des Mains, landschaftsbildend und für den Wein prägend sind zudem die Gesteinsfolgen der erdgeschichtlichen Periode der Trias (225–195 Mio. Jahre vor heute). In der Übergangszone von kühlgemäßigtem, subozeanischem zu subkontinentalem Klima zeichnet sich das Weinanbaugebiet durch trockene, heiße Sommer aus, kontinentale östliche Strömungen im Winter bedingen starke Winter- und Spätfröste.

Herkunft: *Franken*
Geschmack: *feinfruchtig*

MOST

Aus roh gepresstem Apfel- oder Birnensaft hergestellt entsteht Most (lat. »mustum« für »junger Wein«) durch die Vergärung des Fruchtzuckers in speziellen Maischefässern. Typisch ist ein Alkoholgehalt von 6–8 %, besonders für »echten« Most ist zudem der reglementierte Verzicht auf Zuckerzusätze. Einst wurde das frisch-spritzige Getränk auf jedem Bauernhof mit großem Obstgarten angesetzt, heute finden meist Früchte von Streuobstwiesen Verwendung und traditionelle Mostschenken gibt es nur noch selten – zumal dem vergorenen Fruchtsaft nicht selten das Vorurteil »verdorben durch mangelnde Hygiene« anhängt. Dabei sollte der Most ursprünglich nach schwerer Arbeit die Muskelkraft fördern, wobei die erfrischende Wirkung auf den natürlichen Säuregehalt zurückgeht.

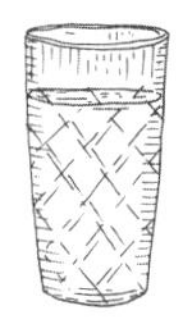

Herkunft: *Bayern*
Geschmack: *frisch-spritzig*

NÜRNBERGER GLÜHWEIN

Von Karl dem Großen und später dem Sonnenkönig Ludwig XIV. dem herkömmlichen Wein vorgezogen wurde warmer Würzwein im Mittelalter populär, wobei damals die Gewürze zur Verfeinerung noch den Reichen vorbehalten waren. Auch heute noch macht den traditionell in der Weihnachtszeit genossenen Glühwein die Zugabe von würzenden Zutaten und – besonders für den originalen »Nürnberger Glühwein« (seit 1950) – Heidelbeeren aus. Auf dem berühmten Nürnberger Christkindlesmarkt wird der ausschließlich innerhalb der Nürnberger Stadtgrenzen hergestellte Glühwein seit ca. 1970 ausgeschenkt (in jährlich neu designten Porzellansammeltassen). Der vorweihnachtliche Verkaufsmarkt ist schließlich bereits seit Ende des 16. Jahrhunderts belegt und die überdurchschnittliche Verwendung exotischer Gewürze (so auch in Lebkuchen und Bratwürsten) geht traditionell auf die spätmittelalterliche Etablierung Nürnbergs als Fernhandelsstadt zurück.

Herkunft: *Nürnberg*
Geschmack: *vollmundig-würzig*

REGENSBURGER LANDWEIN

Mit nur 4 ha Anbaufläche gilt das Landweingebiet Regensburg entlang der Donau als »kleinstes Weinbaugebiet Bayerns«, geologisch treffen im Gebiet des Oberpfälzer Jura nährstoffreiches Kalk- und Urgestein mit Braunerden aufeinander – die in der Regel durchgegorenen Regensburger Landweine weisen demnach in der Säureausprägung regionale Unterschiede auf. Dabei geht die Weinanbautradition vermutlich bis in die Römerzeit zurück und im Mittelalter wurde der sogenannte »Regensburger Baierwein« sogar an den königlichen Hof in München geliefert. Wer mehr zur Geschichte der »regio Baiovariorum viniferax« (»weintragendes Land der Bajuwaren«) erfahren möchte, dem bietet sich im BaierWeinMuseum in Bach a. d. Donau die Gelegenheit, u. a. eine historische Baumpresse aus dem Jahr 1615 zu sehen und den Weinlehrpfad zu begehen.

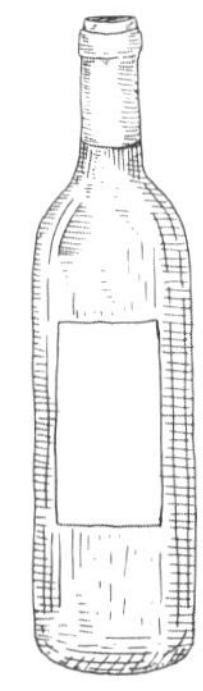

Herkunft: *Regensburg*
Geschmack: *feinfruchtig*

RHÖNER FRUCHTWEIN

Für seinen Beerenreichtum bekannt wurden die in den Wäldern des Mittelgebirges wachsenden Früchte – vorwiegend Heidelbeeren – zunächst privat gesammelt und zu Likör und Weinen weiterverarbeitet, seit Einrichtung der ersten Fruchtsaftpresserei in Sondheim im Jahr 1859 (einst sogar »Großherzoglicher Hoflieferant«) erfolgt schließlich eine gewerbliche Nutzung der Beerenvorkommen. Heute wird neben dem traditionellen Heidelbeerwein auch eine Vielzahl von anderen Fruchtweinen angeboten (u. a. Erdbeere, Himbeere, Kirsche, Pflaume, Hagebutte), ganz besonders ist die Abfüllung in sogenannte »Apothekerflaschen« mit nostalgischen Etiketten und Korkstopfen.

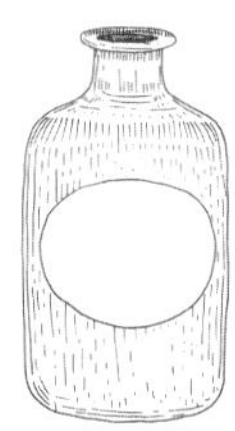

Herkunft: *Unterfranken*
Geschmack: *je nach Sorte*

SILVANER

Für viele gleichbedeutend mit dem Frankenwein ist der Silvaner mit rund 1.500 ha Anbaufläche eine der fränkischen Leitsorten und – je nach Bodenbeschaffenheit (Anbau auf Muschelkalk oder Keuperböden) – von feinfruchtigem Geschmack oder eher wuchtig-schwer. Mit der Rebsorte bestockt wird in Franken nachweislich seit 1665 (eingeführt durch Abt Alberich Degen von der Zisterzienserabtei Ebrach), wobei die ursprüngliche Herkunft infolge der Namensgebung zunächst im rumänischen Transsilvanien (Siebenbürgen) oder in Silvan (Stadt in Mittelasien) verortet wurde. Heute ist bekannt, dass es sich um eine natürliche Kreuzung von Traminer und Österreichisch Weiß handelt, wahrscheinlicher ist daher die Namensableitung vom lateinischen »silva« (dt. »Wald«).

Herkunft: *Franken*
Geschmack: *je nach Sorte feinfruchtig oder wuchtig-schwer*

Malerische Weinberge, gemütliche Weinkeller und heitere Winzerfeste ... Bayerns Herz schlägt nicht nur für Bier, sondern auch für Wein!

bamberger rauchbier
bayerisches fastenstarkbier
braunbier
dinkelbier
eisbock
hofer (schlappen-)bier
kulmbacher bier
mainfranken-bier
münchner (oktoberfest-)bier
radler
reuther bier
russ
ungespundetes kellerbier
weißbier
zoigl
zwickelbier

bier

Mit der weltweit größten Brauereidichte (ca. 620 hiesige Brauereien), dem ältesten Nachweis des Bierbrauens (gefunden in Kulmbach/Oberfranken, datiert auf 800 v. Chr.) und der ältesten noch bestehenden Brauerei Weihenstephan (seit 1040 n. Chr.) blickt Bayern auf eine jahrhundertealte Brautradition zurück. Erlassen wurde hier auch das älteste, noch heute gültige Lebensmittelgesetz der Welt: Das Reinheitsgebot von 1516, von Herzog Wilhelm IV. von Bayern verkündet, gibt die Verwendung von ausschließlich Wasser, Malz und Hopfen für die Herstellung von Bier vor. Ganzjährig konsumiert werden auch saisonale Spezialitäten produziert, so z. B. Fastenstarkbiere, der Maibock, leichte Sommerbiere, Festbiere oder dunkle Winterbiere. Bayern ist zudem eines der führenden Anbaugebiete für Braugerste und weist in der Region Hallertau das größte zusammenhängende Hopfenanbaugebiet der Welt auf.

Herkunft: *Bamberg*
Farbe: *tief dunkel*
Geschmack: *rauchig*

BAMBERGER RAUCHBIER

Der Legende nach bei einem Brand von Rauch durchströmt soll der recht arme Brauer das gelagerte Malz aus Not dennoch weiterverwertet haben – und dem Kunden hat das hieraus entstandene Rauchbier wider Erwarten geschmeckt! Tatsächlich aber soll das Darren des Malzes früher, nämlich bis ins ausgehende 18. Jahrhundert, rauchfrei gar nicht möglich gewesen sein. Die Tradition wurde schließlich von den Bamberger Brauereien »Heller« (besser bekannt als »Schlenkerla«, seit 1405) und »Spezial« (seit 1536) erhalten, weshalb allgemein vom »Bamberger Rauchbier« die Rede ist. Das Bier ist rauchig im Geschmack (erinnert an geräucherten Schinken) und eine Bamberger Weisheit besagt: »Das zweite Seidla schmeckt besser als das erste, und das dritte besser als das zweite.«

Herkunft: *ganz Bayern*
Farbe: *dunkel*
Geschmack: *sehr malzig*

BAYERISCHES FASTENSTARKBIER

Erstmals 1629 von Paulaner-Mönchen in der Fastenzeit als Ausgleich zur nur eingeschränkt möglichen Nahrungsaufnahme gebraut wurde das gehaltvolle Doppelbockbier als »flüssiges Brot« bekannt. Vom Papst genehmigt wurde das Fastenbier um 1770 in Fischbach/Nittenau (Oberpfalz) so stark verbessert, dass es forthin über die Klostergrenzen hinaus bekannt wurde – dem Kurfürsten Maximilian III. Joseph wurde ab 1751 alljährlich der erste ausgeschenkte Krug Fastenbier gereicht, heute nimmt diesen traditionell der Bayerische Ministerpräsident entgegen. Typisch für Fastenstarkbiere sind der hohe Extraktgehalt, die malzige Note und die Namensgebung mit »-ator« (z. B. »Salvator«, »Triumphator«, »Animator«). Heute findet der Starkbieranstich traditionell um den Josephitag am 19. März statt, womit auf dem Münchner Nockherberg auch das berühmte »Politiker-Derblecke« eingeläutet wird.

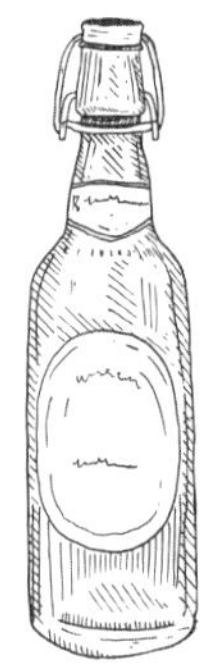

Herkunft: *Bayreuth*
Farbe: *dunkelrot*
Geschmack: *mild-karamellig*

BRAUNBIER

Erstmals 1590 von Herzog Wilhelm V. in Landshut gebraut und wegen seiner dunkelroten Färbung zunächst noch als »Rotes Bier« bezeichnet war Braunbier im gesamten süddeutschen Raum sehr beliebt (»Wer Braunbier meidet, Weiber und Taback, der hat auch sonst für nichts Geschmack«, Aufschrift auf einem Bierkrug 1710) und ist heute vor allem eine Bayreuther Spezialität. So wusste bereits der Philosoph Georg Wilhelm Friedrich Hegel das hiesige Bier zu schätzen (»Das Bier hier ist gut.«) und es heißt, der deutsche Dichter und Humorist Jean Paul habe 1804 gerade wegen dieses besonders guten Bieres Bayreuth als Heimatstadt gewählt: »Himmel, welch ein Bier!« Braunbier ist mild im Geschmack mit einer leichten Karamellnote.

Herkunft: *Oberbayern, Niederbayern, Oberpfalz*
Farbe: *trüb*
Geschmack: *würzig-mild*

DINKELBIER

Bereits seit 5.000 Jahren angebaut wurde Dinkel bislang besonders von Hildegard von Bingen (1098–1179) als die vollkommenste Getreideart geschätzt: »Der Dinkel ist das beste Getreide[...]. Wer Dinkel isst, bildet gutes Fleisch. Dinkel führt zu einem rechten Blut, gibt ein aufgelockertes Gemüt und die Gabe des Frohsinns.« Das Urgetreide wurde schließlich im Dritten Reich durch den ertragreicheren Weizen verdrängt und erst Ende des 20. Jahrhunderts wiederentdeckt. Heute gilt es wieder als wertvolles Nahrungsmittel, das zur raschen Regeneration nach körperlicher Anstrengung führen sowie bei Durchblutungsstörungen der Nieren oder Hautausschlägen helfen soll. Zudem verleiht es trübem Vollbier einen ganz besonderen Geschmack.

EISBOCK

Die untergärige Starkbier-Spezialität ist insbesondere in den kalten Monaten Oktober–März erhältlich und mit einem Alkoholgehalt von 8–9 % und seiner sehr dunklen Farbe sehr malzig und karamellig im Geschmack. Dabei geht deren Entstehung auf die Müßigkeit eines Brauereigesellen im oberfränkischen Kulmbach zurück, der nach langer Arbeit die im Brauereihof lagernden Fässer nicht mehr in den Keller rollen wollte. Das Bier gefror und die hölzernen Fässer barsten, in der Mitte jedoch hatte sich ein nicht gefrorenes, alkoholhaltiges Konzentrat angesammelt. Vom Braumeister damit bestraft, die braune Flüssigkeit auszutrinken, handelte es sich hierbei jedoch um ein schweres, aber durchaus süffiges Bier. Noch heute wird der sogenannte »Eisbock« nach demselben Muster, nämlich durch Gefrieren und hieraus resultierenden Wasserentzug hergestellt.

Herkunft: *Franken*
Farbe: *sehr dunkel*
Geschmack: *sehr malzig, karamellig*

HOFER (SCHLAPPEN-)BIER

Mit Verleihung der Stadtprivilegien seit 1319 offiziell in Hof gebraut ist von Chronisten die Beliebtheit des hiesigen Bieres auf ganz besondere Weise überliefert: Es heißt schlichtweg, dass im 16. Jahrhundert in Kulmbach lieber das Hofer Bier als das eigene getrunken wurde. Geradezu kurios ist dagegen die Entstehungsgeschichte des sogenannten »Hofer Schlappenbieres«: Im Jahr 1430 von den Hussiten gestürmt und vollkommen verwüstet forderten die Stadtbewohner finanzielle Hilfe vom Markgrafen von Brandenburg. Dieser gewährte ihnen zehn Jahre Steuerfreiheit bei Selbstbewaffnung zur eigenständigen Abwehr künftiger Angriffe. Die friedliebenden Hofer gingen widerwillig gerade noch am letzten Schießtag des Jahres in Arbeitskleidung, also mit Schürze und Schlappen, zur Schießübung und glücklicherweise gab es nach der Schießübung süffiges Bier, das nur für diesen Tag gebraut wurde – das Schlappenbier. Sein Ausschank führte in den Folgejahren schließlich immer mehr Hofer zum Schießhäuschen.

Herkunft: *Hof*
Farbe: *je nach Sorte*
Geschmack: *je nach Sorte*

KULMBACHER BIER

Auf die längste deutsche Biertradition zurückblickend (in Kulmbach wurden Reste von Bierbrot in einer 3.000 Jahre alten Amphore aus einem hallstattzeitlichen Hügelgräberfeld gefunden) nutzten einst gleich mehrere brauberechtigte Bürger das städtische Brauhaus für den Ausschank, sodass 1801 die »starke Bierbrauerey« sogar an erster Stelle der Einkünfte stand. Spätestens mit Anschluss an die Eisenbahn ab 1846 brach in Kulmbach der »Bierrausch« aus, 1872 wurde die *Erste Kulmbacher Aktie* gegründet und 1900 wurden allein 733.000 Hektoliter exportiert. Das Kulmbacher Bier ließ man sich weltweit schmecken, für Aufregung unter oberbayerischen Brauereien sorgte allerdings, dass es sogar in München allzu gerne getrunken wurde.

Herkunft: *Kulmbach*
Farbe: *je nach Sorte*
Geschmack: *je nach Sorte*

MAINFRANKEN-BIER

Erstmals 1381 in der Klosterbrauerei Münnerstadt produziert wird in der Region Mainfranken das Bier auch heute noch auf traditionelle Weise, nämlich unter Verwendung ausschließlich regionaler Rohstoffe, gebraut. Dabei variiert die Farbe je nach Sorte von hell bis dunkel und das Bier ist mal mehr, mal weniger stark gehopft. Um das lokale Bier verstärkt zu bewerben, haben sich sechs mainfränkische Bierbrauereien im Jahr 1986 zur *Gemeinschaft Mainfranken Bier* zusammengeschlossen. Ihr Ziel ist es, auch künftig qualitativ hochwertiges Bier in einem Gebiet, in dem eigentlich der Bocksbeutel regiert, zu vertreiben.

Herkunft: *Unterfranken*
Farbe: *je nach Sorte*
Geschmack: *je nach Sorte*

MÜNCHNER (OKTOBERFEST-)BIER

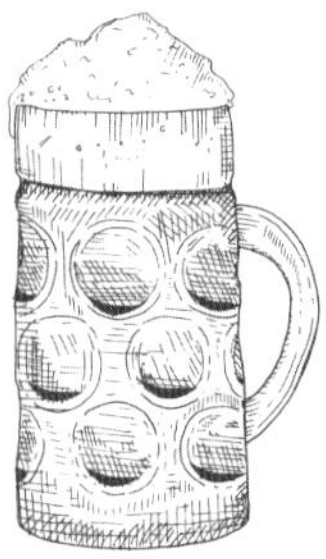

Herkunft: *München*
Farbe: *sattgelb*
Geschmack: *süßlich bis leicht malzig*

Mit Wasser ausschließlich aus der Münchner Schotterebene und einzig in Braustätten innerhalb der Stadtgrenzen gebraut handelt es sich beim Münchner Bier um ein echtes Münchner Produkt, das in seiner heutigen Form bereits seit dem hiesigen Reinheitsgebot von 1487 (von Herzog Albrecht IV. erlassen; seine Söhne formulierten auf dessen Grundlage das allgemeine bayerische Reinheitsgebot von 1516) produziert wird. Der hohe städtische Bierkonsum führte schließlich zur zunehmenden Bedeutung des Bierpfennigs als Steuerquelle. So wurde 1823 der Wiederaufbau des vormals ausgebrannten Münchner Nationaltheaters einzig aus der Biersteuer finanziert, wohingegen im März 1844 eine Preiserhöhung sogar eine Bierrevolution auslöste. Besonders ist das Oktoberfestbier, das von den sechs großen Münchner Brauereien allein für das Fest (seit 1990 als »Fest des Münchner Bieres« bezeichnet) produziert wird. Es hat einen höheren Alkoholgehalt und ist süßlich bis leicht malzig im Geschmack.

RADLER

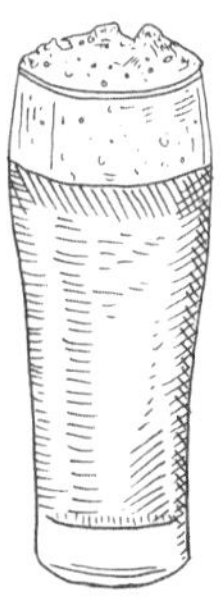

Herkunft: *ganz Bayern*
Farbe: *hell*
Geschmack: *frisch-spritzig*

Das erfrischende Biermischgetränk – einst als »Radfahrerliter« ins Hochdeutsche übersetzt – populär gemacht haben soll der Wirt der Kugler-Alm vor den Toren Münchens, Franz Xaver Kugler. Dabei sollen an einem schönen Samstag im Sommer 1922 gleich 13.000 Radler die Alm als Ausflugsziel anvisiert haben; zu viel für die Biervorräte, weshalb der Wirt ganz einfach Zitronenlimonade untermischte und das Getränk so streckte – die Mischung servierte er mit dem Hinweis, dass die Radler so noch sicher den Heimweg antreten könnten. Heute wird das Radler im Biergarten oder Wirtshaus noch immer frisch gemischt, die industrielle Herstellung von Biermischgetränken ist erst seit 1993 erlaubt. Besonders ist, dass mit dem Zugießen der Limonade diese biersteuerpflichtig wird.

REUTHER BIER

Herkunft: *Reuth*
Farbe: *je nach Sorte*
Geschmack: *je nach Sorte*

Bereits seit Mitte des 15. Jahrhunderts für den Eigengebrauch in der Privatbrauerei am Fuße des Naturparks Steinwald in der nördlichen Oberpfalz gebraut wurden im Jahr 1742 erstmals unabhängig vom Schloss drei Gasthäuser mit dem Reuther Lager beliefert. Heute ist das Angebot der Schlossbrauerei durchaus größer (hergestellt werden nun mehrere Biersorten, darunter Pils, Weißbier, Zoigl und Spezial, aber auch Limonaden und Säfte), wobei seit jeher auf das besonders hochwertige Wasser aus der 60 m tiefen Artesia-Quelle, die im Reuther Schlosspark entspringt, zurückgegriffen wird.

RUSS

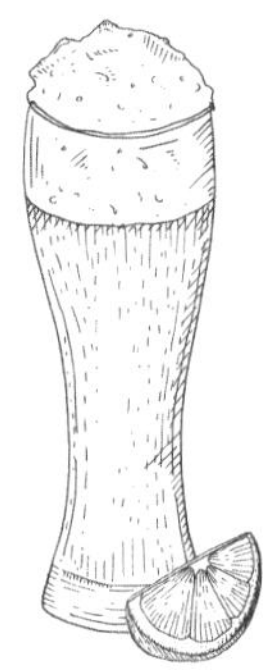

Herkunft: *ganz Bayern*
Farbe: *trüb*
Geschmack: *frisch-spritzig*

Das nur leicht alkoholhaltige Biermischgetränk besteht aus trübem Hefeweizenbier und klarer Zitronenlimonade, gemischt wird es wohl seit kurz nach dem Ersten Weltkrieg und besonders gerne wird es zur Erfrischung im Biergarten konsumiert. Seit Änderung des Biersteuergesetzes im Jahr 1993 darf der Russ auch industriell hergestellt werden. Für die Herkunft der Bezeichnung »Russ« liegen schließlich mehrere Theorien vor: 1) Infolge des Rohstoffmangels in den Inflationsjahren (1919–1923) kreiert wurde es vornehmlich von russischen Arbeitern getrunken. 2) Nach dem Zugießen der Limonade schäumte das Weißbier so stark auf, dass es als »Riesen-Maß« bezeichnet wurde; die Nationalsozialisten werteten die Bezeichnung zur »Russ'n Maß« ab. 3) Ab 1918 versammelten sich die Anhänger der Räterepublik (auch »Russen« genannt) im Münchner Mathäser-Keller. Um während ihrer Sitzungen nicht müde zu werden, tranken sie mit Vorliebe das Biermischgetränk.

UNGESPUNDETES KELLERBIER

Bei der Bestellung häufig lediglich als »a U« (»ein Ungespundetes«) bezeichnet liegt die Besonderheit des leicht dunklen Märzenbieres in seiner speziellen Lagerung: Im Holzfass ruhend bildet sich Kohlensäure, die durch das offen gelassene Spundloch entweichen kann – so wird auch sichergestellt, dass das Fass bei der vier- bis sechswöchigen Reifung nicht durch zu viel Überdruck zerbirst. Es entsteht schließlich ein sehr bekömmliches Bier mit nur sehr geringem Kohlensäuregehalt, das aber beim Einschenken auch nur wenig Schaum ausbildet. Genossen wird es üblicherweise auf dem fränkischen Bierkeller aus einem steinernen Seidla-Krug.

Herkunft: *Oberpfalz, Oberfranken*
Farbe: *leicht dunkel*
Geschmack: *würzig-bekömmlich*

WEISSBIER

Zunächst ausschließlich in Bäckereistuben zum Brotbacken und somit für die Sicherstellung der Ernährung der Landesbevölkerung verwendet wurde um 1520 das Privilegium, Weizen auch bei der Bierbrauerei einzusetzen, exklusiv an das niederbayerische Geschlecht Degenberg bis zu deren Aussterben erteilt. Danach entstanden unter Kurfürst Maximilian I. viele weitere »weiße Brauhäuser«, das älteste noch heute existierende findet sich in Kelheim (gegründet 1607). Meist obergärig gebraut (die Hefe steigt nach oben und bildet eine weiße Schaumkrone) liegt beim Weißbier der Weizenanteil bei bis zu 70 % und es ist meist von fruchtigem Aroma. Aufgrund seiner starken Schaumentwicklung wird es in besonders hohen, schlanken Gläsern (sogenannte »Weißbierstutzn«) ausgeschenkt – hier steigt die Kohlensäure langsamer nach oben und das Getränk bleibt länger spritzig.

Herkunft: *ganz Bayern*
Farbe: *hefetrüb, hell oder dunkel*
Geschmack: *fruchtig*

ZOIGL

Von Privatpersonen in Kommunbrauhäusern gemeinschaftlich gebraut ist das untergärige, ausschließlich aus Gerstenmalz hergestellte Bier – verbreitet vor allem in der nördlichen Oberpfalz – naturtrüb-dunkel, sehr bekömmlich und würzig-süffig. Dabei stammt der älteste Nachweis des Kommunbraurechts aus dem Jahr 1296, gültig für die Bürger Nabburgs: Das Recht des Brauens und Ausschanks liegt seitdem auf Häusern und ist im Grundbuch festgehalten. Somit dürfen Privatpersonen mit Abgabe von »Kesselgeld« das kommunale Brauhaus nutzen. Wer im Ort gerade braubeerechtigt ist und in seiner Stube Bier und Brotzeit verkauft, wird schließlich mit einem besonderen Schild am jeweiligen Haus angezeigt (»zoigl« ugs. für »zeigen«; ausgehängt wird meist der »Zoiglstern«). Als tragende Säulen für den Fortbestand des »echten Zoigls« gelten heute Wirte aus Eslarn, Falkenberg, Neuhaus, Mitterteich und Windischeschenbach.

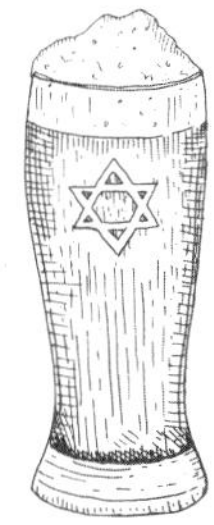

Herkunft: *Oberpfalz*
Farbe: *naturtrüb-dunkel*
Geschmack: *würzig*

ZWICKELBIER

Namentlich abgeleitet vom sogenannten »Zwickelhahn«, mit welchem am Gär- oder Lagertank eine Bierprobe entnommen wird, handelt es sich beim Zwickel um ein ungespundetes und ungefiltertes Bier, das naturtrüb bleibt, viele Nährstoffe und Vitamine behält und daher auch als Frankens »flüssiges Brot« bezeichnet wird. Zwickelbier wird direkt nach dem Nachgärungsprozess serviert – es ist also eine Hommage an den Qualitätsprozess, seine Haltbarkeit ist aber gering –, während das häufig synonym genannte Kellerbier stärker gehopft ist und nach der Endvergärung monatelang in Kellern gelagert werden kann. Nicht pasteurisiert ist das Zwickel infolge der Verwendung von Spezialmalz als bernsteinfarben zu bezeichnen, würzig im Geschmack und mit einer leicht fruchtigen Note versehen.

Herkunft: *Oberfranken*
Farbe: *naturtrüb, bernstein*
Geschmack: *würzig, leicht fruchtig*

spirituosen

Das traditionelle Handwerk des Brennens von Spirituosen wird bayernweit bereits seit mehreren Jahrhunderten praktiziert, dabei findet sich die grundsätzlich größte Brennerdichte in Oberbayern, lokal gesehen liegt die unterfränkische Großgemeinde Wartmannsroth (Lkr. Bad Kissingen) ganz vorne: auf etwa 2.000 Einwohner entfallen rund 80 Brennrechte.

Durch das Vergären von Maische oder das Einlegen von Beeren und Früchten in Alkohol und anschließende Destillation entsteht der hochprozentige Genuss; am schönsten trinkt es sich natürlich in geselliger Runde.

bayerischer bärwurz
bayerischer blutwurz
bayerischer gebirgsenzian
benediktbeurer klosterlikör
chiemseer klosterlikör
ettaler klosterliqueur
fränkisches obstwasser
münchener kümmel

spirituosen

BAYERISCHER BÄRWURZ

Aus der Wurzel der Bärwurzpflanze hergestellt (Ernte nach 5–7 Jahren Wachstumszeit) handelt es sich beim Bayerischen Bärwurz um ein farbloses Destillat von mindestens 38 % Alkoholgehalt, dem – im Geschmack an Wald und Moos erinnernd – eine verdauungsfördernde Wirkung zugesprochen wird. Das »Nationalgetränk des Waidlers« wird meist in braune Steingutflaschen abgefüllt und mit Wachssiegel sowie aufgedruckten Bildmotiven aufwendig ausgestattet. Zu unterscheiden gilt es unter den Produzenten »Bärwurzereien« (Einlegen der Wurzel in Alkohol) und »Bärwurzbrennereien« (Destillation des Bärwurzextrakts). Eine heilende Wirkung der Bärwurz (wohl namentliche Verkürzung von »Gebärmutterwurz«) wurde bereits 1764 im *Allgemeinen Oeconomischen Lexicon* beschrieben, verwendet wurde die Wurzel einst bei Gebärmuttererkrankungen, harten Geburten oder Koliken.

Prozent: *mind. 38 %*
Herkunft: *Oberpfalz, Niederbayern*
Farbe: *farblos*

BAYERISCHER BLUTWURZ

Zum 50%igen herb-bitteren Blutwurz verarbeitet werden die Wurzel der gleichnamigen Pflanze mit leuchtend gelben Blüten sowie verschiedene Kräuter. Typisch für den Likör ist dessen rötliche Färbung – brennend serviert leuchtet er in einem noch kräftigeren Rot –, welche wiederum vom roten Farbstoff der Bärwurzpflanze herrührt. Wird die Wurzel angeschnitten, so »blutet« sie förmlich. Charaktervoll-harmonisch im Geschmack ist der Bayerische Blutwurz magenfreundlich und »ein heilsames Mittel wider die rothe Ruhr [Darmentzündung], Gicht, Hüfftwehe und andere dergleichen Zufälle« (*Allgemeines Oeconomisches Lexicon*, 1764). Besonders ist auch die Verwendung der Wurzel als klassisches Pestmittel, heute wird vor allem ihre verdauungsfördernde Wirkung geschätzt.

Prozent: *50 %*
Herkunft: *Oberpfalz, Niederbayern*
Farbe: *rötlich*

BAYERISCHER GEBIRGSENZIAN

»Ja, so blau, blau, blau blüht der Enzian« (Schlager von Heino, 1973), der sich aber lediglich auf dem Etikett der Flasche wiederfindet. Heute werden für die Schnapsbrennerei die Wurzeln des – ebenso wie der Blaue – geschützten, aber ergiebigeren Gelben Enzians verwendet. Geschlagen werden die Wurzeln seit dem frühen 17. Jahrhundert unter strengen Auflagen von der mit den alleinigen Grab- und Brennrechten ausgestatteten Familie Grassl im Berchtesgadener Land (1690: wöchentliche Verarbeitung von knapp 100 kg Wurzeln), die noch heute 5 Brennhütten unterhält. Gebrannt wird ein klarer Schnaps von mindestens 40 % Alkoholgehalt, der – bitter im Geschmack – verdauungsfördernd und antiseptisch sein soll.

Prozent: *40 %*
Herkunft: *Oberbayern, Schwaben*
Farbe: *farblos*

BENEDIKTBEURER KLOSTERLIKÖR

Heute noch von der *Alten Hausbrennerei Penninger* u. a. aus Melisse, Pomeranzenschale, Anis, Nelken und Angelikawurzeln (insgesamt aus 30 Gewürzen und Kräutern) hergestellt und mit echtem Blattgold versetzt wurde der feinwürzige, 40%ige Likör – auch »Klostergold« genannt – einst im oberbayerischen Kloster Benediktbeuern (gegründet im 8. Jahrhundert) produziert. Dabei ist Klöstern ganz allgemein bei der Entwicklung der Likörherstellung im Mittelalter eine führende Rolle zuzusprechen, beschäftigten sich die Mönche doch seit jeher mit diätetischen Mitteln – so erfolgte diesbezüglich auch die Anlage von Kräutergärten. Dem Benediktbeurer Klosterlikör wird, ähnlich wie anderen Kräuterspirituosen (vormals auch als »Lebenselixiere« bezeichnet), eine heilende, verdauungsfördernde Wirkung zugesprochen.

Prozent: *40 %*
Herkunft: *Benediktbeuern (Oberbayern)*
Farbe: *goldfarben*

CHIEMSEER KLOSTERLIKÖR

Ursprünglich von Benediktinerinnen der Abtei Frauenwörth im Chiemsee (Klostergründung 782, erste urkundliche Erwähnung des »Ausprennens von Kräutern« 1396) hergestellt wird der 38%ige Kräuterlikör noch heute nach originaler, aber geheimer Rezeptur angesetzt. Dabei erfolgt die Produktion mittels Auszugsverfahren – die Kräutermischungen werden in Säcke gefüllt und einige Wochen in ein Alkohol-Wasser-Gemisch eingelegt – und zusätzlicher Zuckerung. Die Bedeutung der hiesigen Kräuterkultur zeigt sich durch die Nennung eines »Vorstehers der so wichtigen Kräutergärten« bereits 1263, später wandte sich sogar Ludwig IX. (Herzog von Bayern, reg. 1450–1479) mit der Bitte um ein Heilmittel auf Kräuterbasis an die damalige Äbtissin. Chiemseer Klosterlikör schmeckt süßlich mit einer leicht ätherischen Kräuternote.

Prozent: *38 %*
Herkunft: *Chiemsee (Oberbayern)*
Farbe: *hell*

ETTALER KLOSTERLIQUEUR

Im Jahr 1330 von Ludwig IV. gegründet ist das Kloster Ettal bereits früh Ort der Ausbildung einer Kräuterheilkunde, so belegen Rechnungen aus der Zeit um 1600 eine rege Likörherstellung durch hiesige Mönche. Heute haben noch zwei Benediktiner Einsicht in die über Jahrhunderte tradierten Rezeptbücher und wissen um die genaue Zusammensetzung des 40–42%igen Likörs sowie das Verhältnis der 40 Kräuterarten. Traditionell unterschieden werden – in Anlehnung an die Farbgebung früher naturheilkundlicher Kräuterauszüge – ein grüner und ein gelber Likör. Süß-blumig, mit Berghonig sowie Safran verfeinert (gelb) oder charaktervoll, sanft-würzig (grün) im Geschmack wird originaler Ettaler Klosterliqueur in die um 1911 entworfene »Barockflasche« abgefüllt. Der Name ist seit den 1920er-Jahren weltweit geschützt.

Prozent: *40–42 %*
Herkunft: *Ettal*
Farbe: *gelb, grün*

FRÄNKISCHER OBSTLER, KIRSCHWASSER & ZWETSCHGENWASSER

Bis ins 17. Jahrhundert allein den Apothekern bekannt wurde das Geheimnis des Weinbrandbrennens mit zunehmendem Obstvorkommen im fränkischen Raum – vornehmlich durch die Ausdehnung der landschaftsprägenden Streuobstwiesen – offengelegt, wodurch sich der Obstbrand (»gebrannt weyn«) von der Arznei zum allseits bekannten Genussmittel wandeln konnte. Noch heute existiert im fränkischen Raum eine Vielzahl an bäuerlichen Kleinbrennereien, die neben wenigen Großbetrieben klare Brände von mindestens 38 % Alkoholgehalt herstellen. Besonders ist die ausschließliche Verwendung von Früchten aus fränkischem Anbau, dabei ist der originale Obstler aus Äpfeln und Birnen feinfruchtig im Geschmack, Kirsch- und Zwetschgenwasser sind aromatisch mit jeweils leichter Bittermandelnote.

Prozent: *mind. 38 %*
Herkunft: *Franken*
Farbe: *farblos*

MÜNCHENER KÜMMEL

Nachweislich seit dem 19. Jahrhundert im Münchner Raum hergestellt und als Geist oder Likör angeboten liegt dem Münchener Kümmel ein neutraler Kartoffelbrand zugrunde, der mit Kümmelsamen und gegebenenfalls weiteren geschmackgebenden Zutaten (u.a. Fenchel, Anis) versetzt in 6-monatiger Lagerung zu einem feinaromatischen Destillat mit leichtem bis kräftigem Kümmelaroma reift. Schließlich wuchsen die weiß blühenden Kümmelpflanzen einst wild auf Münchner Wiesen, zudem hat Kümmel als Gewürz in der original Münchner Küche eine besondere Rolle inne – nach deftigen Speisen sollte er verdauungsfördernd wirken und Blähungen vorbeugen. Noch heute wird die mindestens 32%ige Spirituose als Digestif gereicht.

Prozent: *mind. 32 %*
Herkunft: *Oberbayern*
Farbe: *farblos, rötlich*

brot & semmeln

In der Arbeit verdient man seine Brötchen – oder Semmeln, wie es in Bayern heißt – und somit seinen Lebensunterhalt, im täglichen Vaterunser wird um Brot gebeten: Die Weizenspezialitäten von verschiedenen Formen und Größen sind seit jeher wichtigstes Nahrungsmittel, der Handel mit ihnen Ausdruck von Wohlstand. Erschwinglich sind sie mit dem Aufkommen von Holländermühlen allerdings erst seit dem 18. Jahrhundert, zuvor zählten die Getreideprodukte zu den Herrenspeisen.

Eingenetztes Brot

Nur mit nassen Händen

Eingenetztes Brot ist nicht in ein Netz eingeschlagen, vielmehr rührt sein Name von der besonderen Herstellungsmethode: Der relativ weiche Teig wird mit nassen, also »benetzten« Händen in eine mit Wasser ausgespülte Schüssel gegeben (früher wurde dazu ein Schapf, ein langstieliges Schöpfgefäß, benutzt) und von dieser direkt aufs Blech gestürzt. Das Brot wird also nicht geformt, sondern erhält eine zufällige Gestalt. Die Krume ist grobporig und saftig, die Kruste durch das Einpinseln mit Wasser knusprig und glänzend, und der Geschmack aufgrund des nur wenig ausgemahlenen Mehls kräftig.

Auf Vorrat gebacken

Das Eingenetzte ist das typische Brot der schwäbischen Bauern. Es ist sehr haltbar und trocknet nicht allzu schnell aus. Daher reichte es aus, die bis zu 4 kg schweren Laibe nur alle 2–3 Wochen im hauseigenen Ofen oder im Gemeindebackhaus nachzubacken. Um das lagernde Brot vor Mäusen zu schützen, bewahrte man die Laibe in Brothängen, also in von der Decke hängenden Regalen, auf. In Schwaben gibt es das eingenetzte Brot auch als Wecken.

1 Die Hefe in 200 ml lauwarmes Wasser bröckeln und mit einem Viertel der Mehlmenge zu einem Vorteig verrühren. Bei 15 °C etwa 8–12 Stunden oder im Kühlschrank 24 Stunden abgedeckt stehen lassen.

2 Den Vorteig mit dem restlichen Mehl, Salz, Sauerteig und 300 ml Wasser vermengen und 30 Minuten gehen lassen.

3 Den Teig mit einem Kochlöffel abschlagen und nochmals 30 Minuten gehen lassen.

4 Den Backofen mitsamt Backblech auf 250 °C (Ober-/Unterhitze) vorheizen und eine feuerfeste Schale mit Wasser auf den Boden des Ofens stellen.

5 Eine Schüssel mit Wasser ausspülen (es darf noch etwas Wasser am Boden stehen) und den Teig mit nassen Händen in die Schüssel geben. Anschließend den Teig von der Schüssel direkt aufs heiße Backblech stürzen. 15 Minuten im Ofen backen.

6 Die Temperatur auf 200 °C reduzieren. 60 Minuten weiterbacken. 5 Minuten vor Ende der Backzeit das fast fertige Brot mit etwas Wasser bepinseln.

HERKUNFT

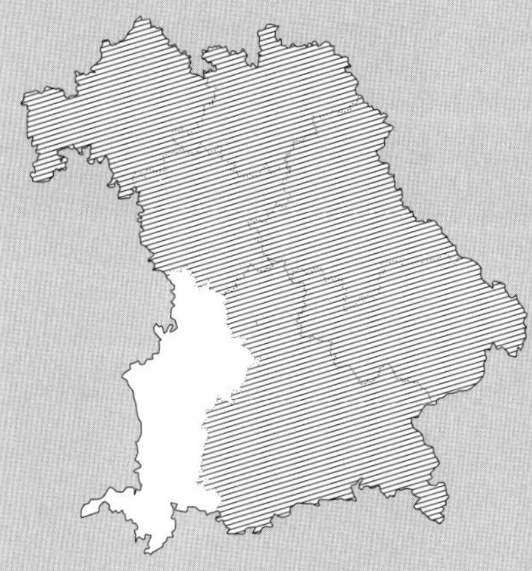

Schwaben

ZUBEREITUNGSDETAILS

VEGAN

EINFACH

1 LAIB

80 MINUTEN PLUS RUHEZEIT (MIND. 8 STUNDEN)

ZUTATEN

- 1 Würfel frische Hefe
- 800 g Weizenmehl (Type 1050)
- 3 TL Salz
- 200 g Natursauerteig (im Frischepack)

Fränkisches Holzofenbrot

Fränkisches Landbrot, Steinofenbrot, Kipf

Kümmel muss rein!

Charakteristisch für dieses fränkische Brot sind ein hoher Roggenanteil von etwa 80 % und die Verwendung von Natursauerteig, der für den herzhaften Geschmack sorgt. Die typisch fränkischen Brotgewürze – allen voran der gemahlene Kümmel, dazu Koriander, Fenchel und Anis – verleihen dem Holzofenbrot zusätzlich ein besonders würziges Aroma. Sowohl Gewürze als auch Sauerteig sorgen für lange Haltbarkeit und Frische. Fränkisches Holzofenbrot wird entweder als »Kipf« in typisch länglicher, spitz zulaufender Form oder herkömmlich als runder Frankenlaib mit Gewichten von 1–4,5 kg angeboten.

1 Die Mehle mischen, in eine Schüssel sieben und in die Mitte eine Mulde drücken.

2 Den Sauerteig mit 2 EL lauwarmem Wasser verrühren, in die Mulde geben und mit etwas Mehl vom Rand mischen. Über Nacht abgedeckt an einem warmen Ort gehen lassen.

3 Salz, Brotgewürze und zunächst 400–450 ml lauwarmes Wasser zugeben und alles zu einem festen Teig kneten. Ist er zu fest, noch etwas mehr Wasser hinzufügen. Abgedeckt 60 Minuten an einem warmen Ort gehen lassen.

4 Den Teig zu 2 Laiben formen, in Strohformen legen und weitere 60 Minuten gehen lassen.

5 Den Backofen auf 250 °C (Ober-/Unterhitze) vorheizen und eine feuerfeste Schale mit Wasser auf den Boden des Ofens stellen. Die Laibe auf ein bemehltes Backblech stürzen und die Innenseiten des Backofens mit Wasser besprühen. 15 Minuten im Ofen kräftig backen.

6 Die Temperatur auf 200 °C reduzieren und die Backofentür kurz öffnen, damit der Dampf entweichen kann. Die Brote noch etwa 60 Minuten weiterbacken. Sie sind fertig, wenn es beim Klopfen auf die Unterseite hohl klingt. Die Laibe auskühlen lassen.

HERKUNFT

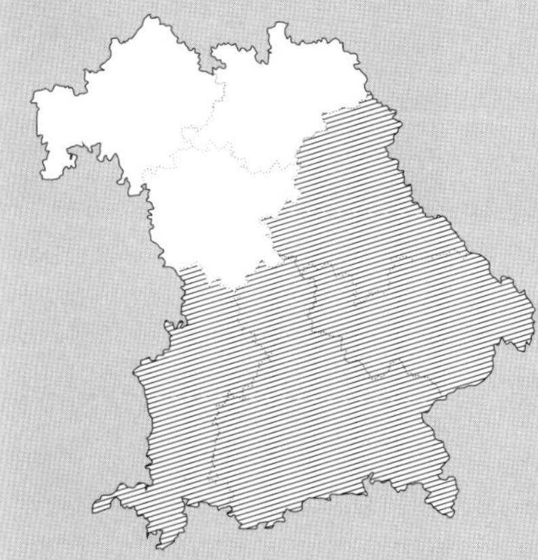

Unterfranken, Mittelfranken, Oberfranken

ZUBEREITUNGSDETAILS

VEGAN

MITTEL

2 LAIBE

100 MINUTEN PLUS RUHEZEIT (MIND. 12 STUNDEN)

ZUTATEN

- 1,2 kg Roggenmehl (Type 1150)
- 300 g Weizenmehl (Type 1050), plus etwas mehr fürs Blech
- 2 Tassen Natursauerteig (im Frischepack)
- 2 EL Salz
- 3 EL Brotgewürze (zu gleichen Teilen Kümmel, Koriander, Fenchel und Anis oder eine gekaufte Gewürzmischung)

runde Strohformen

Kletzenbrot

Hutzelbrot, Früchtebrot, Schnitzbrot, Zelten, Birnbrot, Birnweck, Birnzelten

Ein Weihnachtsbrot mit süßen Birnen

»Gedörrte Birnen« heißen in Bayern »Kletzen«, vielerorts werden sie auch als »Hutzeln« bezeichnet. Unter einen gewürzten Brotteig gemengt verleihen sie diesem eine angenehme Süße. Kletzen waren früher die einzigen Früchte, die für dieses besondere Brot verwendet wurden, heute backt man das – je nach Geschmack – zusätzlich mit Honig gesüßte Früchtebrot gerne mit unterschiedlichem Dörrobst und Nüssen. Das Brot ist lange haltbar und häufig mit geschälten Mandeln verziert oder mit Zuckerguss überzogen. In manchen Gegenden wird es auch in einen hellen Mantel aus Hefeteig gewickelt.

Tief im Brauchtum verwurzelt

Nach altem Brauch backte man das Kletzenbrot um den Andreastag (30. November), dann wurde es vom Hausherrn angeschnitten und unter den Kindern sowie dem Gesinde verteilt – sogar das Vieh erhielt seine Maulgabe. Das Brot wurde aber in den sogenannten »Klöpfelnächten« (die Nächte der letzten drei Donnerstage vor Weihnachten) auch von jungen, maskiert über die Felder ziehenden, singenden Männern erbettelt, was die Böden wieder fruchtbar machen sollte – Kletzenbrot gilt somit traditionell als Fruchtbarkeitssymbol.

1 Die Kletzen waschen, Stiele und Blüten abschneiden. Große Birnen in Schnitze schneiden. In einem Topf mit Wasser bedeckt 2 Stunden einweichen. Dann 20 Minuten im Einweichwasser weich kochen.

2 Die Feigen in Streifen schneiden. Die Kletzen mitsamt Kochwasser über die Zwetschgen und Feigenstreifen gießen und alles über Nacht abgedeckt ziehen lassen.

3 Am nächsten Tag das Mehl in eine Schüssel sieben und in die Mitte eine Mulde drücken. Die Hefe hineinbröckeln, mit etwas lauwarmem Wasser verrühren und so einen Vorteig herstellen. Den Teig 20 Minuten an einem warmen Ort gehen lassen.

4 Die Früchte abseihen und die Schnitzbrühe auffangen. Zucker, Salz und so viel von der Brühe zum Vorteig geben, bis ein fester Teig entsteht.

5 Rosinen, Haselnüsse und Mandeln zum Teig geben. Zitronat und Orangeat fein hacken und ebenfalls zugeben. Zum Schluss den Rum, die Gewürze und die eingeweichten Früchte hinzufügen. Alle Zutaten gut durchmengen. Dabei darauf achten, dass die Früchte nicht zermusen. Den Teig leicht mit Mehl bestäuben und an einem warmen Ort mehrere Stunden gehen lassen, bis im Mehl Risse erkennbar sind.

6 Den Backofen auf 180 °C (Ober-/Unterhitze) vorheizen. Aus dem Teig mehrere Laibe formen, auf ein bemehltes Backblech setzen und, je nach Größe der Laibe, 30–60 Minuten backen. Noch heiß mit Schnitzbrühe bepinseln und abkühlen lassen.

7 Nach dem Abkühlen in Alufolie wickeln oder in eine Blechdose legen und kühl aufbewahren. So sind die Brote mehrere Wochen haltbar.

HERKUNFT

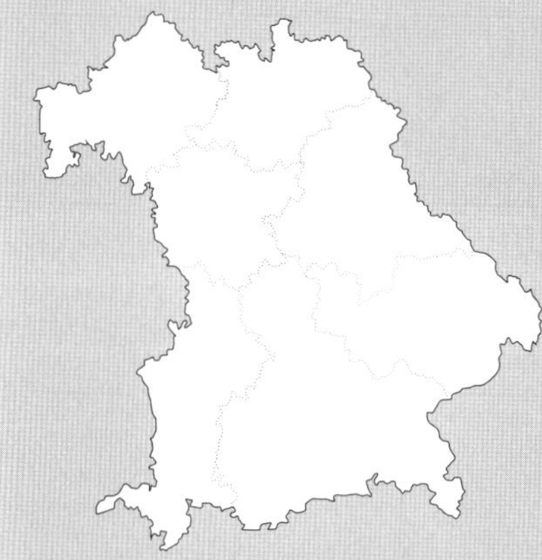

ganz Bayern, ursprünglich München

ZUBEREITUNGSDETAILS

VEGAN

MITTEL

2–3 LAIBE (JE NACH GRÖSSE)

90 MINUTEN PLUS RUHEZEIT (MIND. 12 STUNDEN)

ZUTATEN

- 500 g Kletzen (gedörrte Birnen)
- 500 g getrocknete Feigen
- 500 g getrocknete Zwetschgen
- 500 g Mehl, plus etwas mehr zum Arbeiten
- ¾ Würfel frische Hefe
- 125 g Zucker
- 1 TL Salz
- 500 g Rosinen
- 200 g ganze Haselnüsse
- 200 g gehackte Haselnüsse
- 50 g abgezogene Mandeln
- 40 g Zitronat
- 40 g Orangeat
- 4 EL Rum
- 1 TL gemahlener Zimt
- 1 TL gemahlener Anis
- 1 Msp. gemahlene Gewürznelken
- 1 Msp. frisch geriebene Muskatnuss

BITTE KEINE BRÖTCHEN!

In Bayern heißen Brötchen »Semmeln« (abgeleitet vom lateinischen »semola«) und auch bei der Bezeichnung »Schrippen« graust es die bayerische Bäckereifachverkäuferin. Das Weizengebäck hatten einst die Römer mit nach Süddeutschland gebracht, heute gibt es im Freistaat eine große Auswahl an verschiedenen Semmelsorten, die zu allen typischen Brotzeiten wie Obazda, Erdäpfelkas, Leberkäs, Wurstsalat, Presssack, aber auch zu Weißwürsten vortrefflich passen.

WÜRZIG UND SÄTTIGEND

Wenn Münchner Handwerker wie Maurer oder Schuster schon am späteren Vormittag eine sättigende Brotzeit zur Stärkung brauchten, dann kamen frische Maurerlaiberl, Schuastabuam, Pfennigmuckerln und Riemische Weckerl (siehe Seiten 268–271) auf den Tisch. Oft wurden die Semmeln im »Doppelpack« oder als Kranz gebacken und gaben damit schon pur und ohne Aufstrich oder Wurstbelag eine ordentliche Portion ab. Zudem haben alle Sorten einen hohen Roggenmehlanteil – der beläuft sich auf mindestens 20 % bei den Maurerlaiberln bis hin zu 70 % bei den Schuastabuam. Das macht den Bayer richtig satt und die Semmeln besonders kräftig im Geschmack; außerdem trocknen sie so auch nicht so schnell aus wie reines Weizengebäck. Zudem werden die originalen Münchner Brotzeitsemmeln allesamt mit Natursauerteig angesetzt und mit Kümmel gewürzt. Die Traditionssemmeln gibt es schließlich nicht als fertige Backmischung aus dem Sack, sondern nur noch bei echten handwerklichen Bäckereien. In München kann man diese heute leider an einer Hand abzählen …

Münchner Mundsemmel

Kreuzersemmel, Sternsemmel, Kaisersemmel

Aus Mundmehl gebacken

Bis Anfang des 19. Jahrhunderts gab es nur glatte Semmeln aus einem Mehl von minderer Qualität. Danach aber führte die Münchner Hofpfisterei, eine Mühle mit angeschlossener Bäckerei, die neue Sorte »Mundgebäck« aus einem qualitativ hochwertigeren Mehl ein, dem sogenannten »Mundmehl«. Das war die Geburtsstunde der Mundsemmel, einem Brötchen, das es zunächst nur am kurfürstlichen Hof gab. Bald waren aber auch die Bürger auf den guten Geschmack gekommen und verlangten nach ihnen, woraufhin andere Bäckereien das Original kopierten.

1 Vom Mehl 5 EL abnehmen und mit zerbröckelter Hefe, Zucker und 250 ml lauwarmem Wasser zu einem Vorteig verrühren. 30 Minuten an einem warmen Ort gehen lassen.

2 Das restliche Mehl mit dem Salz mischen und unter den Vorteig kneten. Es soll ein fester Teig entstehen.

3 Den Backofen auf 200 °C (Ober-/Unterhitze) vorheizen.

4 Aus dem Teig eine Rolle von etwa 4 cm Dicke formen und 3 cm dicke Scheiben abschneiden. Diese zu kleinen runden Semmeln formen und auf ein mit Backpapier ausgelegtes Blech setzen. Oben kreuzweise einschneiden und weitere 15 Minuten gehen lassen.

5 Mit lauwarmem Wasser bepinseln und 20–25 Minuten im Ofen backen. Kurz vor Ende der Backzeit nochmals mit Wasser bepinseln, damit die Mundsemmeln eine schöne Kruste bekommen.

HERKUNFT

Oberbayern (München)

ZUBEREITUNGSDETAILS

- VEGAN
- EINFACH
- 10–12 STÜCK
- 40 MINUTEN PLUS RUHEZEIT

ZUTATEN

500 g Weizenmehl
½ Würfel frische Hefe
1 Prise Zucker
½ TL Salz

HERKUNFT

Oberbayern (München)

ZUBEREITUNGSDETAILS

EINFACH

8–9 STÜCK (DOPPELSEMMELN)

40 MINUTEN PLUS RUHEZEIT

ZUTATEN

1,5 Würfel frische Hefe
600 g Roggenmehl (Type 997)
400 g Weizenmehl (Type 1050), plus etwas mehr fürs Blech
150 g Natursauerteig (im Frischepack)
30 g Butterschmalz
2,5 TL gemahlener Kümmel
2 TL Salz
ganze Kümmelsamen zum Bestreuen

Schuastabua

Für eine zünftige Party

Schuastabuam werden oft als Doppelsemmeln, meist aber in Kränzen zusammenhängend gebacken. So konnten die Handwerker sie zu ihrer Vormittagsbrotzeit brüderlich teilen und so geben sie heute auch ein gutes Partygebäck ab. Von den typischen Münchner Semmeln haben sie mit bis zu 70 % den höchsten Roggenanteil.

1 Die Hefe in 600 ml lauwarmem Wasser auflösen und mit den restlichen Zutaten zu einem geschmeidigen Teig kneten. Abgedeckt 90 Minuten an einem warmen Ort gehen lassen.

2 Den Teig nochmals gut durchkneten und zu runden Semmeln formen. Auf ein bemehltes Backblech setzen, sodass sie einen Kranz bilden. Mit Wasser bepinseln und mit Kümmel bestreuen. Abgedeckt weitere 90 Minuten gehen lassen.

3 Den Backofen auf 230 °C (Ober-/Unterhitze) vorheizen und eine mit Wasser gefüllte, feuerfeste Schale auf den Boden des Ofens stellen. Die Schuastabuam anschließend 20–25 Minuten im Ofen backen.

Pfennigmuckerl

Die Semmel im »Sixpack«

Die Form ist schon außergewöhnlich: Es reihen sich immer vier bis sechs kleine Semmelchen aneinander, was ein wenig einer Geldrolle ähnelt. Der besondere Name könnte aber auch von dem geringen Preis der kleinen Backstücke herrühren, die früher wohl tatsächlich nur einen Pfennig gekostet haben mögen. Man konnte sie auch einzeln kaufen oder in der Stange gut unter Kindern aufteilen.

1 Für den Vorteig ⅓ der Hefe in 110 ml lauwarmem Wasser auflösen und 100 g Weizenmehl unterrühren. Abgedeckt 90 Minuten an einem warmen Ort gehen lassen.

2 Die restliche Hefe in 150 ml lauwarmem Wasser auflösen. Vorteig, Natursauerteig und restliche Zutaten hinzugeben und gründlich verkneten. Abgedeckt 45 Minuten an einem warmen Ort gehen lassen.

3 Den Teig nochmals gut durchkneten und mit der Hand walnussgroße Teigstücke abnehmen. Zu Kugeln formen und dabei die Seiten etwas abflachen. Immer 4–6 Teigkugeln leicht versetzt auf einem mit Backpapier ausgelegten Blech zusammensetzen. Abgedeckt weitere 60 Minuten an einem warmen Ort gehen lassen.

4 Den Backofen auf 230 °C (Ober-/Unterhitze) vorheizen und eine mit Wasser gefüllte, feuerfeste Schale auf den Boden des Ofens stellen. Anschließend die Pfennigmuckerln 15–20 Minuten backen.

HERKUNFT

Oberbayern (München)

ZUBEREITUNGSDETAILS

VEGAN

MITTEL

7–8 STÜCK (IN SECHSERREIHEN)

40 MINUTEN PLUS RUHEZEIT

ZUTATEN

- ¼ Würfel frische Hefe
- 310 g Weizenmehl (Type 1050)
- 75 g Natursauerteig (im Frischepack)
- 120 g Roggenmehl (Type 997)
- 1 TL gemahlener Kümmel
- 8 g Roggenmalz
- 10 g Backmalz
- 1 TL Salz

Maurerlaiberl

HERKUNFT

Oberbayern (München)

ZUBEREITUNGSDETAILS

EINFACH

5–6 STÜCK (DOPPELSEMMELN)

40 MINUTEN PLUS RUHEZEIT

ZUTATEN

- 5 g frische Hefe
- 250 g Weizenmehl (Type 550), plus etwas mehr zum Arbeiten
- 100 g Weizenmehl (Type 1050)
- 50 g Roggenmehl (Type 997)
- 75 g Natursauerteig (im Frischepack)
- 2 TL Salz
- 1 EL Butter
- 10 g Honig
- 1,5 TL gemahlener Kümmel
- ganze Kümmelsamen zum Bestreuen

Das stärkt den Handwerker

Wie der Name schon vermuten lässt, waren es häufig die Handwerker, die sich für ihre körperliche Arbeit stärken mussten und daher gerne auf die doppelte Portion an Semmeln zurückgriffen. Zwei Laiberl und dazu zwei Würste – fertig war die Brotzeit.

1 Für den Vorteig die Hefe in 150 ml lauwarmem Wasser auflösen und 150 g Weizenmehl einrühren. Abgedeckt 30–40 Minuten an einem warmen Ort gehen lassen.

2 Die restlichen Zutaten hinzufügen und mit 70 ml lauwarmem Wasser gründlich verkneten. Ist der Teig zu streng, noch etwas Wasser zufügen. Abgedeckt weitere 60 Minuten an einem warmen Ort gehen lassen.

3 Den Teig in gleich große Stücke teilen und kleine runde Semmeln formen. Mit Wasser bepinseln und mit Kümmel bestreuen. Je zwei Laiberl so dicht nebeneinander auf ein bemehltes Blech setzen, dass sie sich an der Seite berühren, und erneut 45–60 Minuten gehen lassen.

4 Den Backofen auf 240 °C (Ober-/Unterhitze) vorheizen und eine mit Wasser gefüllte, feuerfeste Schale auf den Boden des Ofens stellen. Die Maurerlaiberl 10 Minuten backen.

5 Die Temperatur auf 220 °C reduzieren und weitere 10 Minuten backen, bis die Semmeln knusprig braun sind.

Riemisches Weckerl

Römer, Römisches

Allerfeinstes Roggenmehl

Der Name der Weckerl hat weder etwas mit dem Münchner Stadtteil Riem noch mit der Stadt Rom zu tun. Vielmehr leitet er sich vom besonderen sogenannten »R(i)emischen/ Römischen Mehl« ab, das die feinste und praktisch kleiefreie Qualität des Roggenmehls beschreibt. Es gibt sie nur im »Doppelpack« und mit Kümmel bestreut.

1 Mehle mischen, Hefe darüberbröckeln und mit allen restlichen Zutaten sowie 250 ml lauwarmem Wasser vermengen. Gründlich verkneten.

2 Den Teig mit Frischhaltefolie abgedeckt über Nacht an einem warmen Ort gehen lassen.

3 Den Teig nochmals gut durchkneten. Bei Bedarf noch etwas Mehl unterkneten.

4 Den Teig in gleich große Stücke teilen, zu runden Semmeln formen und jeweils zwei Stück dicht nebeneinender auf ein bemehltes Blech setzen. Mit Wasser bepinseln und mit Kümmel bestreuen. An einem warmen Ort weitere 60 Minuten gehen lassen, bis sich die Weckerl deutlich vergrößert haben.

5 Den Backofen auf 220 °C (Ober-/ Unterhitze) vorheizen und eine mit Wasser gefüllte, feuerfeste Schale auf den Boden des Ofens stellen. 20 Minuten im Ofen backen.

HERKUNFT

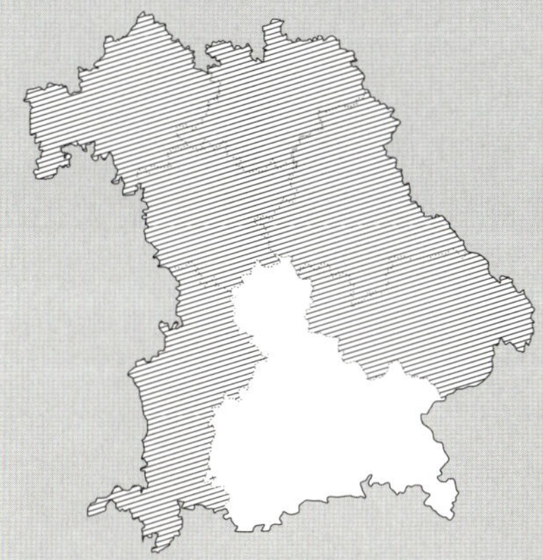

Oberbayern (München)

ZUBEREITUNGSDETAILS

VEGAN

MITTEL

6–7 STÜCK (DOPPELSEMMELN)

40 MINUTEN PLUS RUHEZEIT (MIND. 12 STUNDEN)

ZUTATEN

- 450 g Weizenmehl (Type 550), plus etwas mehr zum Arbeiten
- 85 g Roggenmehl (Type 997)
- ¼ Würfel frische Hefe
- 50 g Natursauerteig (im Frischepack)
- 2 TL Salz
- 5 g Backmalz
- ganze Kümmelsamen zum Bestreuen

HERKUNFT

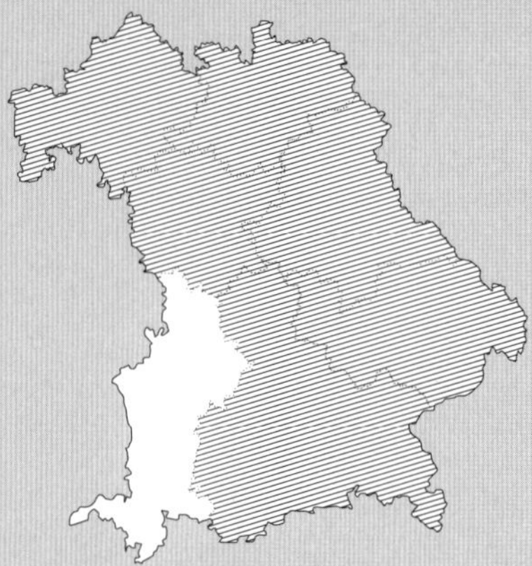

Schwaben

ZUBEREITUNGSDETAILS

VEGAN

MITTEL

10 STÜCK

60 MINUTEN PLUS RUHEZEIT (MIND. 12 STUNDEN)

ZUTATEN

- 1 kg Dinkelmehl (Type 630), plus etwas mehr bei Bedarf
- 1 Würfel frische Hefe
- 20 g Salz
- 10 g Zucker
- Sonnenblumenöl fürs Blech
- grobes Salz zum Bestreuen
- ganze Kümmelsamen zum Bestreuen

Schwäbische Seelen

Passagiere der Arche des Geschmacks

Schwäbische Seelen sind echtes Slow Food, denn sie erfüllen mehrere Kriterien, die für die Aufnahme in dieses internationale Projekt zum Erhalt der vielfältigen Ernährungskultur wichtig sind: Sie haben einen charakteristischen und einzigartigen Geschmack, einen klaren Bezug zu lokalen Traditionen und sind eng mit einem bestimmten Gebiet und dessen kulturellem Gedächtnis verbunden.

Ihr weicher Teig ist besonders saftig, großporig und aromatisch und die Kruste wunderbar knusprig. Zur Vesper mit Wurst oder Käse belegt sind Schwäbische Seelen ein absoluter Leckerbissen.

Ein Opfer für die armen Seelen

Am 2. November begehen Christen das Allerseelenfest, an dem der Verstorbenen gedacht wird. In dem Glauben, die armen Seelen würden an diesem Tag aus dem Fegefeuer steigen, legte man ihnen zur Speisung Gebildbrote auf die Gräber. Das unangetastete Seelengebäck verteilte man in der nachfolgenden Woche schließlich an Bedürftige, aber auch an Kinder.

Und noch ein schöner Brauch ist mit den Seelenstangen verbunden: Das besondere Gebäck galt auch als Heiratsantrag. Wurde eine Frau von einem Mann damit beschenkt, dann war es höchste Zeit für eine Hochzeit, denn im Advent durfte in Vorbereitung auf das anstehende Hochfest traditionell nicht mehr geheiratet werden.

1 Das Mehl in eine Schüssel geben und die Hefe darüberbröckeln. Salz und Zucker zugeben, mit 700 ml lauwarmem Wasser vermengen und etwa 10 Minuten verkneten. Ist der Teig zwar weich, aber noch zu klebrig, noch etwas Mehl untermischen.

2 Den Teig über Nacht im Kühlschrank ruhen lassen.

3 Den Teig mit nassen Händen gut durchkneten und auf einer mit Wasser benetzten Arbeitsfläche zu einem flachen Fladen von 20 cm x 30 cm Größe formen. Mit einem Teigschaber zehn etwa 4 cm breite Streifen abtrennen.

4 Die Teigstreifen mit den nassen Händen zu Stangen ziehen und auf ein geöltes Backblech legen. Mit Wasser bepinseln und mit Salz und Kümmel bestreuen. 30 Minuten an einem warmen Ort gehen lassen.

5 Den Backofen auf 240 °C (Ober-/Unterhitze) vorheizen und eine mit Wasser gefüllte, feuerfeste Schale auf den Boden des Ofens stellen. Die Seelen 20–25 Minuten goldgelb backen.

Spulwecken

Spulweckla, Spulweggla, Schbulweggla

Eine Rarität aus Bayreuth

Nur um Weihnachten und Neujahr werden in der oberfränkischen Stadt die Spulwecken gebacken. Ihr Name setzt sich zusammen aus der »Spule«, die beim Weben gebraucht wird, und der »Wecke« für die »Semmel«. Nicht ohne Grund gab es also die Spulwecken vornehmlich in Bayreuth, wo sich einst besonders viele Textilmanufakturen befanden. Die Webspule sollte aber auch häuslichen Fleiß symbolisieren und gehörte zur Aussteuer junger Frauen. Das besondere Gebäck verschenkte man außerdem gerne zum Jahreswechsel, verbunden mit dem Wunsch nach Wohlstand im neuen Jahr.
Und die vielen Einschnitte der Spulwecken haben auch noch einen praktischen Hintergrund: So kann man Stücke leicht abbrechen, ohne das Gebäckstück in Scheiben schneiden zu müssen. Sie werden traditionell entweder fast pur und nur mit Butter bestrichen oder mit Wurst und Käse belegt gegessen. Auch als Beilage zum Braten mit Sauce taugen die Spulwecken.

1 Mehle und Salz mischen und eine Mulde in die Mitte drücken. Die Hefe hineinbröckeln und mit 225 ml lauwarmem Wasser, Zucker und etwas Mehl vom Rand zu einem Vorteig verrühren. An einem warmen Ort 15 Minuten gehen lassen.

2 Mit den Gewürzen zu einem glatten, festen Teig verkneten. Abgedeckt weitere 60 Minuten gehen lassen, bis sich der Teig verdoppelt hat.

3 Den Teig erneut durchkneten, in etwa 115 g schwere Stücke teilen und zu länglichen Ovalen formen. Auf ein bemehltes Blech setzen und weitere 45 Minuten gehen lassen.

4 Den Backofen auf 220 °C (Ober-/Unterhitze) vorheizen und eine mit Wasser gefüllte, feuerfeste Schale auf den Boden des Ofens stellen.

5 Die Wecken mit lauwarmem Wasser besprühen und mit einem scharfen Messer mehrfach quer einschneiden. 35 Minuten im Ofen backen.

HERKUNFT

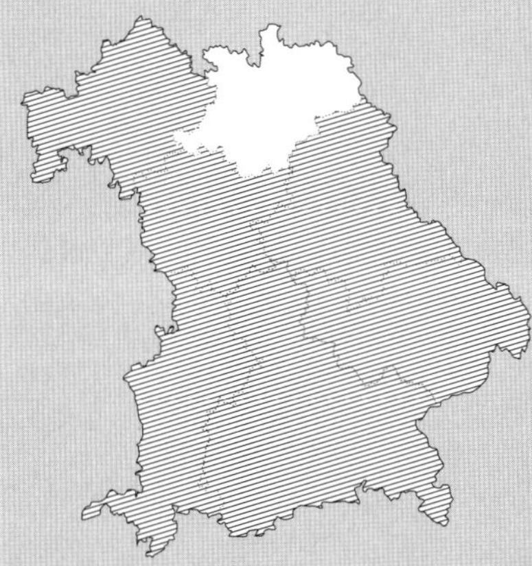

Oberfranken (Bayreuth)

ZUBEREITUNGSDETAILS

VEGAN

MITTEL

5 STÜCK

50 MINUTEN PLUS RUHEZEIT

ZUTATEN

- 430 g Weizenmehl, plus etwas mehr fürs Blech
- 25 g Roggenmehl (Type 997)
- 1 TL Salz
- ¾ Würfel frische Hefe
- 1 Prise Zucker
- ½ TL gemahlener Anis
- ½ TL ganze Kümmelsamen

Bamberger

Bamberger Hörnla

Das Hörnla aus der Domstadt

Die Spur der Bamberger Hörnchen lässt sich bis ins 14. Jahrhundert zurückverfolgen, so werden im mittelalterlichen Bamberger Stadtbuch diverse »Hörnleinsbeck« erwähnt. Heute verlangt man in der Domstadt beim Bäcker aber kein Hörnchen, sondern einfach nur ein Bamberger – diese Abkürzung hat sich auch weit über die Stadtgrenzen hinaus verbreitet.

Nur mit guter Butter

Was andernorts die Brezel für den kleinen Hunger zwischendurch, ist in der alten Kaiser- und Bischofsstadt dieses spezielle »Hörnla«. Ganz typisch ist seine – im Gegensatz zum Croissant – schlankere Form mit deutlich schmaleren Spitzen. Und es ist knuspriger und blättriger als das französische Pendant. Einen köstlichen Buttergeschmack hat es sowieso, denn der Butteranteil liegt bei mindestens 20 %.

1 Die Milch leicht erwärmen, die Hefe darin auflösen und 1 TL Zucker und 1 EL Mehl zugeben. Alles gut vermengen und an einem warmen Ort 30 Minuten gehen lassen.

2 Die Butter zerlassen und mit Eiern und Salz zum Vorteig geben und alles zu einem festen Teig verarbeiten. So lange kneten, bis sich der Teig vom Schüsselrand löst.

3 Den Teig abdecken und über Nacht an einem kühlen Ort gehen lassen.

4 Am nächsten Tag den Teig nochmals durchkneten. Die kalte Butter zwischen zwei Lagen Frischhaltefolie mit dem Nudelholz zu einem Rechteck ausrollen. Den Teig ebenfalls rechteckig, gut doppelt so groß wie das Butterstück auswellen.

5 Die Butter aus der Folie nehmen und auf eine Seite des Teigs legen. Den Teig über der Butter zusammenschlagen und die Ränder andrücken. Dann den Teig zu einem länglichen Rechteck ausrollen und zweimal übereinanderklappen, sodass drei Lagen entstehen.

6 Den Teig wieder zu einem länglichen Rechteck ausrollen und erneut zweimal zusammenfalten. Diese Prozedur mehrmals wiederholen. Den Teig dabei ab und zu für 10 Minuten kalt stellen.

7 Den Backofen auf 200 °C (Ober-/ Unterhitze) vorheizen.

8 Den Teig zu einem etwa 30 cm x 50 cm großen Rechteck ausrollen. Mit dem Teigrädchen längs halbieren und die beiden Teighälften in Dreiecke teilen. Die Dreiecke von der Breitseite her aufrollen und zu Hörnchen biegen. Auf ein gefettetes Backblech legen und abgedeckt 30 Minuten gehen lassen.

9 Die Bamberger 20 Minuten im Ofen goldgelb backen.

HERKUNFT

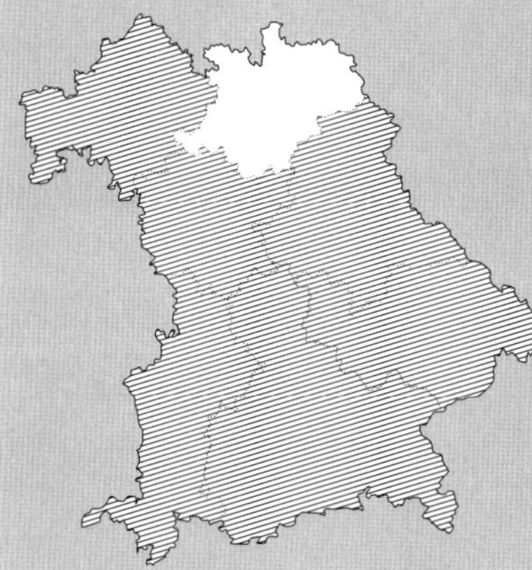

Oberfranken (Bamberg)

ZUBEREITUNGSDETAILS

SCHWIERIG

ETWA 10 STÜCK

90 MINUTEN PLUS RUHEZEIT (MIND. 12 STUNDEN)

ZUTATEN

200 ml Milch
¾ Würfel frische Hefe
50 g Zucker
500 g Mehl
70 g Butter, plus 180 g kalte Butter zum Tourieren
2 Eier (Größe M)
½ TL Salz

Teigrädchen

Krätzaweckla

Wöchnerinnenbrot

HERKUNFT

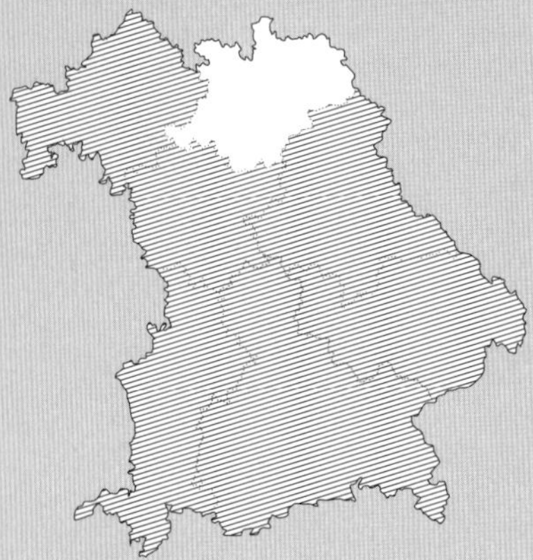

Oberfranken (Bayreuth)

ZUBEREITUNGSDETAILS

EINFACH

10 STÜCK

45 MINUTEN PLUS RUHEZEIT

ZUTATEN

- 150 ml Milch
- 1 Würfel frische Hefe
- 500 g Mehl, plus etwas mehr fürs Blech
- 100 g weiche Butter
- 100 g Zucker
- 2 zimmerwarme Eier (Größe M)
- 1 Prise Salz
- zerlassene Butter zum Bepinseln

Mit der Krätz'n auf den Markt

Krätzaweckla sind süße Milchbrötchen, die vor allem in der Region um Bayreuth Tradition haben. Typisch ist ihre längliche Form mit zwei parallelen Längsschnitten – ob diese vielleicht einen Bezug zur Heiligen Dreifaltigkeit hat, ist heute nicht mehr festzustellen. Ihren Namen jedenfalls haben die Weckla wohl von den »Krätz'n«, also den Weidekörben, mit denen die Bäckers- und Bauersfrauen früher ihre Waren zum Markt brachten.

Stärkung im Wochenbett

Meistens kam das süße Gebäck an hohen Feiertagen wie Weihnachten und Ostern auf den Tisch. Zur Stärkung wurden die Krätzaweckla aber auch gerne Wöchnerinnen ans Bett gebracht, denn mit ihren gehaltvollen Zutaten wie Butter und Eiern waren sie doch sehr nahrhaft und kräftigend.

1 Für den Vorteig die Milch leicht erwärmen und die Hefe darin auflösen. 5 EL Mehl hinzufügen und verrühren. 15 Minuten an einem warmen Ort gehen lassen.

2 Die restlichen Zutaten hinzufügen und alles gut verkneten. Gleich große Teigstücke abteilen, zu ovalen Semmeln formen und an der Oberseite zwei Mal längs einschneiden.

3 Die Semmeln auf ein bemehltes Backblech setzen und abgedeckt 45 Minuten an einem warmen Ort gehen lassen.

4 Den Backofen auf 190 °C (Ober-/Unterhitze) vorheizen und die Krätzaweckla etwa 30 Minuten im Ofen backen. Herausnehmen und noch heiß mit der zerlassenen Butter bepinseln.

Berchtesgadener Stuck

Nur in Berchtesgaden zu haben

Diese sehr spezielle Art von Rosinenbrötchen mit den weihnachtlichen Gewürzen gibt es ausschließlich im südlichen Berchtesgadener Raum. Und dort wurden die Stuck ursprünglich auch nur von Allerheiligen am 1. November bis zum Nikolaustag am 6. Dezember gebacken. Mittlerweile bekommt man sie schon am ersten Schultag nach den Sommerferien, gegessen werden sie dann einfach pur oder mit Butter bestrichen.

Eine Tafel Stuck

Berchtesgadener Stuck werden immer als Tafel verkauft, d. h. es werden jeweils drei Semmeln in zwei Reihen zusammengebacken. Einst war es Brauch, dass die »God'n«, die Taufpatin, ihren Patenkindern zu Allerheiligen eine Tafel Stuck zusammen mit etwas Geld schenkte. Das war dann das »Stuckgeld«. Außerdem beglückte man mit den Semmelchen auch Bedürftige, die an Allerheiligen und Allerseelen betteln gingen.

1 Die Mehle mit dem Salz mischen und in die Mitte eine Mulde drücken. Die Hefe hineinbröckeln und mit Zucker, 85 ml lauwarmem Wasser sowie etwas Mehl vom Rand zu einem Vorteig verrühren. 15 Minuten an einem warmen Ort gehen lassen.

2 Zimt, Nelken und 200 g lauwarmes Wasser zugeben und alles zu einem glatten Teig verkneten. Die Korinthen einarbeiten. An einem warmen Ort weitere 30 Minuten gehen lassen.

3 Den Teig nochmals kurz kneten und in 18 Stücke teilen. Rund formen und auf einem gefetteten Backblech jeweils 3 x 2 Stück aneinanderlegen. Abgedeckt weitere 30 Minuten gehen lassen.

4 Den Backofen auf 250 °C (Ober-/Unterhitze) vorheizen. Die Teiglinge mit Wasser bepinseln und etwa 20 Minuten im Ofen goldbraun backen.

HERKUNFT

Oberbayern (Berchtesgaden)

ZUBEREITUNGSDETAILS

- VEGAN
- MITTEL
- 18 STÜCK (3 TAFELN)
- 40 MINUTEN PLUS RUHEZEIT

ZUTATEN

- 400 g Weizenmehl
- 100 g Roggenmehl (Type 997)
- 1 TL Salz
- ¾ Würfel frische Hefe
- 1 EL Zucker
- 1 TL gemahlener Zimt
- 1 Msp. gemahlene Gewürznelken
- 170 g Korinthen oder Rosinen

Anisbreze

Fastenbrezel, Faschingsbrezel, Eierbreze, Wasserbreze

HERKUNFT

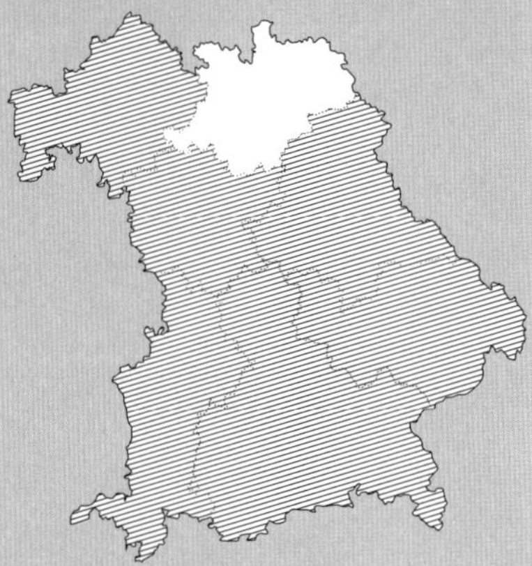

Oberfranken

ZUBEREITUNGSDETAILS

MITTEL

10 STÜCK

30 MINUTEN PLUS RUHEZEIT

ZUTATEN

- 450 g Weizenmehl
- 50 g Roggenmehl (Type 997)
- ¾ Würfel frische Hefe
- 1 TL Zucker
- 175 ml Milch
- 1 TL Salz
- 20 g ganze Anissamen, plus etwas mehr zum Bestreuen

Wo man in die Brezen pilgert

Wer in einigen Gegenden in Oberfranken beim Bäcker eine Breze verlangt, bekommt gar nicht selten eine Anisbreze: In Schwarzenbach a. d. Saale, Stadtsteinach, Creußen, Bayreuth, Bad Berneck, Hof, Kulmbach und Weidenberg hat diese schließlich Tradition. Die Weidenberger begehen sogar von Anfang Januar bis zum Beginn der Fastenzeit die sogenannten »Brezenwochen«: Gastwirte hängen dann große Brezen in ihre Fenster und signalisieren, dass sie Schlachtschüssel, Haxen, Kren- und Kesselfleisch sowie Tellersülze auftischen – und zwar mit Anisbrezen als Beilage. Das ist dort seit dem Mittelalter Kult und es heißt, man »pilgere in die Brezen«. In und um Kulmbach gilt als Anhaltspunkt für die Saison der Anisbreze die sogenannte »Winterreifenregel«: hier wird von Oktober bis Ostern in die Brezen gepilgert. Seit dem 14. Jahrhundert ist die Breze übrigens das Zunftzeichen der Bäcker.

Anis – Gewürz und Heilmittel in einem

Hell gebacken soll sie sein und weich im Biss; im Gegensatz zur Laugenbreze sind ihre Arme ähnlich dick wie der Körper. Das eigentlich typisch oberfränkische Roggenmehl kommt erst seit 1916 in den Teig, als eine Weizenknappheit herrschte, und charakteristische Zutat ist, wie der Name verrät, natürlich Anis – er wird in reichlicher Menge unter den Teig gemischt. Laut einem alten Bayreuther Rezept kann der Anis im Ganzen vor dem Backen in Milch eingeweicht werden.
Das mediterrane Gewürz ist auch ein altes Heilmittel, denn die kleinen Samenkörnchen wirken schleimlösend und zudem verdauungsfördernd. Daher rührt vielleicht auch der kulinarische Brauch, die Brezen einerseits in den erkältungsreichen Monaten, andererseits zu sehr deftigen und oft fetten Fleischspeisen zu essen. Manch einer verzehrt sie auch gerne mit Leberwurst. Natürlich passt so eine Anisbreze – nur mit Butter bestrichen – auch bestens zu Kaffee oder Kakao.

1 Die beiden Mehle mischen und 5 EL davon in eine Schüssel geben. Die Hefe zerbröckeln und mit dem Zucker zugeben. Die Milch erwärmen, mit 175 ml lauwarmem Wasser darübergießen und alles verrühren. Abgedeckt 30 Minuten an einem warmen Ort gehen lassen.

2 Das restliche Mehl mit Salz und Anis mischen und darübergeben. Zu einem festen Teig verkneten, zu einer Kugel formen und zugedeckt nochmals 30 Minuten gehen lassen.

3 Den Teig erneut gut durchkneten und in zehn gleich große Stücke teilen. Zu Strängen rollen und zu Brezen schlingen. Mit Wasser bepinseln und mit Anis bestreuen. Nochmals 30 Minuten gehen lassen.

4 Den Backofen auf 180 °C (Ober-/Unterhitze) vorheizen. Die Anisbrezen etwa 10–12 Minuten im Ofen hellbraun backen.

Bayerische Breze

Breze(l), Laugenbrezel, Fastenbrezel

Außen knusprig-braun, innen weich und weiß

So muss eine echte bayerische Breze sein! Dazu glänzt sie appetitlich und ihr Bauch ist aufgeplatzt. Arme hat sie übrigens auch: Das sind die verschlungenen dünnen und besonders knusprigen Enden. Die Breze ist ein Gebildbrot und hat ihren Ursprung wahrscheinlich in den Ringbroten der Klöster, von denen für die Brezenkreation wohl einst zwei Stück zusammengesetzt wurden – die so verschlungenen Enden sollten dann zum Beten verschränkte Arme symbolisieren. Und der Name stützt diese Geschichte: Er wandelte sich vom lateinischen »brachiatellium« für »Ärmchen« zum althochdeutschen »brezitella« und schließlich zur »Breze(l)«.

Vormals war sie ein Festtagsgebäck zu Neujahr, Palmsonntag oder Erntedank, heute gäbe es ohne sie keine bayerische Brotzeitkultur: Sie gehört ohne Wenn und Aber zur Münchner Weißwurst und zum Bayerischen Leberkäse. Überall in Bayern gibt es Brezenstände, wo das Laugengebäck pur, mit Butter oder Käse direkt auf die Hand verkauft wird.

Ein Gebäck Jahrgang 1839

Wie so oft bei großen kulinarischen Kreationen beruht auch die Erfindung der Breze auf einem »Küchenunfall«: Dieser unterlief dem Münchner Bäcker Anton Nepomuk Pfannenbrenner, der im königlichen Kaffeehaus des Hoflieferanten Johan Eilles beschäftigt war. Eigentlich wollte er eine Breze mit Zuckerwasser glasieren, doch stattdessen erwischte er versehentlich die Natronlauge, die eigentlich zur Reinigung der Bleche diente. Das Zufallsergebnis überzeugte und so servierte er das neue Gebäck umgehend dem königlich-württembergischen Gesandten Wilhelm Eugen von Ursingen. Der 11. Februar 1839 gilt seither als der nachweislich erste Tag, an dem eine Laugenbrezel verkauft wurde.

1 Eine Mulde in die Mitte des Mehls drücken und die Hefe hineinbröckeln. Backmalz, Salz und Butter zufügen. 250 ml lauwarmes Wasser zugießen und alles zu einem festen Teig kneten.

2 Den Teig in zwölf Portionen teilen, zu Strängen formen und zu Brezen schlingen.

3 Die Brezen an einem warmen Ort 15–20 Minuten gehen lassen.

4 Die Brezen kühl stellen, bis sie eine feste Haut bekommen haben.

5 Den Backofen auf 225 °C (Ober-/Unterhitze) vorheizen.

6 Die Lauge nach Verpackungsangabe vorbereiten. Die Brezen einzeln eintauchen, mit einem Schaumlöffel wieder herausnehmen und auf ein gefettetes Backblech setzen. Mit grobem Salz bestreuen.

7 Die Brezen etwa 20–30 Minuten im Ofen backen.

HERKUNFT

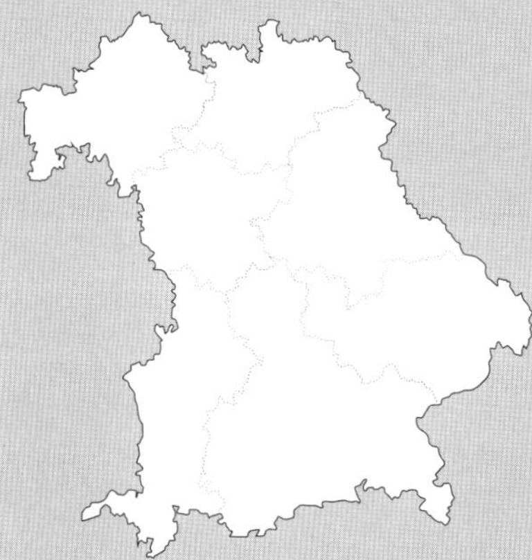

ganz Bayern

ZUBEREITUNGSDETAILS

SCHWIERIG

12 STÜCK

40 MINUTEN PLUS RUHEZEIT

ZUTATEN

- 500 g Weizenmehl
- ½ Würfel frische Hefe
- 5 g Backmalz
- ½ TL Salz
- 1 EL Butter
- 20 g Natron oder Brezellauge (je nach Herstellerangabe mit Wasser verdünnen)
- grobes Salz zum Bestreuen

FC BAYERN
Bundeswehr
Oktoberfest

register

Schon immer waren die Küchenmeister unseres Landes findig gewesen – nicht nur, dass sie aus Not oder purer Freude am Kochen die herrlichsten Gerichte zauberten, vielmehr setzten sie auch ein sprachliches Denkmal, indem sie ihren Kreationen phantasievolle Namen gaben. All die unterschiedlichen Speisen mit ihren regionaltypischen Bezeichnungen sollen hier zu finden sein!

REZEPTE

SPEZIALITÄTEN

N

O

P

R

S

T

U

V

W

Z

Originalausgabe

1. Auflage Oktober 2019

www.arsvivendi.com

Printed in the EU

ISBN 978-3-7472-0088-9

Rezepttexte und -informationen
Marion Reinhardt
Texte und Lektorat
Stephanie Kamm
Covergestaltung
Sarah Eschbach
Coverillustrationen
Steven Noble
Layout und Illustrationen Innenteil
Sarah Eschbach
Satz
ars vivendi
Foodfotos
Dr. Darius Endlich *(Seite 28, 46, 62/63, 82, 84, 98, 104/105, 148/149, 152, 162, 178, 200, 204, 208, 212/213, 218, 222, 226, 228, 234, 267, 268, 269, 270, 271, 274)*

ars vivendi

BESONDERER DANK GEHT AN ...

... das *Bayerische Staatsministerium für Ernährung, Landwirtschaft und Forsten* für die textliche Unterstützung. Viele weitere Informationen zu schützenswerten Produkten und Gerichten sind auf spezialitaetenland-bayern.de zu finden.

... die Bäckerei Schönberger in Cham, wo es noch heute auf Bestellung echt oberpfälzisches Traditionsgebäck (u. a. Chamer Kampl) zu kaufen gibt.

... das Café Krönner in Straubing, das ihre Agnes-Bernauer-Torte auch auf weite Reisen schickt.

... das Café Kehl in Dettelbach und die Bäckerei Feyler in Coburg, die mit ihren Muskatzinen und Schmätzchen das traditionelle Bäckereihandwerk immer wieder aufs Neue aufleben lassen.

HINWEIS

Das vorliegende Buch wurde mit größter Sorgfalt und nach bestem Gewissen erstellt und geprüft. Für dennoch vorhandene Fehler kann keine Haftung übernommen werden.

Hygiene: Bei der Zubereitung von rohem Fleisch und Fisch auf peinliche Hygiene achten. Benutzte Schneidebretter, Messer, Arbeitsflächen und die Hände immer sorgfältig heiß abwaschen. Fleisch und Gemüse nie auf demselben Schneidebrett verarbeiten.
Obst und Gemüse vor der Verarbeitung immer waschen, putzen oder bei Bedarf schälen.
Zitrusfrüchte: Bei der Verwendung ihrer Schalen immer Biofrüchte nehmen und diese zuvor heiß waschen.
Löffelmaßangaben: EL und TL sind Abkürzungen für Esslöffel und Teelöffel; falls nicht anders aufgeführt, sind stets gestrichene Löffel gemeint.

TEXTVERWEIS AUF SEITE 250:

Strehlow, Wighard: Hildegard-Medizin für alle Tage. Selbsthilfe für die ganze Familie. Mit Original Hildegard-Rezepturen. Knaur: München 2001.

BILDNACHWEIS

Rezeptfotos: © bei foodstock (außer S. 50 und S. 160) und den folgenden Fotografen:
S. 14 Bonisolli, Barbara; S. 16 Major, Tanja; S. 20 Food and Drink Photos / Paine, Roddy; S. 22 Hansson, Fanny; S. 24 Winkelmann, Bernhard; S. 34 Rees, Peter; S. 48 Eising Studio - Food Photo & Video; S. 36 Major, Tanja; S. 40 Watson, Jamie; S. 42 Panella, Alexandra; S. 44 Bonisolli, Barbara; S. 58 Eising Studio - Food Photo & Video; S. 60 Eichinger, Hannes; S. 78 Major, Tanja; S. 80 Major, Tanja; S. 86 Major, Tanja; S. 88 Paul, Michael; S. 90 Bischof, Harry; S. 94 Gross, Petr; S. 100 Schinharl, Michael; S. 102 Sporrer/Skowronek; S. 130 Fotos mit Geschmack; S. 144 Eising Studio - Food Photo & Video; S. 154 Ranek, Lars; S. 156 Fotos mit Geschmack; S. 158 Major, Tanja; S. 164 Foodcollection; S. 174 Bonisolli, Barbara; S. 176 Cawley, Julia; S. 180 Roth, Benedikt; S. 182 Jones, Dan; S. 186 Bumann, Gerhard; S. 188 Feiler Fotodesign; S. 190 Foodcollection; S. 192 PhotoCuisine / Barret, Philippe; S. 194 Major, Tanja; S. 196 Rees, Peter; S. 202 Campbell, Ryla; S. 206 Piekarska, Dorota; S. 232 Eising Studio - Food Photo & Video; S. 236 Eising Studio - Food Photo & Video; S. 238 Foodcollection; S. 240 Firmston, Victoria; S. 260 Hoersch, Julia; S. 262 Eising Studio - Food Photo & Video; S. 264 Eising Studio - Food Photo & Video

S. 50 © StMELF
S. 160 © Simone Andress/AdobeStock

SONSTIGE FOTOS:

S. 2 © stockcam / iStock; S. 6/7 © Clay Banks / Unsplash ; S. 12/13 © Caroline Attwood / Unsplash; S. 32/33 © jala / Photocase; S. 52/53 © suze / Photocase; S. 56/57 © ngreschke / Photocase; S. 68/69 © boing / Photocase; S. 76/77; © Adrian Infernus / Unsplash; S. 112/113 © Adrian Infernus / Unsplash; S. 118/119 © annelilocke / Photocase; S. 124/125 © eurytos / Photocase; S. 132/133 © Daniel Fazio / Unsplash; S. 138/139 © Nick Grappone / Unsplash; S. 142/143 © Jenzig71 / Photocase; S. 166/167 © Ulrike Adam / Photocase; S. 172/173 © zettberlin / Photocase; S. 184/185 © Jess Gardner / Unsplash; S. 224/225 © EzraPortent / Photocase; S. 248/249 © madochab / Photocase; S. 242/243 © Howard Lawrence / Unsplash; S. 254/255 © Z2sam / Photocase; S. 258/259 © Kai Pilger / Unsplash; S. 280/281 © Markus Spiske / Unsplash